高职高专“十三五”规划教材

中级会计实务

主　编　袁晓峰　刘　玲
副主编　程　琳　陈小云

微信扫码
申请课件等相关资源

南京大学出版社

前　言

本书是按照教育部制定的《高职高专会计专业人才培养目标及规划》和《关于全面提高高等职业教育教学质量的若干意见》编写的会计专业教材之一。

本教材重点对企业的一些特殊经济业务根据最新发布和修订的准则和税收政策进行编写，突出准则和税制的最新变化。全书内容分为十大项目：非货币性资产交换的核算，或有事项的核算，债务重组的核算，所得税的核算，会计政策，会计估计变更和差错更正的核算，资产负债表日后事项的核算，租赁的核算，外币折算，借款费用的核算，企业合并的核算。本书针对每一个项目，均编写了课后练习，非常适合学生使用。全书充分体现了理论与实训的结合，具有较强的操作性。

本书适用于作为高职高专院校、成人高校及本科院校开办的二级职业技术学院会计专业的教学用书，也可作为社会从业人士的参考读物。

本教材由重庆工程职业技术学院袁晓峰老师、重庆商务职业学院刘玲老师担任主编，重庆工程职业技术学院程琳、新余学院陈小云老师担任副主编。其中，袁晓峰编写项目一、二、三、四、九，刘玲编写项目十，程琳编写项目五、六、七、八，最后由袁晓峰、陈小云总纂定稿。

由于编者水平有限，书中难免存在疏漏和不当之处，恳请广大读者批评指正。

编　者

2018 年 5 月

目录

项目一　非货币性资产交换的核算

知识目标

1. 非货币性资产的概念
2. 非货币性资产交换的认定
3. 非货币性资产交换具有商业实质的条件

能力目标

1. 能够正确区分货币性资产和非货币性资产
2. 掌握不涉及补价情况下的非货币性资产交换的核算
3. 掌握涉及补价情况下的非货币性资产交换的核算

任务一　非货币性资产交换的认知

一、非货币性资产交换的概念

企业在生产经营过程中，有时会出现这种状况，即甲企业需要乙企业拥有的某项设备，而乙企业恰好需要甲企业生产的产品作为原材料，双方可能通过互相交换上述设备和原材料达成交易，这就是一种非货币性资产交换行为。通过这种交换，企业一方面满足了各自生产经营的需要，另一方面也在一定程度上减少了货币性资产的流出。

（一）货币性资产与非货币性资产

非货币性资产交换是一种非经常性的特殊交易行为，是交易双方主要以存货、固定资产、无形资产和长期股权投资等非货币性资产进行的交换。这里的非货币性资产是相对于货币性资产而言的。

货币性资产，是指企业持有的货币资金和将以固定或可确定的金额收取的资产，包括现金、银行存款、应收账款和应收票据以及准备持有至到期的债券投资等。

非货币性资产，是指货币性资产以外的资产，包括存货、固定资产、无形资产、长期股权投资以及不准备持有至到期的债券投资等。

非货币性资产有别于货币性资产的最基本特征是其在将来为企业带来的经济利益,即货币金额,是不固定的,或不可确定的。例如,企业持有固定资产的主要目的是用于生产经营,通过折旧方式将其磨损价值转移到产品成本中,然后通过产品销售获利,固定资产在将来为企业带来的经济利益,即货币金额是不固定的或不可确定的,因此,固定资产属于非货币性资产。一般来说,资产负债表列示的项目中属于非货币性资产的项目,通常包括存货、长期股权投资、投资性房地产、固定资产、在建工程、工程物资、无形资产等。

【例 1-1】 确定一项资产是货币性资产还是非货币性资产的主要依据是(　　)。

A. 变现速度的快慢与否

B. 是否可以给企业带来经济利益

C. 是否具有流动性

D. 将为企业带来的经济利益是否是固定或可确定的

分析:货币性资产相对于非货币性资产而言,两者区分的主要依据是资产在将来为企业带来的经济利益,即货币金额,是否是固定的或可确定的。因此正确答案是 D。

(二) 非货币性资产交换的特点

非货币性资产交换是交易双方主要以存货、固定资产、无形资产和长期股权投资等非货币性资产进行的交换,在交换中不涉及或只涉及少量的货币性资产,是一种非经常性的特殊交易行为。实务工作中,交易双方通过非货币性资产交换一方面可以满足各自生产经营的需要,另一方面可在一定程度上减少货币性资产的流出。

根据这一定义,非货币性资产交换具有两个特点。

1. 非货币性资产交换的主要对象是非货币性资产

与通常情况下企业以货币性资产交换非货币性资产不同,非货币性资产交换双方交换的资产主要涉及非货币性资产,如甲公司以一台价值 200 万元的设备与乙公司交换一项价值 200 万元的专利权(无形资产)。

2. 非货币性资产交换也可能涉及少量的货币性资产

非货币性资产交换并不意味着不涉及任何货币性资产。在实务中,可能存在在换出非货币性资产的同时,支付一定数额的货币性资产;或在换入非货币性资产时,收到一定金额的货币性资产。此时,在非货币性资产交换中,该货币性资产称为补价。

二、非货币性资产交换的认定

非货币性资产交换准则规定,认定涉及少量货币性资产的交换为非货币性资产交换,通常以补价占整个资产交换金额的比例是否低于 25%作为参考比例。其中,补价是指该交换中支付或收到的货币性资产;整个资产交换金额是指该交换双方实际成交的公允价值。从换出方角度看,支付补价时,实际成交的公允价值为换出非货币性资产的公允价值加上补价;收到补价时,实际成交的公允价值为换出非货币性资产的公允价值。也可以说，整个资产交换金额就是在整个非货币性资产交换中最大的公允价值，用公式表示如下：

$$\frac{\text{支付的货币性资产}}{\text{换入资产公允价值（或换出资产公允价值＋支付的货币性资产）}} < 25\%$$

或者

$$\frac{\text{收到的货币性资产}}{\text{换出资产公允价值（或换入资产公允价值＋收到的货币性资产）}} < 25\%$$

如果补价占整个资产交换金额的比例小于25%，则属于非货币性资产交换；如果补价占整个资产交换金额的比例大于或等于25%，则视为货币性资产交换，不适用非货币性资产交换准则。例如，为适应公司不同经营活动的需要，经协商，长江股份有限公司决定用一辆桑塔纳轿车交换黄河股份有限公司的一辆标致轿车。在交换日，桑塔纳轿车的账面原值为180 000元，累计折旧为40 000元，公允价值为135 000元；标致轿车的账面原值为150 000元，累计折旧为15 000元，公允价值为140 000元。长江股份有限公司另支付银行存款5 000元给黄河股份有限公司。在这项交易中，长江股份有限公司支付补价5 000元，整个资产交换金额为140 000元（换出非货币性资产公允价值135 000元＋支付补价5 000元），比例为3.57%，低于25%。所以，可以判定这项交易为非货币性资产交换。又如，上例中，如果桑塔纳轿车的公允价值为115 000元，标致轿车的公允价值为165 000元，在其他条件不变的情况下，长江股份有限公司需另支付银行存款50 000元给黄河股份有限公司。在这项交易中，长江股份有限公司支付的货币性资产50 000元占整个资产交换金额165 000元的比例为0.3%，高于25%。所以，可以判定这项交易不是非货币性资产交换。

【例1－2】 在确定涉及补价的交易是否为非货币性资产交换时，支付补价的企业，应当按照支付的补价占(　　)的比例低于25%确定。

A. 换出资产的公允价值

B. 换出资产公允价值加上支付的补价

C. 换入资产公允价值加补价

D. 换出资产公允价值减补价

分析：在确定涉及补价的交易是否为非货币性资产交换时，支付补价的企业，应当按照支付的补价占换出资产的公允价值与支付的补价之和的比例低于25%确定。因此正确答案是B。

【例1－3】 2018年度甲公司发生的交易均具有商业实质，不考虑相关税费的情况下，下列不属于非货币性资产交换的是(　　)。

A. 以公允价值为500万元的厂房换取乙公司公允价值为600万元的无形资产，同时支付补价100万元

B. 以公允价值为500万元的办公楼换取丙公司公允价值为400万元的厂房，同时收到补价100万元

C. 以公允价值为200万元的投资性房地产换取丁公司公允价值为400万元的土地使用权，同时支付补价200万元

D. 以公允价值为300万元的长期股权投资换取戊公司公允价值为300万元的专利技术

分析：选项C，补价占整个资产交换金额的比例＝200/(200＋200)×100%＝50%，大于25%，因此该项交换不属于非货币性资产交换。

三、非货币性资产交换不涉及的交易和事项

非货币性资产交换是企业之间主要以非货币性资产形式的互惠转让，即企业取得一项非货币性资产，必须以付出自己拥有的非货币性资产作为代价，而不是单方向的非互惠转让。实务中，与所有者的非互惠转让，如以非货币性资产作为股利发放给股东等，属于资本性交易，适用《企业会计准则第37号——金融工具列报》。企业与所有者以外方面发生的非互惠转让，如政府无偿提供非货币性资产给企业建造固定资产，属于政府以非互惠方式提供非货币性资产，适用《企业会计准则第16号——政府补助》。

在企业合并、债务重组中取得的非货币性资产，分别适用《企业会计准则第20号——企业合并》和《企业会计准则第12号——债务重组》；企业以发行股票形式取得的非货币性资产，相当于以权益工具换入非货币性资产，其成本确定适用《企业会计准则第37号——金融工具列报》。

任务二　非货币性资产交换的确认和计量

一、非货币性资产交换的确认和计量原则

在非货币性资产交换的情况下，不论是一项资产换入一项资产、一项资产换入多项资产、多项资产换入一项资产，还是多项资产换入多项资产，换入资产的成本都有两种计量基础：公允价值计量基础和账面价值计量基础。

（一）公允价值计量基础

非货币性资产交换同时满足下列两个条件的，应当以公允价值和应支付的相关税费作为换入资产的成本，换出资产公允价值和换出资产账面价值的差额计入当期损益：

(1) 该交换具有商业实质；

(2) 换入资产或换出资产的公允价值能够可靠地计量。

资产存在活跃市场，是资产公允价值能够可靠计量的明显证据，但不是唯一要求。属于以下三种情形之一的，公允价值视为能够可靠计量：

(1) 换入资产或换出资产存在活跃市场，则该资产的市价即为其公允价值。

(2) 换入资产或换出资产不存在活跃市场，但与该资产类似的资产存在活跃市场，则该资产的公允价值应比照相关类似资产的市价确定。

(3) 换入资产或换出资产不存在同类或类似资产可比市场交易，但可以采用估值技术确定公允价值。

采用估值技术确定的公允价值必须符合以下条件之一，才视为能够可靠计量：

① 采用估值技术确定的公允价值估计数的变动区间很小。这种情况是指虽然企业通过估值技术确定的资产的公允价值不是一个单一的数据，但是介于一个变动范围很小的区间内，可以认为资产的公允价值能够合理确定。

② 在公允价值估计数变动区间内，各种用于确定公允价值估计数的概率能够合理确定。

在公允价值计量基础下，换入资产和换出资产公允价值均能够可靠计量的，应当以换出资产公允价值作为确定换入资产成本的基础，除非有确凿证据表明换入资产的公允价值比换出资产的公允价值更加可靠。一般来说，取得资产的成本应当按照所放弃资产的对价来确定，在非货币性资产交换中，换出资产就是放弃的对价，如果其公允价值能够可靠确定，应当优先考虑以换出资产的公允价值作为确定换入资产成本的基础；如果有确凿证据表明换入资产的公允价值更加可靠的，应当以换入资产公允价值为基础确定换入资产的成本，这种情况多发生在非货币性资产交换存在支付补价的情况。例如，某企业换出资产公允价值为 100 000 元，换入资产公允价值为 110 000 元。如果双方的公允价值都一样可靠，则换出企业应该补价 10 000 元；如果企业实际支付的补价为 15 000 元，则表明企业换出资产的公允价值没有换入资产的公允价值可靠，被确认的公允价值只有 95 000 元。

(二) 账面价值计量基础

不具有商业实质或交换涉及资产的公允价值均不能可靠计量的非货币性资产交换，应当以换出资产的账面价值和应支付的相关税费，作为换入资产的成本，无论是否支付补价，均不确认损益。收到或支付的补价作为确定换入资产成本的调整因素，其中，收到补价方应当以换出资产的账面价值减去补价作为换入资产的成本；支付补价方应当以换出资产的账面价值加上补价作为换入资产的成本。

二、商业实质的判断

非货币性资产交换具有商业实质，是换入资产能够采用公允价值计量的重要条件之一。在确定非货币性资产交换是否具有商业实质时，企业应当重点考虑由于发生了该项资产交换预期使企业未来现金流量发生变动的程度，通过比较换出资产和换入资产预计产生的未来现金流量或其现值，确定非货币性资产交换是否具有商业实质。只有当换出资产和换入资产预计未来现金流量或其现值两者之间的差额较大时，才能表明交易的发生使企业经济状况发生了明显改变，非货币性资产交换因而具有商业实质。

企业发生的非货币性资产交换，符合下列条件之一的，视为具有商业实质。

（一）换入资产的未来现金流量在风险、时间和金额方面与换出资产显著不同

换入资产的未来现金流量在风险、时间和金额方面与换出资产显著不同，通常包括三种情况。

1. 未来现金流量的风险、金额相同，时间不同

例如，某企业以一批存货换入一项设备，因存货流动性强，能够在较短的时间内产生现金流量，设备作为固定资产要在较长的时间内为企业带来现金流量，两者产生的现金流量的时间相差较大，则可以判断上述存货与固定资产的未来现金流量显著不同，因而该两项资产的交换具有商业实质。

2. 未来现金流量的时间、金额相同，风险不同

例如，A企业以其用于经营出租的一幢公寓楼，与B企业同样用于经营出租的一幢公寓楼进行交换，两幢公寓楼的租期、每期租金总额均相同，但是A企业是租给一家财务及信用状况良好的企业（该企业租用该公寓是给其单身职工居住），B企业的客户则都是单个租户，相比较而言，A企业取得租金的风险较小，B企业由于租给散户，租金的取得依赖于各单个租户的财务和信用状况。因此，两者现金流量流入的风险或不确定性程度存在明显差异，则两幢公寓楼的未来现金流量显著不同，进而可判断该两项资产的交换具有商业实质。

3. 未来现金流量的风险、时间相同，金额不同

例如，某企业以一项商标权换入另一企业的一项专利技术，预计两项无形资产的使用寿命相同，在使用寿命内预计为企业带来的现金流量总额相同，但是换入的专利技术是新开发的，预计开始阶段产生的未来现金流量明显少于后期，而该企业拥有的商标每年产生的现金流量比较均衡，两者产生的现金流量金额差异明显，则上述商标权与专利技术的未来现金流量显著不同，因而该两项资产的交换具有商业实质。

（二）换入资产与换出资产的预计未来现金流量现值不同，且其差额与换入资产和换出资产的公允价值相比是重大的

企业如按照上述第一个条件难以判断某项非货币性资产交换是否具有商业实质，即可根据第二个条件，通过计算换入资产和换出资产的预计未来现金流量现值，进行比较判断。这里所指的资产预计未来现金流量现值，应当按照资产在持续使用过程和最终处置时预计产生的税后未来现金流量，根据企业自身而不是市场参与者对资产特定风险的评价，选择恰当的折现率对预计未来现金流量折现后的金额加以确定。

从市场参与者的角度分析，换入资产和换出资产预计未来现金流量在风险、时间和金额方面可能相同或相似，但是，鉴于换入资产的性质和换入企业经营活动的特征等因素，换入资产与换入企业其他现有资产相结合，能够比换出资产产生更大的作用，使换入企业受该换入资产影响的经营活动部分产生的现金流量，与换出资产明显不同，即换

入资产对换入企业的使用价值与换出资产对该企业的使用价值明显不同，使换入资产预计未来现金流量现值与换出资产发生明显差异，因而表明该两项资产的交换具有商业实质。例如，某企业以一项专利权换入另一企业拥有的长期股权投资，假定从市场参与者来看，该项专利权与该项长期股权投资的公允价值相同，两项资产未来现金流量的风险、时间和金额亦相同，但是，对换入企业来讲，换入该项长期股权投资使该企业对被投资方由重大影响变为控制关系，从而对换入企业产生的预计未来现金流量现值与换出的专利权有显著差异；另一企业换入专利权能够解决生产中的技术难题，从而对换入企业产生的预计未来现金流量现值与换出的长期股权投资有明显差异，因而该两项资产的交换具有商业实质。

不满足上述任何一项条件的非货币性资产交换，通常认为不具有商业实质。在确定非货币性资产交换是否具有商业实质时，企业应当关注交易各方之间是否存在关联方关系。关联方关系的存在可能导致发生的非货币性资产交换不具有商业实质。

任务三　非货币性资产交换核算的应用

一、以公允价值计量的会计核算

在非货币性资产交换具有商业实质，且换入或换出资产的公允价值能够可靠计量的情况下，应当以交换资产的公允价值为计量基础进行会计核算。

（一）不涉及补价情况下的会计核算

1. 换入资产成本的确定

不涉及补价，即意味着交换双方非货币性资产的公允价值是对等的，不需要额外支付货币。一般来说，取得资产的成本应当按照所放弃资产的对价来确定，在非货币性资产交换中，换出资产就是放弃的对价，如果其公允价值能够可靠确定，应当优先考虑以换出资产的公允价值作为确定换入资产成本的基础；除非有确凿证据表明换入资产的公允价值更加可靠，则以换入资产公允价值作为确定换入资产成本的基础。具体而言，换入资产的入账价值应根据下列公式确定：

$$\text{换入资产成本}=\text{换出资产的公允价值}+\text{换出资产增值税销项税额}-\text{换入资产可抵扣的增值税进项税额}+\text{支付的应计入换入资产成本的相关税费}$$

2. 换出资产损益的确定

在非货币性资产交换以公允价值为基础进行计量时，换出资产的公允价值和账面价值的差额，应计入当期损益。具体会计处理应根据换出资产的种类分别确定。

(1) 换出资产为存货的，应当视同存货销售处理，按照换出存货公允价值确认销售收入，同时按换出存货账面价值结转销售成本，二者间的差额在利润表中作为营业利润的构成部分予以列示。

(2) 换出资产为固定资产、无形资产的，换出资产公允价值和换出资产账面价值的差额，计入资产处置损益。

(3) 换出资产为长期股权投资的，换出资产公允价值和换出资产账面价值的差额，计入投资收益。

非货币性资产交换涉及相关税费的，如换出存货视同销售计算的增值税销项税额，换入资产作为存货应当确认的可抵扣增值税进项税额等，按照相关税收规定计算确定。

3. 对于相关税费的处理

(1) 与换入资产相关的税费，应计入换入资产的成本。与换入资产有关的相关税费与购入资产相关税费的会计处理相同，如换入资产的关税、消费税、运费和保险费计入换入资产的成本等。

(2) 与换出资产相关的税费，不应计入换入资产成本而应计入当期损益。与换出资产有关的相关税费与出售资产相关税费的会计处理相同，如换出固定资产支付的清理费用计入资产处置损益，换出不动产、投资性房地产应交的增值税计入应交税费等。

4. 应用举例

【例1-4】 2018年6月，B公司以生产的一批打印机与A公司生产经营过程中使用的一台设备交换，B公司换入设备用于生产打印机，A公司换入的打印机作为固定资产管理。A公司的设备于2015年12月购入，账面原价为120万元，在交换日的累计折旧为40万元，不含增值税的公允价值为90万元，A公司此前没有为该项设备计提资产减值准备，为换出设备支付运杂费1.5万元。B公司打印机的账面价值为80万元，在交换日的公允价值为90万元，计税价格等于公允价值，B公司此前也没有为库存打印机计提存货跌价准备。

A公司、B公司为增值税一般纳税人，增值税税率为16%，均开具了增值税专用发票。假设A公司和B公司在整个交易过程中没有发生除增值税以外的其他税费。

分析：整个资产交换过程没有涉及收付货币性资产，因此，该项交换属于非货币性资产交换。本例对A公司来讲，是以固定资产换入固定资产，换入的打印机是经营过程中所需要的资产，对B公司来讲，是以存货换入固定资产，换入的设备是生产打印机过程中必须使用的机器，两项资产交换后对换入企业的特定价值显著不同，两项资产的交换具有商业实质，同时，两项资产的公允价值都能够可靠地计量，符合以公允价值计量的两个条件。因此，A公司和B公司均应当以换出资产的公允价值为基础，确定换入资产的成本，并确认产生的损益。

B公司的会计处理：

换出的是存货(库存商品——打印机)，换入的是固定资产(设备)，应当视同存货销售处理，按照换出存货公允价值确认销售收入，同时按换出存货账面价值结转销售成本；另外这种交换行为是增值税的视同销售，应计算增值税销项税额，缴纳增值税。

(1) 确认换入设备的入账价值。

换出打印机的增值税销项税额＝90×16％＝14.40(万元)

换入设备的增值税进项税额＝90×16％＝14.40(万元)

换入设备成本＝换出打印机的公允价值 90 万元＋增值税销项税额 14.40 万元－增值税进项税额 14.40 万元＝90(万元)

(2) 确认换出打印机的损益。

换出打印机的损益＝换出打印机的公允价值 90 万元－换出打印机的账面价值 80 万元＝10(万元)

(3) 会计分录如下：

确认换入设备，反映销售：

借：固定资产——设备　　900 000

　应交税费——应交增值税(进项税额)　　144 000

　贷：主营业务收入　　900 000

　　应交税费——应交增值税(销项税额)　　144 000

结转成本：

借：主营业务成本　　800 000

　贷：库存商品　　800 000

A 公司的会计处理：

从 A 公司的角度进行分析：A 公司换出固定资产(生产设备)，换入打印机作为固定资产，换出设备的价值及相关清理支出通过固定资产清理账户核算。换出固定资产公允价值与换出固定资产账面价值的差额计入资产处置损益。

(1) 确定换入打印机的入账价值。

换入设备的增值税进项税额＝90×16％＝14.40(万元)

换出设备的增值税销项税额＝90×16％＝14.40(万元)

换入打印机成本＝换出设备的公允价值 90 万元＋增值税销项税额 14.40 万元－增值税进项税额 14.40 万元＝90(万元)

(2) 确认换出设备的损益。

换出资产的损益＝换出固定资产公允价值 90 万元－换出固定资产账面价值 80 万元－为换出设备支付运杂费 1.5 万元＝8.5(万元)

注意：换出设备支付运杂费 1.5 万元，不能计入换入资产成本。

(3) 会计处理如下：

转净值：

借：固定资产清理　　800 000

　累计折旧　　400 000

　贷：固定资产——设备　　1 200 000

支付清理费：

借:固定资产清理　　15 000
　　贷:银行存款　　15 000

确认换入打印机,并结转固定资产换出损益:

借:固定资产——打印机　　900 000
　　应交税费——应交增值税(进项税额)　　144 000
　　贷:固定资产清理　　815 000
　　　　应交税费——应交增值税(销项税额)　　144 000
　　　　资产处置损益　　85 000

【例1-5】 2018年6月,为了提高产品质量,甲电视机公司以其持有的对乙公司的长期股权投资交换丙电视机公司拥有的商标权。在交换日,甲公司持有的长期股权投资账面余额为800万元,已计提长期股权投资减值准备余额为60万元,在交换日的公允价值为600万元;丙公司商标权的账面原价为800万元,累计已摊销金额为160万元,已计提减值准备为30万元,在交换日的公允价值为600万元。丙公司原已持有对乙公司的长期股权投资,从甲公司换入对乙公司的长期股权投资后,使乙公司成为丙公司的联营企业。甲、丙公司均为增值税一般纳税人,丙公司向甲公司开具了增值税专用发票,注明商标权转让销售额为600万元,增值税税额为36万元,甲公司用银行存款支付增值税。假设整个交易过程中除商标权转让涉及增值税以外,没有发生其他相关税费。

分析:该项资产没有涉及收付货币性资产,因此属于非货币性资产交换。本例属于以长期股权投资换入无形资产。对甲公司来讲,换入商标权能够大幅度提高企业知名度,相对于乙公司的长期股权投资来讲,预计未来现金流量的时间、金额和风险均不相同;对丙公司来讲,换入对乙公司的长期股权投资,使其对乙公司的关系由既无控制、共同控制或重大影响,改变为具有重大影响,因而可通过参与乙公司的财务和经营政策等方式对其施加重大影响,增加了从乙公司经营活动中获取经济利益的权力,与商标权预计产生的未来现金流量在时间、风险和金额方面都有所不同。因此,该两项资产的交换具有商业实质;同时,两项资产的公允价值都能够可靠地计量,符合以公允价值计量的条件。甲公司和丙公司均应当以公允价值为基础确定换入资产的成本,并确认产生的损益。

甲公司的会计处理:

换出长期股权投资,换入无形资产(商标权)。换出长期股权投资,通过长期股权投资相关账户直接减少其账面价值,同时以长期股权投资的公允价值作为换入资产入账价值的基础,最后将长期股权投资公允价值与账面价值的差额计入投资收益。

换入商标权的成本＝600－36＋36＝600(万元)

换出长期股权投资应确认的损益＝600－(800－60)＝－140(万元)

借:无形资产——商标权　　6 000 000
　　应交税费——应交增值税(进项税额)　　360 000
　　长期股权投资减值准备　　600 000
　　投资收益　　1 400 000

贷:长期股权投资——乙公司　　8 000 000
　银行存款　　360 000

丙公司的会计处理:

换出无形资产(商标权),换入对乙公司的长期股权投资。换出无形资产,无形资产的公允价值与账面价值的差额计入资产处理损益。同时以无形资产的公允价值和应支付的相关税费作为换入资产入账价值。

换入长期股权投资的成本=600+36−36=600(万元)

换出商标权应确认的损益=600−(800−160−30)=−10(万元)

丙公司换出无形资产,账面价值 610 万元(=800−160−30),公允价值为 600 万元(作为换入长期股权投资的入账成本),故而形成处置损失 10 万元,计入资产处置损益。

借:长期股权投资　　6 000 000(注)
　累计摊销　　1 600 000
　无形资产减值准备　　300 000
　资产处置损益　　100 000
　银行存款　　360 000
　贷:无形资产——商标权　　8 000 000
　　应交税费——应交增值税(销项税额)　　360 000

注:此处的账务处理只反映长期股权投资的初始计量,不考虑权益法核算调整(下同)。

(二) 涉及补价情况下的会计处理

在涉及补价时,首先需要根据补价占整个交易金额的比例来确定该项交易是否属于非货币性资产交换。收到补价的企业,如果其收取的补价占换出资产公允价值的比例低于 25%,或者支付补价的企业,其支付的补价占换出资产公允价值与支付补价之和的比例低于 25%,则视为非货币性资产交换。

其次,在以公允价值确定换入资产成本的情况下,发生补价的,支付补价方和收到补价方应当分别情况处理。

1. 支付补价方

应当以换出资产的公允价值加上支付的补价(即换入资产的公允价值)和应支付的相关税费,作为换入资产的成本;换入资产成本与换出资产账面价值加支付的补价,应支付的相关税费之和的差额,应当计入当期损益。

换入资产的成本 = 换出资产的公允价值 + 换出资产增值税销项税额 − 换入资产可抵扣的增值税进项税额 + 支付的应计入换入资产成本的相关税费 + 支付的补价

2. 收到补价方

应当以换入资产的公允价值(或换出资产的公允价值减去补价)和应支付的相关税费,作为换入资产的成本;换入资产成本加收到的补价之和与换出资产账面价值加应支付的相关税费之和的差额，应当计入当期损益。

换入资产的成本＝换出资产的公允价值＋换出资产增值税销项税额－换入资产可抵扣的增值税进项税额＋支付的应计入换入资产成本的相关税费－收到的补价

在涉及补价的情况下，对于支付补价方而言，作为补价的货币性资产构成换入资产所放弃对价的一部分；对于收到补价方而言，作为补价的货币性资产构成换入资产的一部分。

至于换出资产损益的确定，与不涉及补价的处理相同，这里不再赘述。

【例1-6】 沿用【例1-4】，假设B公司换出打印机不含增值税的公允价值为85万元，其他条件不变。

此时，换出打印机公允价值85万元小于欲换入设备公允价值90万元，B公司需要向A公司另行支付银行存款5.80万元，其中包括由于换入和换出资产公允价值不同而支付的补价5万元，以及换入资产进项税额和换出资产销项税额的差额0.80万元。B公司是支付补价方，A公司是收到补价方。

支付补价方——B公司的会计处理：

(1) 判定是否属于非货币性资产交换。

补价占交易金额的比例＝支付补价5万元÷换入设备公允价值90万元×100%＝6%＜25%，属于非货币性资产交换。

注意：计算补价占交易金额比例时，分子和分母应当统一，分母为不含税公允价值，分子即补价，也应当不含税。

(2) 确定换入设备的入账价值。

换入设备的增值税进项税额＝90×16%＝14.40(万元)

换出打印机的增值税销项税额＝85×16%＝13.60(万元)

换入设备成本＝换出存货公允价值85万元＋增值税销项税额13.60万元－增值税进项税额14.40万元＋支付银行存款5.80万元＝90(万元)

(3) 确认换出打印机的损益。

换出打印机的损益＝85－80＝5(万元)

(4) 会计分录如下：

确认换入设备，反映销售：

借：固定资产——设备	900 000	
应交税费——应交增值税(进项税额)	144 000	
贷：主营业务收入		850 000
应交税费——应交增值税(销项税额)		136 000
银行存款		58 000

结转成本：

借：主营业务成本	800 000	
贷：库存商品		800 000

收到补价方——A公司的会计处理：

A公司设备不含增值税的公允价值为90万元，B公司换出打印机不含增值税的公允价值为85万元，A公司收到B公司支付银行存款5.80万元，其中补价5万元，增值税0.80万元。

(1) 判定是否属于非货币性资产交换。

补价占交易金额的比例＝收到补价5万元÷换出设备公允价值90万元×100%＝6%＜25%，属于非货币性资产交换。

(2) 确认换入打印机的入账价值。

换出设备的增值税销项税额＝90×16%＝14.40(万元)

换入打印机的增值税进项税额＝85×16%＝13.60(万元)

换入打印机成本＝换出设备公允价值90万元＋增值税销项税额14.40万元－增值税进项税额13.60万元－收取银行存款5.80万元＝85(万元)

(3) 确认换出设备的损益。

换出设备的损益＝90－(120－40)－1.50＝8.50(万元)

(4) 会计分录如下：

转净值：

借：固定资产清理	800 000	
累计折旧	400 000	
贷：固定资产——设备		1 200 000

支付清理费：

借：固定资产清理	15 000	
贷：银行存款		15 000

确认换入打印机，收到补价，结转固定资产换出损益：

借：固定资产——打印机	850 000	
应交税费——应交增值税(进项税额)	136 000	
银行存款	58 000	
贷：固定资产清理		815 000
应交税费——应交增值税(销项税额)		144 000
资产处置损益		85 000

【例1-7】 2018年6月，甲公司经协商以其拥有的一幢自用写字楼与乙公司持有的对丙公司的长期股权投资交换。在交换日，该幢写字楼的账面原价为600万元，已提折旧120万元，未计提减值准备，在交换日的不含税公允价值为1 000万元；乙公司持有的对丙公司长期股权投资账面价值为450万元，没有计提减值准备，在交换日的公允价值为800万元，乙公司支付300万元给甲公司。乙公司换入写字楼后用于经营出租目的，并拟采用成本计量模式。甲公司换入对丙公司投资仍然作为长期股权投资，并采用权益法核算。甲公司因转让写字楼向乙公司开具的增值税专用发票上注明的销售额为1 000万元，销项税额为100万元(增值税税率为10%)。假定除增值税外，该项交易

过程中不涉及其他相关税费。

分析：本例中，该项资产交换涉及收付货币性资产，即甲公司收到的300万元，其中包括由于换出和换入资产公允价值不同收到的补价200万元，以及转出资产销项税额与换入资产进项税额（本例中为零）的差额100万元。甲公司是收到补价方，乙公司是支付补价方。

支付补价方——乙公司的会计处理：

(1) 判定是否属于非货币性资产交换。

支付的补价200万元÷换入资产的公允价值1 000万元（或换出长期股权投资公允价值800万元＋支付的补价200万元）＝20%＜25%，属于非货币性资产交换。

本例属于固定资产与长期股权投资的交换。由于两项资产的交换具有商业实质，且长期股权投资和固定资产公允价值均能够可靠计量，因此，甲、乙公司均应当以公允价值为基础确认换入资产的成本，并确认产生的损益。

(2) 确认换入写字楼的入账价值。

写字楼的入账价值＝800－100＋300＝1 000（万元）

(3) 确认换出长期股权投资的损益。

换出长期股权投资的损益＝800－450＝350（万元）

(4) 会计分录如下：

借：投资性房地产　　10 000 000
　应交税费——应交增值税（进项税额）　　1 000 000
　贷：长期股权投资——丙公司　　4 500 000
　　银行存款　　3 000 000
　　投资收益　　3 500 000

收到补价方——甲公司的会计处理：

甲公司收到的300万元，其中包括由于换出和换入资产公允价值不同收到的补价200万元，以及转出资产销项税额与换入资产进项税额（本例中为零）的差额100万元。

(1) 判定是否属于非货币性资产交换。

收到的补价200万元÷换出资产的公允价值1 000万元（或换入长期股权投资公允价值800万元＋收到的补价200万元）＝20%＜25%，属于非货币性资产交换。

(2) 确定换入长期股权投资的入账价值。

长期股权投资的入账价值＝1 000＋100－300＝800（万元）

(3) 确认换出办公楼的损益。

换出办公楼的损益＝1 000－(600－120)＝520（万元）

(4) 会计分录如下：

借：固定资产清理　　4 800 000
　累计折旧　　1 200 000
　贷：固定资产——办公楼　　6 000 000

借：固定资产清理　　　　　　　　　　　　　　　1 000 000
　　贷：应交税费——应交增值税（销项税额）　　　　　1 000 000
借：长期股权投资——丙公司　　　　　　　　　　8 000 000
　　银行存款　　　　　　　　　　　　　　　　3 000 000
　　贷：固定资产清理　　　　　　　　　　　　　　11 000 000
借：固定资产清理　　　　　　　　　　　　　　　5 200 000
　　贷：资产处置损益　　　　　　　　　　　　　　5 200 000

二、以账面价值计量的会计核算

非货币性资产交换不具有商业实质，或者虽然具有商业实质但换入资产和换出资产的公允价值均不能可靠计量的，应当以换出资产的账面价值和应支付的相关税费作为换入资产的成本，无论是否支付补价，均不确认损益。而前面所讲具有商业实质的非货币性资产交换，换入资产以换出资产公允价值为基础入账，换出资产公允价值与其账面价值之间有差额，其差额要计入当期损益。

一般来讲，如果换入资产和换出资产的公允价值都不能可靠计量时，该项非货币性资产交换通常不具有商业实质，因为在这种情况下，很难比较两项资产产生的未来现金流量在时间、风险和金额方面的差异，很难判断两项资产交换后对企业经济状况改变所起的不同效用，因而，此类资产交换通常不具有商业实质。

（一）不涉及补价情况下的会计处理

1. 换入资产成本的确定

换入资产成本＝换出资产账面价值＋换出资产增值税销项税额－换入资产可抵扣的增值税进项税额＋支付的应计入换入资产成本的相关税费

2. 以账面价值为计量基础的会计处理

在以账面价值为基础的非货币性资产交换中，由于换出资产以账面价值计量，因此不确认换出资产交换时产生的损益。注意这里所说的不确认损益，并不是指在非货币性资产交换的全过程都不会涉及损益，只是由于换入资产以换出资产账面价值为基础入账，没有差额，当然不存在确认损益问题。如果换出资产发生相关税费，还是要确认相关损益的。

【例 1-8】 2018 年 6 月，甲公司以其持有的对丙公司的长期股权投资交换乙公司拥有的商标权。在交换日，甲公司持有的长期股权投资账面余额 500 万元，已计提长期股权投资减值准备余额 140 万元，该长期股权投资在市场上没有公开报价，公允价值无法可靠计量；乙公司拥有的该商标权的账面原价为 420 万元，累计已摊销金额为 60 万元，没有为该项商标权计提减值准备，该商标权公允价值无法可靠计量。乙公司将换入的对丙公司的投资仍作为长期股权投资，并采用权益法核算。乙公司因转让商标权向甲公司开具的增值税专用发票上注明的销售额为 360 万元，销项税额为 21.6 万元。假设除增值税外，整个交易过程中没发生其他相关税费。

分析：本例中，该项资产交换没有涉及收付货币性资产，因此属于非货币性资产交换。本例属于以长期股权投资交换无形资产。由于换出资产和换入资产的公允价值都无法可靠计量，因此，甲、乙公司换入资产的成本均应当按照换出资产的账面价值确定，不确认损益。

甲公司的账务处理如下：

换入无形资产的成本＝500－140－21.60＝338.40（万元）

借：无形资产——商标权　　3 384 000

　　应交税费——应交增值税（进项税额）　　216 000

　　长期股权投资减值准备——丙公司股权投资　　1 400 000

　　贷：长期股权投资——丙公司　　5 000 000

乙公司的账务处理如下：

换入长期股权投资的成本＝420－60＋21.60＝381.60（万元）

借：长期股权投资——丙公司　　3 816 000

　　累计摊销　　600 000

　　贷：无形资产——商标权　　4 200 000

　　　　应交税费——应交增值税（销项税额）　　216 000

（二）涉及补价情况下的会计处理

1. 支付补价

换入资产成本＝换出资产账面价值＋换出资产增值税销项税额－换入资产可抵扣的增值税进项税额＋支付的应计入换入资产成本的相关税费＋支付的补价

2. 收到补价

换入资产成本＝换出资产账面价值＋换出资产增值税销项税额－换入资产可抵扣的增值税进项税额＋支付的应计入换入资产成本的相关税费－收到的补价

【例1－9】 2018年6月，甲公司拥有一个距离生产基地较远的仓库，该仓库的账面原价350万元，已计提折旧235万元；乙公司拥有一项长期股权投资，账面价值105万元，两项资产均未计提减值准备。由于仓库离市区较远，公允价值不能可靠计量；乙公司拥有的长期股权投资在活跃市场中没有报价，其公允价值也不能可靠计量。双方商定，乙公司以两项资产账面价值的差额为基础，支付甲公司10万元补价，以长期股权投资换取甲公司拥有的仓库。甲公司因转让仓库向乙公司开具的增值税专用发票注明的销售额为115万元，销项税额为11.50万元。假定除增值税外，交易中没有涉及其他相关税费。

分析：本例中，该项资产交换涉及收付货币性资产，即补价10万元。对甲公司而言，收到的补价 10 万元÷换出资产账面价值 115 万元＝8.7%＜25%，因此，该项交易属于非货币性资产交换。乙公司的情况也类似。由于两项资产的公允价值不能可靠计量，因此，甲、乙公司换入资产的成本均应当以换出资产账面价值为基础确定，不确认损益。

甲公司账务处理如下：

借：固定资产清理　　1 150 000
　　累计折旧　　2 350 000
　　贷：固定资产——仓库　　3 500 000

借：固定资产清理　　115 000
　　贷：应交税费——应交增值税（销项税额）　　115 000

借：长期股权投资——××公司　　1 165 000
　　银行存款　　100 000
　　贷：固定资产清理　　1 265 000

乙公司的账务处理如下：

借：固定资产——仓库　　1 035 000
　　应交税费——应交增值税（进项税额）　　115 000
　　贷：长期股权投资——××公司　　1 050 000
　　　　银行存款　　100 000

从上例可以看出，尽管乙公司支付了 10 万元补价，但由于整个非货币性资产交换是以账面价值为基础计量的，支付补价方和收到补价方均不确认损益。发生的补价是用来调整换入资产的成本，不涉及确认损益问题。

三、涉及多项非货币性资产交换的会计处理

非货币性资产交换涉及多项资产的情况包括企业以一项非货币性资产换入另一企业的多项非货币性资产，或同时以多项非货币性资产换入另一企业的一项非货币性资产，或以多项非货币性资产同时换入多项非货币性资产，也可能涉及补价。涉及多项资产的非货币性资产交换，企业无法将换出的某一项资产与换入的某一特定资产相对应。与单项非货币性资产之间的交换一样，涉及多项资产的非货币性资产交换的计量，企业也应当首先判断是否符合以公允价值计量的两个条件，再分别情况确定各项换入资产的成本。

（一）以公允价值计量的会计处理

非货币性资产交换具有商业实质，且换入资产的公允价值能够可靠计量的，应当按照换入各单项资产的公允价值占换入资产公允价值总额的比例，对换入资产的成本总额进行分配，确定各单项换入资产的成本。

$$各单项换入资产成本=\frac{该项资产的公允价值}{换入资产公允价值总额}\times换入资产成本总额$$

【例 1－10】　2018 年 6 月 30 日，为适应业务发展的需要，经与乙公司协商，甲公司

决定以生产经营过程中使用的机器设备和库存商品换入乙公司生产经营过程中使用的10辆货运车、5台专用设备和15辆客运汽车。

甲公司的机器设备系2011年购入，账面原价为405万元，在交换日的累计折旧为135万元，不含税公允价值为280万元；库存商品的账面余额为450万元，不含税公允价值为525万元。

乙公司的货运车、专用设备和客运汽车均系2012年年初购入，货运车的账面原价为225万元，在交换日的累计折旧为75万元，不含税公允价值为225万元；专用设备的账面原价为300万元，在交换日的累计折旧为135万元，不含税公允价值为250万元；客运汽车的账面原价为450万元，在交换日的累计折旧为120万元，不含税公允价值为360万元。

乙公司另外收取甲公司以银行存款支付的34.80万元，其中包括由于换出和换入资产公允价值不同而支付的补价30万元，以及换出资产销项税额与换入资产进项税额的差额4.80万元。

假定甲公司和乙公司都没有为换出资产计提减值准备；甲公司换入乙公司的货运车、专用设备、客运汽车均作为固定资产使用和管理；乙公司换入甲公司的机器设备作为固定资产使用和管理，换入的库存商品作为原材料使用和管理。甲公司和乙公司均为增值税一般纳税人，适用的增值税税率均为16%。甲公司、乙公司均开具了增值税专用发票。

分析：本例中，交换涉及收付货币性资产，应当计算甲公司支付的货币性资产占甲公司换入资产公允价值的比例，即30÷(280＋525＋30)＝3.59%＜25%，可以认定这一涉及多项资产的交换行为属于非货币性资产交换。对于甲公司而言，为了拓展运输业务，需要客运汽车、专用设备、货运汽车等，乙公司为了满足生产，需要机器设备、原材料等，换入资产对换入企业均能发挥更大的作用，因此，该项涉及多项资产的非货币性资产交换具有商业实质；同时，各单项换入资产和换出资产的公允价值均能可靠计量，因此，甲、乙公司均应当以公允价值为基础确定换入资产的总成本，确认产生的相关损益。同时，按照各单项换入资产的公允价值占换入资产公允价值总额的比例，确定各单项换入资产的成本。

甲公司的账务处理如下：

(1) 换出设备和库存商品的增值税销项税额＝(280＋525)×16%＝128.80(万元)

换入货运车、专用设备和客运汽车的增值税进项税额＝(225＋250＋360)×16%

＝133.60(万元)

(2) 计算换入资产、换出资产公允价值总额。

换出资产公允价值总额＝280＋525＝805(万元)

换入资产公允价值总额＝225＋250＋360＝835(万元)

(3) 计算换入资产总成本。

换入资产总成本＝换出资产公允价值＋支付的补价＋应支付的相关税费

＝805＋30＋0＝835(万元)

(4) 计算确定换入各项资产的成本。

货运车的成本＝835×(225÷835×100％)＝225(万元)

专用设备的成本＝835×(250÷835×100％)＝250(万元)

客运汽车的成本＝835×(360÷835×100％)＝360(万元)

(5) 会计分录如下：

借：固定资产清理　　2 700 000

　累计折旧　　1 350 000

　贷：固定资产——机器设备　　4 050 000

借：固定资产——货运车　　2 250 000

　　　　——专用设备　　2 500 000

　　　　——客运汽车　　3 600 000

　应交税费——应交增值税(进项税额)　　1 336 000

　贷：固定资产清理　　2 700 000

　　主营业务收入　　5 250 000

　　应交税费——应交增值税(销项税额)　　1 288 000

　　银行存款　　348 000

　　资产处置损益　　100 000

借：主营业务成本　　4 500 000

　贷：库存商品　　4 500 000

乙公司的账务处理如下：

(1) 换入设备和原材料的增值税进项税额＝(280＋525)×16％＝128.80(万元)

换出货运车、专用设备和客运汽车的增值税销项税额＝(225＋250＋360)×16％
＝133.60(万元)

(2) 计算换入资产、换出资产公允价值总额。

换出资产公允价值总额＝225＋250＋360＝835(万元)

换入资产公允价值总额＝280＋525＝805(万元)

(3) 确定换入资产总成本。

换入资产总成本＝换出资产公允价值－收取的补价＋应支付的相关税费
＝835－30＋0＝805(万元)

(4) 计算确定换入各项资产的成本。

机器设备的成本＝805×(280÷805×100％)＝280(万元)

原材料的成本＝805×(525÷805×100％)＝525(万元)

(5) 会计分录如下：

借：固定资产清理　　6 450 000

　累计折旧　　3 300 000

　贷：固定资产——货运车　　2 250 000

——专用设备　　3 000 000

——客运汽车　　4 500 000

借：固定资产清理　　1 336 000

　贷：应交税费——应交增值税（销项税额）　　1 336 000

借：固定资产——机器设备　　2 800 000

　原材料　　5 250 000

　应交税费——应交增值税（进项税额）　　1 288 000

　银行存款　　348 000

　贷：固定资产清理　　9 686 000

借：固定资产清理　　1 900 000

　贷：资产处置损益　　1 900 000

其中，资产处置损益的金额为换出货运车、专用设备和客运汽车的公允价值835万元（＝225＋250＋360）与账面价值645万元[＝(225－75)＋(300－135)＋(450－120)]的差额，即190万元。

（二）以账面价值计量的会计处理

非货币性资产交换不具有商业实质，或者虽具有商业实质但换入资产的公允价值不能可靠计量的，应当按照换入各项资产的原账面价值占换入资产原账面价值总额的比例，对换入资产的成本总额进行分配，确定各项换入资产的成本。

$$\text{各项换入资产成本}=\frac{\text{该项资产的原账面价值}}{\text{换入资产原账面价值总额}}\times\text{换入资产的成本总额}$$

【例1－11】 2018年6月，甲公司因经营战略发生较大转变，产品结构发生较大调整，原生产厂房、专利技术等已不符合生产新产品的需要，经与乙公司协商，甲公司将其生产厂房连同专利技术与乙公司正在建造过程中的一幢建筑物、乙公司对丙公司的长期股权投资（采用权益法核算）进行交换。

甲公司换出生产厂房的账面原价为200万元，已提折旧125万元；专利技术账面原价为75万元，已摊销金额为37.5万元。

乙公司在建工程截止到交换日的成本为87.5万元，对丙公司的长期股权投资成本为25万元。

甲公司的厂房公允价值难以取得，专利技术市场上并不多见，公允价值也不能可靠计量。乙公司的在建工程因完工程度难以合理确定，其公允价值不能可靠计量，由于丙公司不是上市公司，乙公司对丙公司长期股权投资的公允价值也不能可靠计量。假定甲、乙公司均未对上述资产计提减值准备。根据《关于全面推开营业税改征增值税试点的通知》（财税〔2016〕36号），转让专利技术免征增值税。甲公司因转让厂房向乙公司开具的增值税专用发票上注明的销售额为75万元，销项税额为7.50万元；乙公司因转让在建工程向甲公司开具的增值税专用发票上注明的销售额为87.5万元，销项税额为8.75万元。

分析:本例中,交换不涉及收付货币性资产,属于非货币性资产交换。由于换入资产、换出资产的公允价值均不能可靠计量,甲、乙公司均应当以换出资产账面价值总额作为换入资产的总成本,各项换入资产的成本,应当按各项换入资产的账面价值占换入资产账面价值总额的比例分配后确定。

甲公司的账务处理如下:

(1) 计算换入资产、换出资产账面价值总额。

换入资产账面价值总额＝87.5＋25＝112.5(万元)

换出资产账面价值总额＝(200－125)＋(75－37.5)＝112.5(万元)

(2) 确定换入资产总成本。

换入资产总成本＝112.5＋7.50－8.75＝111.25(万元)

(3) 确定各项换入资产成本。

在建工程成本＝111.25×(87.5÷112.5×100%)＝86.527 8(万元)

长期股权投资成本＝111.25×(25÷112.5×100%)＝24.722 2(万元)

(4) 会计分录如下:

	借方	贷方
借:固定资产清理	750 000	
累计折旧	1 250 000	
贷:固定资产——厂房		2 000 000
借:固定资产清理	75 000	
贷:应交税费——应交增值税(销项税额)		75 000
借:在建工程——××工程	865 278	
应交税费——应交增值税(进项税额)	87 500	
长期股权投资	247 222	
累计摊销	375 000	
贷:固定资产清理		825 000
无形资产——专利技术		750 000

乙公司的账务处理如下:

(1) 计算换入资产、换出资产账面价值总额。

换入资产账面价值总额＝(200－125)＋(75－37.5)＝75＋37.5＝112.5(万元)

换出资产账面价值总额＝87.5＋25＝112.5(万元)

(2) 确定换入资产总成本。

换入资产总成本＝112.5＋8.75－7.50＝113.75(万元)

(3) 确定各项换入资产成本。

厂房成本＝113.75×(75÷112.5×100%)＝75.833 3(万元)

专利技术成本＝113.75×(37.5÷112.5×100%)＝37.916 7(万元)

(4) 会计分录如下:

	借方	贷方
借:固定资产清理	875 000	
贷:在建工程——××工程		875 000

借:固定资产清理　87 500
　贷:应交税费——应交增值税(销项税额)　87 500
借:固定资产——厂房　758 333
　应交税费——应交增值税(进项税额)　75 000
　无形资产——专利技术　379 167
　贷:固定资产清理　962 500
　　长期股权投资　250 000

课后练习

一、单项选择题

1. 下列交易属于非货币性资产交换的是(　　)。

A. 以交易性金融资产与准备持有至到期的债券投资交换

B. 以应收票据与固定资产交换

C. 以无形资产与应收账款交换

D. 以长期股权投资与无形资产交换

2. 下列各项中,不属于非货币性资产的有(　　)。

A. 应收账款　B. 无形资产　C. 在建工程　D. 长期股权投资

3. 在确定涉及补价的交易是否为非货币性资产交换时,支付补价方应当按照(　　)。

A. 补价占换入资产公允价值的比例低于25%确定

B. 补价占换入资产公允价值减补价的比例低于25%确定

C. 补价占换出资产公允价值减补价的比例低于25%确定

D. 补价占换入资产公允价值加上支付的补价的比例低于25%确定

4. 下列不属于货币性资产的项目是(　　)。

A. 信用卡存款　B. 应收票据　C. 股票投资　D. 应收账款

5. 下列交易或事项中,不属于非货币资产交换的是(　　)。

A. 以公允价值200万元的无形资产换取一批货物

B. 以公允价值70万元的设备换取一套住房,同时支付30万元补价

C. 以公允价值200万元的商品换取一套设备,同时收取补价40万元

D. 以公允价值500万元的长期股权投资换取一台设备

6. 甲企业以其持有的一项长期股权投资换取乙企业的一项无形资产,该项交易中不涉及补价。假定该项交易具有商业实质。甲企业该项长期股权投资的账面价值为120万元,公允价值为150万元。乙企业该项无形资产的账面价值为100万元,公允价值为150万元,甲企业在此项交易中为换入无形资产发生了10万元税费。甲企业换入

的该项无形资产入账价值为(　　)万元。

A. 150　　B. 160　　C. 120　　D. 130

7. 甲股份有限公司发生的下列非关联交易中,属于非货币性资产交换的是(　　)。

A. 以公允价值为260万元的固定资产换入乙公司账面价值为320万元的无形资产,并支付补价80万元

B. 以账面价值为280万元的固定资产换入丙公司公允价值为200万元的一项专利权,并收到补价80万元

C. 以公允价值为320万元的长期股权投资换入丁公司账面价值为460万元的短期股票投资,并支付补价140万元

D. 以账面价值为420万元、准备持有至到期的长期债权投资换入戊公司公允价值为390万元的一台设备,并收到补价30万元

8. 甲公司以一栋厂房和一项土地使用权换入乙公司持有的对丙公司的长期股权投资。换出厂房的账面原价为2 000万元,已计提折旧600万元,已计提减值准备200万元,公允价值为1 400万元;土地使用权的账面余额为1 800万元,未计提减值准备,公允价值为1 400万元。该交换具有商业实质,且假定不考虑相关税费,甲公司换入的对丙公司的长期股权投资的入账价值为(　　)万元。

A. 2 800　　B. 3 000　　C. 4 000　　D. 4 200　　E. 4 800

9. A公司以一台甲设备换入D公司的一台乙设备。甲设备的账面原价44万元,已计提折旧6万元,已计提减值准备5万元。甲设备和乙设备的公允价值无法合理确定,D公司另向A公司支付补价4万元。A公司换入的乙设备的入账价值为(　　)万元。假定不考虑相关税费。

A. 30　　B. 29　　C. 29.4　　D. 28.6

10. 企业发生的具有商业实质且公允价值能够可靠计量的非货币性资产交换,在没有补价的情况下,如果同时换入多项资产,应当按照(　　)的比例,对换入资产的成本总额进行分配,以确定各项换入资产的入账价值。

A. 换入各项资产的公允价值占换入资产公允价值总额

B. 换出各项资产的公允价值占换出资产公允价值总额

C. 换入各项资产的账面价值占换入资产账面价值总额

D. 换出各项资产的账面价值占换出资产账面价值总额

二、多项选择题

1. 下列项目中,属于货币性资产的是(　　)。

A. 银行存款　　B. 长期股权投资

C. 交易性金融资产　　D. 应收账款

2. 下列项目中属于非货币性资产的有(　　)。

A. 存货　　B. 长期股权投资

C. 固定资产　　D. 应收账款

3. 下列各项交易中，属于非货币性资产交换的有(　　)。

A. 以固定资产换入股权　　B. 以银行汇票购买原材料

C. 以银行本票购买固定资产　　D. 以无形资产换入原材料

4. 甲公司发生的下列交易中，属于非货币性资产交换的有(　　)。

A. 以一项账面价值20万元，公允价值30万元的交易性金融资产换入乙公司公允价值40万元的产品一批，支付16.8万元补价

B. 以一项账面价值10万元，公允价值100万元的专利权(符合国家免税政策)换入丙公司一项公允价值为120万元长期股权投资，支付补价20万元

C. 以一栋账面价值90万元，公允价值70万元，增值税为7万元的仓库换入丁公司一批公允价值为50万元，增值税额为8万元的原材料，收取补价19万

D. 以一栋账面价值200万元，公允价值500万元，增值税为50万元的厂房换入戊公司的公允价值为400万元的可供出售金融资产，收取补价150万元

5. 下列各项非货币性资产交换中，其会计处理有可能影响企业损益的项目有(　　)。

A. 该交换具有商业实质，换出资产公允价值大于账面价值且支付补价

B. 该交换具有商业实质，换出资产公允价值小于账面价值且支付补价

C. 该交换不具有商业实质，换出资产公允价值大于账面价值且收到补价

D. 该交换不具有商业实质，换出资产公允价值小于账面价值且收到补价

E. 该交换不具有商业实质，换出资产公允价值小于账面价值且支付补价

6. 在不涉及补价情况下，下列关于不具有商业实质的非货币性资产交换说法正确的有(　　)。

A. 不确认非货币性资产交换损益

B. 可能确认非货币性资产交换损益

C. 涉及多项资产交换，按换入各项资产的公允价值与换入资产公允价值总额的比例，对换出资产的账面价值与应支付的相关税费之和进行分配，以确定各项换入资产的入账价值

D. 对于换入存货实际成本的确定，通常按换出资产的账面价值减去可抵扣的增值税进项税额，加上应支付的相关税费作为实际成本

7. 非货币性资产交换具有商业实质且公允价值能够可靠计量的，关于换出资产公允价值与其账面价值的差额处理正确的有(　　)。

A. 换出资产为存货的，应当视同销售处理，根据《企业会计准则第14号——收入》按其公允价值确认商品销售收入，同时结转商品销售成本

B. 换出资产为固定资产、无形资产的，换出资产公允价值和换出资产账面价值的差额，计入资产处置损益

C. 换出资产为固定资产、无形资产的，换出资产公允价值和换出资产账面价值的差额，计入或冲减资产减值损失

D. 换出资产为长期股权投资的，换出资产公允价值和换出资产账面价值的差额，

计入资本公积

E. 换出资产为长期股权投资的，换出资产公允价值和换出资产账面价值的差额，计入投资收益

8. 非货币性资产交换以公允价值计量并且涉及补价的，补价支付方在确定计入当期损益的金额时，应当考虑的因素有（　　）。

A. 支付的补价

B. 换入资产的成本

C. 换出资产的账面价值

D. 换入资产发生的相关税费

9. 关于不具有商业实质的非货币性资产交换，下列项目会影响支付补价企业计算换入资产入账价值的有（　　）。

A. 支付的补价

B. 可以抵扣的进项税额

C. 换出资产已计提的减值准备

D. 换入资产的账面价值

E. 换出资产的增值税销项税额

10. 根据《企业会计准则——非货币性资产交换》，下列非货币性资产交换具有商业实质的有（　　）。

A. 换入资产的未来现金流量的风险、金额相同，时间不同

B. 换入资产的未来现金流量的时间、金额相同，风险不同

C. 换入资产的未来现金流量的风险、时间相同，金额不同

D. 换入资产与换出资产的预计未来现金流量现值不同，且其差额与换入资产和换出资产的公允价值相比是重大的

E. 换入资产的未来现金流量在风险、时间和金额方面与换出资产几乎相同

三、判断题

1. 应收账款可能发生坏账，将来收取的货币是不确定的，因此，应收账款属于非货币性资产。（　　）

2. 在非货币性资产交换中，当换出资产公允价值大于换入资产账面价值时，应确认交易收益。（　　）

3. 判断某项交易是否为非货币性资产交换，通常依据交易中是否涉及补价，若涉及补价，则不属于非货币性资产交换。（　　）

4. 对于具有商业实质的非货币性资产交换，应以换出资产的公允价值与换入资产的公允价值孰低作为换入资产的入账价值。（　　）

5. 涉及多项资产的非货币性资产交换，应当先计算换入资产总的入账价值，然后再按各单位资产的账面价值占换入资产账面价值总和的比重分别确定各单位资产的入账价值。（　　）

6. 非货币性资产交换中，如果换入资产和换出资产的公允价值均能可靠计量，应优先考虑以换出资产的公允价值为基础确定换入资产的成本。（　　）

7. 在确定非货币性资产交换是否具有商业实质时，企业应当关注交易各方之间是否存在关联方关系。关联方关系的存在导致发生的非货币性资产交换不具有商业实质。 （　）

8. 货币性资产是指持有的现金及将以固定或可确定金额的货币收取的资产，包括现金、应收账款和应收票据以及不准备持有至到期的债券投资等。 （　）

9. 一般来讲，如果换入资产和换出资产的公允价值都不能可靠计量时，该项非货币性资产交换通常不具有商业实质。 （　）

10. 如果非货币性资产交换不具有商业实质，则整个交换过程不应当确认损益。 （　）

四、计算及账务处理题

1. 长城股份有限公司(以下简称“长城公司”)2018 年 6 月发生如下经济业务：

(1) 长城公司以其持有的交易性金融资产交换大明公司的原材料，在交换日，该交易性金融资产的账面余额为 32 万元(其中成本为 24 万元，公允价值变动收益为 8 万元)，公允价值为 36 万元。大明公司原材料账面价值为 28 万元，不含增值税的公允价值为 30 万元，公允价值等于计税价格，增值税税额为 4.80 万元。长城公司收到大明公司支付的银行存款 1.20 万元。该交换具有商业实质。

(2) 长城公司以一幢办公楼换入向南公司的专利权，办公楼的原价为 600 万元，已计提折旧 220 万元，已计提减值准备 40 万元，公允价值为 400 万元。专利权的账面原价为 500 万元，累计摊销 150 万元，公允价值为 380 万元。长城公司收到向南公司以银行存款支付的补价 20 万元。该交换具有商业实质。该业务不考虑增值税等其他因素。

要求：分析判断长城公司上述业务是否属于非货币性资产交换并编制有关会计分录。(答案中的金额单位用万元表示)

2. 甲公司为盘活闲置资产，增加企业核心产能和生产能力，于 2018 年 8 月 29 日与乙公司签订资产置换协议，根据协议约定甲公司将一栋厂房、一处土地使用权和一批存货与乙公司三台机器设备进行交换。已知甲公司厂房原值 1 200 万元，已提折旧 800 万元，市场公允价值为 500 万元；土地使用权原值 800 万元，已提摊销 500 万元，市场公允价值 500 万元；存货成本 800 万元，市场售价 1 000 万元。

乙公司三台设备(A、B、C)的原值分别为 1 000 万元、2 000 万元和 3 000 万元，已提折旧分别为 800 万元、500 万元和 1 000 万元；市场公允价值分别为 300 万元、1 000 万元和 800 万元。根据协议约定，甲公司应向乙公司支付银行存款 176 万元。此项交换具有商业实质，双方均为增值税一般纳税人，交易中均开具增值税专用发票(设备、存货增值税税率为 16%，销售不动产和转让土地使用权增值税税率为 10%)，价格均不含增值税。交换后双方均保持原资产使用状态。

要求：编制甲公司和乙公司的会计分录。(答案中的金额单位用万元表示，保留两位小数)

3. 甲公司决定和乙公司进行非货币资产交换，乙公司向甲公司支付银行存款 40 万元。

(1) 甲公司换出

① 固定资产——厂房原价为200万元,累计折旧60万元,公允价值100万元;

② 无形资产——专利权原价为120万元,累计摊销60万元,公允价值50万元。

(2) 乙公司换出

① 固定资产——办公楼原价150万元,累计折旧50万元;

② 无形资产——商标权原价100万元,累计摊销40万元。

假设以上资产均未计提资产减值准备,该交换不具有商业实质,且假定不考虑其他相关税费。

要求:编制甲公司和乙公司的会计分录。(金额单位以万元表示)

项目二　或有事项的核算

知识目标

1. 或有事项的概念及常见或有事项
2. 或有事项的特征
3. 预计负债的确认与计量

能力目标

1. 掌握确认预计负债的条件
2. 掌握预计负债的计量原则
3. 掌握预计负债的核算

任务一　或有事项的认知

一、或有事项的概念

企业在经营活动中有时会面临一些具有较大不确定性的经济事项，这些事项对企业的财务状况和经营成果可能会产生较大的影响，但其最终结果却由某些未来事项的发生或不发生来决定。比如，企业对一批商品提供售后担保，承诺在商品发生质量问题时无偿提供修理服务。销售商品并提供售后担保是企业过去发生的交易，是确定的事项，但由此形成的未来修理服务却是一项不确定事项，修理费用是否会发生以及发生多少将取决于未来是否发生修理请求以及修理工作量、费用等的大小。按照权责发生制原则，企业不能等到客户提出修理请求时，才确认因提供担保而产生的义务，而应当在资产负债表日对发生修理请求的可能性以及修理工作量的大小做出判断，以决定是否在当期确认承担的修理义务。会计上将这种因不确定性情形而形成的事项称为或有事项。

或有事项是指过去的交易或事项形成的，其结果须由某些未来事项的发生或不发生才能决定的不确定事项。常见的或有事项有：债务担保、未决诉讼或未决仲裁、产品质量保证(含产品安全保证)、亏损合同、环境污染整治、重组义务、承诺等。

二、或有事项的特征

(一) 或有事项是因过去的交易或事项形成的

或有事项作为一种不确定事项,是由企业过去的交易或事项形成的。由过去的交易或事项形成,是指或有事项的现存状况是过去交易或事项引起的一种客观存在。

例如,产品质量保证是企业对已出售商品或已提供劳务的质量提供的保证,不是企业对尚未出售商品或尚未提供劳务的质量提供的保证;又如,未决诉讼,虽是正在进行当中的诉讼,但它是因企业过去的经济行为导致起诉其他企业或被其他企业起诉引起,是现存的一种状况,不是未来要发生的事项。基于这一特征,未来可能发生的自然灾害、未来计划购入的原材料、未来可能发生的交通事故、未来可能发生的经营亏损等事项,都不属于或有事项。

(二) 或有事项的结果具有不确定性

或有事项的结果具有不确定性具体表现为两个方面:一是或有事项的结果是否发生具有不确定性;二是或有事项的结果预计将会发生,但发生的具体时间或金额具有不确定性。

首先,或有事项的结果是否发生具有不确定性。例如,为其他单位提供债务担保,如果被担保方到期无力还款,担保方将负连带责任。对于担保方而言,担保所引起的可能发生的连带责任构成或有事项。但是,担保方是否需要履行连带责任,在担保协议达成时是不能确定的。

其次,或有事项的结果预计将会发生,但具体发生的时间或发生的金额具有不确定性。例如,乙股份有限公司因对周围环境造成污染而被起诉,如无特殊情况,公司很可能败诉。但是,在诉讼成立时,公司因败诉将要支出多少金额,或支出发生于何时,是难以确定的。或有事项的这种不确定性,是其区别于其他不确定性会计事项的重要特征。

(三) 或有事项的结果须由未来发生的事项决定

由未来事项决定,是指或有事项的结果只能由未来不确定事项的发生或不发生才能决定。

或有事项发生时,对企业是有利影响还是不利影响,或虽已知是有利影响或不利影响,但影响有多大等,都只能由未来不确定事项的发生或不发生才能证实。例如,企业为其他单位提供债务担保,该担保事项最终是否会要求企业履行偿还债务的连带责任,要看被担保方的未来经营情况和偿债能力。如果被担保方经营情况和财务状况良好且有较好的信用,那么企业将不需要履行该连带责任。只有在被担保方到期无力还款时,担保方才承担偿还债务的连带责任。又如,未决诉讼只能等到人民法院判决才能决定其结果。

或有事项的这一特征说明，或有事项具有时效性，即随着影响或有事项结果的因素发生变化，或有事项最终会转化为确定事项。

【例 2－1】 下列事项中，不属于或有事项的是（　　）。

A. 为销售的商品提供的质量保证

B. 对其他单位提供的债务担保

C. 未决诉讼

D. 未来可能发生的汇率变动

分析：或有事项是由过去的交易或事项而形成的状况，因此，未来可能发生的汇率变动不属于或有事项。正确答案是 D。

或有事项与不确定性联系在一起，但会计处理过程中存在不确定性的事项并不都是或有事项，企业应当按照或有事项的定义和特征进行判断。例如，对固定资产计提折旧虽然也涉及对固定资产预计净残值和使用寿命进行判断，带有一定的不确定性，但是，固定资产折旧是已经发生的损耗，固定资产的原值是确定的，其价值最终会转移到成本或费用中也是确定的，该事项的结果是确定的，因此，对固定资产计提折旧不属于或有事项。

三、或有负债和或有资产

或有负债和或有资产与或有事项密切相关。

（一）或有负债

或有负债，是指过去的交易或事项形成的潜在义务，其存在须通过未来不确定事项的发生或不发生予以证实；或过去的交易或事项形成的现时义务，履行该义务不是很可能导致经济利益流出企业或该义务的金额不能可靠地计量。

由此可见，或有负债涉及两类义务：一类是潜在义务，一类是现时义务。

（1）潜在义务，是指结果取决于未来不确定事项的可能义务。潜在义务最终是否转变为现时义务，由未来不确定事项的发生或不发生来决定。其结果如何，只能由未来不确定事项的发生或不发生来证实。例如，还缺乏进一步证据的起诉。

（2）现时义务，是指企业在现行条件下已承担的义务。或有负债作为特殊的现时义务，其特殊之处在于：该现时义务的履行不是很可能导致经济利益流出企业，或者该现时义务的金额不能可靠地计量。

其中，“不是很可能导致经济利益流出企业”，指的是该现时义务导致经济利益流出企业的可能性不超过 50%（含 50%）。例如，甲企业与乙企业签订担保合同，承诺为乙企业的某项贷款提供担保。由于担保合同的签订，甲企业承担了一项现时义务，但承担现时义务不意味着经济利益很可能因此流出企业。如果乙企业财务状况良好，说明甲企业承担连带责任的可能不是很大，这项担保合同不是很可能导致经济利益流出企业。所以，该现时义务属于甲企业或有负债。这里的可能性通常按照一定的概率区间加以判断，如表 2－1 所示。

表 2-1　按照概率区间确定结果的可能性

结果的可能性	对应的概率(P)区间
基本确定	95%<P<100%
很可能	50%<P≤95%
可能	5%<P≤50%
极小可能	0%<P≤5%

“金额不能可靠地计量”，指的是该现时义务导致经济利益流出企业的“金额”难以合理预计，现时义务履行的结果具有较大的不确定性。例如，某餐饮公司提供的食物造成了用餐者集体中毒，公司承诺负担一切赔偿费用，但事态还在发展中，难以预计将发生的赔款费用。此时公司因此而承担了一项现时义务，但履行该义务会有多少经济利益流出还无法可靠计量。所以，该事项只能作为或有事项。

或有负债无论是潜在义务还是现时义务，均不符合负债的确认条件，因而不能在报表中予以确认，但应按相关规定在财务报表附注中披露有关信息，包括或有负债的种类及其形成原因、经济利益流出不确定性的说明、预计产生的财务影响以及获得补偿的可能性等。

（二）或有资产

或有资产是指过去的交易或事项形成的潜在资产，其存在须通过未来不确定事项的发生或不发生予以证实。

1. 或有资产由过去的交易或事项产生

比如，2017 年 12 月 5 日，甲企业状告乙企业侵犯其专利权，至 2017 年 12 月 31 日，法院还没有对诉讼案件进行公开审理，甲企业是否胜诉尚难判断。对于甲企业而言，将来可能胜诉而获得的资产属于一项潜在资产，它是由过去事项（乙企业可能侵犯甲企业专利权并受到起诉）形成的。如果甲企业计划在 3 个月后购入一批原材料，那么因此可能获得的资产并不是或有资产，因为甲企业的计划并不是过去的交易或事项。

2. 或有资产的结果具有不确定性

或有资产是一种潜在资产，随着经济情况的变化，其是否会形成企业真正的资产，只能通过未来不确定事项的发生或不发生来证实。沿用上例，甲企业的或有资产，是否会转化为真正的资产，要由诉讼案件的调解或判决结果确定。如果终审判决结果是甲企业胜诉，那么或有资产便转化为一项基本可以肯定收到的资产；如果终审判决结果是甲企业败诉，那么或有资产便消失了，相反，还应承担支付诉讼费的义务。

正如或有负债不符合负债确认条件一样，或有资产也不符合资产确认条件，不应当在会计报表内确认。企业通常不应当披露或有资产，但或有资产很可能会给企业带来经济利益时，应在会计报表附注中披露其形成的原因、预计产生的财务影响等。

【例 2－2】 根据相关的规定，下列有关或有事项的表述中，正确的是（　　）。

A. 由担保引起的或有事项随着被担保人债务的全部清偿而消失

B. 只有对本单位产生不利影响的事项，才能作为或有事项

C. 或有负债与或有事项相联系，有或有事项就有或有负债

D. 对于或有事项既要确认或有负债，也要确认或有资产

分析：或有事项指过去的交易或事项形成的一种状况，其结果须通过未来不确定事项的发生或不发生予以证实。或有事项的结果一种是导致经济利益流入企业；另一种是导致经济利益流出企业。或有负债和或有资产均不能在报表中予以确认。正确答案是 A。

【例 2－3】 下列关于或有资产的说法中，不正确的是（　　）。

A. 或有资产不应加以确认

B. 或有资产一般不作披露

C. 或有资产很可能会给企业带来经济利益时，应在会计报表附注中披露

D. 或有资产应加以确认，并应在会计报表附注中披露

分析：企业会计准则规定，或有资产不予确认，一般不应在资产负债表附注中披露，但或有资产很可能会给企业带来经济利益时，应在会计报表附注中披露或有资产的形成原因和预计财务影响。正确答案是 D。

（三）或有负债和或有资产转化为预计负债（负债）和资产

需要指出的是，影响或有负债和或有资产的多种因素处于不断变化之中，企业应当持续地对这些因素予以关注。随着时间的推移和事态的进展，或有负债对应的潜在义务可能转化为现时义务，原来不是很可能导致经济利益流出的现时义务也可能被证实将很可能导致企业流出经济利益，并且现时义务的金额也能够可靠计量。企业应当对或有负债相关义务进行评估、分析判断其是否符合预计负债确认条件。如符合预计负债确认条件，应将其确认为负债。类似地，或有资产对应的潜在权利也可能随着相关因素的变化而发生变化，其对应的潜在资产最终是否能够流入企业会逐渐变得明确，如果某一时点企业基本确定能够收到这项潜在资产并且其金额能够可靠计量，应当将其确认为企业的资产。

例如，未决诉讼对于预期会胜诉的一方而言，因未决诉讼形成了一项或有资产；该或有资产最终是否转化为企业的资产，要根据诉讼的最终判决而定。最终判决胜诉的一方，这项或有资产就转化为企业真正的资产。对于预期会败诉的一方而言，因未决诉讼形成了一项或有负债或预计负债：如为或有负债，该或有负债最终是否转化为企业的预计负债，只能根据诉讼的进展而定。企业根据法律规定、律师建议等因素判断自己很可能败诉且赔偿金额能够合理估计的，这项或有负债就转化为企业的预计负债。

任务二　或有事项的确认和计量

一、或有事项的确认

或有事项的确认通常是指与或有事项相关义务的确认。或有事项形成的或有资产只有在企业基本确定(可能性大于95%但小于100%)能够收到的情况下,才能转变为真正的资产,从而予以确认。

根据《企业会计准则第13号——或有事项》的规定,与或有事项相关的义务在同时满足以下三个条件时确认为负债,作为"预计负债"进行确认和计量:① 该义务是企业承担的现时义务;② 履行该义务很可能导致经济利益流出企业;③ 该义务的金额能够可靠地计量。

(一) 该义务是企业承担的现时义务

该义务是企业承担的现时义务,即与或有事项相关的义务是在企业当前条件下已承担的义务,企业没有其他现实的选择,只能履行该现时义务。例如,乙股份有限公司的司机因违反交通规则造成严重交通事故,违规事项发生后,乙公司因此而承担赔偿义务就是一项现时义务。

这里的现时义务包括法定义务和推定义务。其中,法定义务是指因合同、法规或其他司法解释等产生的义务。例如,签订购货合同所产生的义务就属于法定义务。推定义务是指因企业特定行为(企业以往的习惯做法、已公开的承诺或公开宣布的经营政策)而产生的义务。例如,当地没有对环境污染制定相关法律,但公司为树立良好形象而对外宣称将对生产经营可能产生的环境污染进行治理,该公司为此承担的义务就属于推定义务。

(二) 履行该义务很可能导致经济利益流出企业

该义务的履行很可能导致经济利益流出企业,即履行因或有事项而承担的现时义务时,导致经济利益流出企业的可能性超过50%,但尚未达到基本确定的程度。

企业因或有事项承担现时义务,并不说明该现时义务很可能导致经济利益流出企业;只有在其很可能导致经济利益流出企业,并同时满足其他两个条件时,企业才能加以确认。例如,2017年3月1日,乙股份有限公司与甲股份有限公司签订协议,承诺为甲股份有限公司的3年期银行借款提供全额担保。对于乙股份有限公司而言,由于担保事项而承担了一项现时义务。这项义务的履行是否很可能导致经济利益流出企业,需依据甲股份有限公司的经营情况和财务状况等因素来定。假定2017年12月31日,甲股份有限公司财务状况良好。此时,如果没有其他特殊情况,一般可以认定甲股份有限公司不会违约,从而乙股份有限公司履行承担的现时义务不是很可能导致经济利益流出；假定2017年12月31日，甲股份有限公司的财务状况恶化，且没有迹象表明可以发生好转，这种情况出现，表明甲股份有限公司很可能违约，从而乙股份有限公司履行承担的现时义务将很可能导致经济利益流出企业。

（三）该义务的金额能够可靠地计量

该义务的金额能够可靠计量，即与或有事项相关的现时义务的金额能够合理估计。

由于或有事项具有不确定性，因此，因或有事项产生的现时义务的金额也具有不确定性，需要予以估计。只有在其金额能够可靠地估计，并同时满足其他两个条件时，企业才能加以确认。例如，A股份有限公司涉及一起诉讼案。根据以往的审判结果判断，公司很可能败诉，相关的赔偿金额也可以估算出一个区间。此时，就可以认为该公司因未决诉讼承担的现时义务的金额能够可靠地估计，如果同时满足其他两个条件，就可以对所形成的义务确认为一项负债。但是，如果没有以往的案例可与A股份有限公司涉及的诉讼案作比照，而相关的法律条文又没有明确的解释，那么，即使A股份有限公司很可能败诉，在判决以前也不能推断现时义务的金额能够可靠估计，A股份有限公司也不应对此未决诉讼确认为一项负债。

二、预计负债的计量

当与或有事项有关的义务符合确认为负债的条件时应当将其确认为预计负债，预计负债应当按照履行相关现时义务所需支出的最佳估计数进行初始计量。此外，企业清偿预计负债所需支出还可能从第三方或其他方获得补偿。因此，或有事项的计量主要涉及两个问题：一是最佳估计数的确定；二是预期可获得补偿的处理。

（一）最佳估计数的确定

预计负债应当按照履行相关现时义务所需支出的最佳估计数进行初始计量，最佳估计数的确定应分以下两种情况分别处理：

（1）所需支出存在一个连续范围，且该范围内各种结果发生的可能性相同。则最佳估计数的确定应当按照该范围内的中间值，即上下限金额的平均数确定。

【例2－4】 2017年11月10日，B股份有限公司因合同违约而涉及一起诉讼案。在咨询了公司的法律顾问后，公司认为，最终的法律判决很可能对公司不利。2017年12月31日，B股份有限公司尚未接到法院的判决，因而诉讼须承担的赔偿金额也无法准确地确定。根据法律顾问的职业判断，赔偿金额可能是150万元至200万元之间的某一金额。此时，B股份有限公司应在资产负债表中确认一项金额为175万元［＝(150＋200)/2］的负债。

会计处理：

借：营业外支出——赔款支出　　　1 750 000

　贷：预计负债——未决诉讼　　　1 750 000

（2）所需支出不存在一个金额范围，或者虽然存在一个连续范围，但该范围内各种结果发生的可能性不相同。

① 或有事项涉及单个项目时，最佳估计数按最可能发生的金额确定。这里的"涉及单个科目"，指或有事项涉及的项目只有一个，如一项未决诉讼、一项未决仲裁或一项债务担保等。

【例 2-5】 2017 年 11 月 2 日，A 公司因与 B 公司签订了互相担保协议，成为相关诉讼第二被告。截至 2018 年 12 月 31 日，诉讼尚未判决。但由于对方经营困难，A 公司很可能要因此承担还款责任。据专家预计，承担 100 万元责任的可能性为 60%，承担 80 万元责任的可能性为 40%（假设不考虑诉讼费）。则 A 公司应在 2017 年年末确认的预计负债为 100 万元（最可能发生的金额）。

会计处理：

借：营业外支出——赔款支出　　　　1 000 000

　　贷：预计负债——债务担保　　　　1 000 000

② 或有事项涉及多个项目时，最佳估计数按照各种可能结果及其相关概率加权计算确定（即计算加权平均数）。这里的"涉及多个项目"，指或有事项涉及的项目不止一个，如产品质量保证。在产品质量担保中，提出产品保修要求的可能有许多客户，相应的，企业对这些客户都负有保修义务。

【例 2-6】 2016 年度第一季度，甲股份有限公司共销售 A 产品 60 000 件，销售收入为 36 000 万元。根据公司的产品质量保证条款，该产品售出后一年内，如发生正常质量问题，公司将负责免费维修。根据以前年度的维修记录，如果发生较小的质量问题，发生的维修费用为销售收入的 1%；如果发生较大的质量问题，发生的维修费用为销售收入的 2%。根据公司技术部门的预测，本年度已销售产品中，有 80% 不会发生质量问题，有 15% 将发生较小质量问题，有 5% 将发生较大质量问题。据此，2016 年第一季度末，甲股份有限公司应在资产负债表中确认的负债金额为：

36 000×(0×80%+1%×15%+2%×5%)=90（万元）

会计处理：

借：销售费用——产品质量保证　　　　900 000

　　贷：预计负债——产品质量保证　　　　900 000

（二）预期可获得补偿的处理

如果企业清偿因或有事项而确认的负债所需支出全部或部分预期由第三方或其他方补偿，则此补偿金额只有在基本确定能收到时，才能作为资产单独确认，且确认的补偿金额不能超过所确认负债的账面价值。

预期可获得补偿的情况通常有：发生交通事故等的企业可以从保险公司获得合理的赔偿；在某些索赔诉讼中，企业可以通过反诉的方式对索赔人或第三方另行提出赔偿要求；在债务担保业务中，企业在履行担保义务的同时，通常可以向被担保企业提出追偿要求等。

企业预期从第三方获得的补偿，是一种潜在资产，其最终是否真的会转化为企业真正的资产(即企业是否能够收到这项补偿)具有较大的不确定性,企业只能在基本确定能够收到补偿时才能对其进行确认。根据资产和负债不能随意抵消的原则,预期可获得的补偿在基本确定能够收到时应当确认为一项资产,而不能作为预计负债金额的扣减。

补偿金额确认涉及两个问题:一是确认时间,只有在"基本确定"能够收到时才予以确认;二是确认金额,是基本确定能够收到的金额且不能超过预计负债的金额(故需以确认了预计负债为前提,否则不适用或有事项准则)。

【例 2-7】 2017 年 12 月 20 日,华远公司因侵犯甲公司专利权被起诉,要求赔偿 150 万元,至 12 月 31 日,法院尚未判决。华远公司经研究认为侵权事实成立,败诉的可能性为 80%,可能赔偿 100 万元。

会计处理:

借:营业外支出——赔款支出　　　　1 000 000

　贷:预计负债——未决诉讼　　　　1 000 000

若上述侵权行为是由于华远公司委托的宏达公司在完成该专利项目时造成侵权,华远公司已向宏达公司索赔 80 万元,基本确定可获得 40 万元赔偿。

会计处理:

借:其他应收款——宏达公司　　　　400 000

　贷:营业外支出　　　　400 000

本例中,华远公司应分别确认一项金额为 100 万元的负债和一项金额为 40 万元的资产,而不能只确认一项金额为 60 万元(=100-40)的负债。同时,公司所确认的补偿金额 40 万元不能超过所确认的负债的账面价值 100 万元。如果确认的补偿金额超过了预计负债,等于确认了或有资产,违背了谨慎性要求。

(三) 预计负债的计量需要考虑的其他因素

对预计负债的计量,还需要考虑与或有事项有关的风险和不确定性、货币时间价值、未来事项等,以便更合理地确定最佳估计数。

1. 风险和不确定性

风险是对交易或事项结果的变化可能性的一种描述。企业在不确定的情况下进行判断需要谨慎从事,充分考虑与或有事项有关的风险和不确定性,既不能忽略风险和不确定性对或有事项计量的影响,也要避免对风险和不确定性进行重复调整,从而在低估和高估预计负债金额之间寻找平衡点。

2. 货币时间价值

预计负债的金额通常应当等于未来应支付的金额。但是,因为货币时间价值的影响,资产负债表日后不久发生的现金流出,要比一段时间之后发生的同样金额的现金流出负有更大的义务。所以,如果预计负债的确认时点距离实际清偿有较长的时间跨度,货币时间价值的影响重大,那么在确定预计负债的确认金额时,有必要考虑采用现值计量,即在对相关未来现金流出进行折现来确认最佳估计数。

将未来现金流出折算为现值时，需要注意以下三点：

(1) 用来计算现值的折现率，应当是反映货币时间价值的当前市场估计和相关负债特有风险的税前利率。

(2) 风险和不确定性既可以在计量未来现金流出时作为调整因素，也可以在确定折现率时予以考虑，但不能重复反映。

(3) 随着时间的推移，即使在未来现金流出和折现率均不改变的情况下，预计负债的现值也将逐渐增长。企业应当在资产负债表日对预计负债的现值进行重新计量。

3. 未来事项

企业应当考虑可能影响履行现时义务所需金额的相关未来事项。也就是说，对于这些未来事项，如果有足够的客观证据表明它们将发生，如未来技术进步、相关法规出台等，则应当在预计负债计量中考虑相关未来事项的影响，但不应考虑预期处置相关资产形成的利得。

三、对预计负债账面价值的复核

企业应当在资产负债表日对预计负债的账面价值进行复核。有确凿证据表明该账面价值不能真实反映当前最佳估计数的，应当按照当前最佳估计数对该账面价值进行调整。例如，某化工企业对环境造成了污染，按照当时的法律规定，只需要对污染进行清理。随着国家对环境保护越来越重视，按照现在的法律规定，该企业不但需要对污染进行清理，还很可能要对居民进行赔偿。这种法律要求的变化，会对企业预计负债的计量产生影响。企业应当在资产负债表日对为此确认的预计负债金额进行复核，相关因素发生变化表明预计负债金额不再能反映真实情况时，需要按照当前情况下企业清理和赔偿支出的最佳估计数对预计负债的账面价值进行相应的调整。

企业对已经确认的预计负债在实际支出发生时，应当仅限于最初为之确定该预计负债的支出。也就是说，只有与该预计负债有关的支出才能冲减预计负债，否则将会混淆不同预计负债确认事项的影响。

任务三　或有事项核算的应用

在核算因或有事项而确认的负债时，用“预计负债”账户进行核算，本账户属负债类账户，贷方登记确认的预计负债，借方登记履行该义务或转为其他负债时的金额。在因某或有事项而确认的负债(义务)完全履行时(即该或有事项已经结束时)，应当结清本账户。

一、未决诉讼或未决仲裁

诉讼，是指当事人不能通过协商解决争议，因而在人民法院起诉、应诉，请求人民法院通过审判程序解决纠纷的活动。诉讼尚未裁决之前，对于被告来说，可能形成一项或有负债或者预计负债；对于原告来说，则可能形成一项或有资产。

仲裁，是指经济法的各方当事人依照事先约定或事后达成的书面仲裁协议，共同选定仲裁机构并由其对争议依法做出具有约束力裁决的一种活动。作为当事人一方，仲裁的结果在仲裁决定公布以前是不确定的，会构成一项潜在义务或现时义务，或者潜在资产。

（一）未决诉讼或未决仲裁预计负债的确认

在本类或有事项的会计处理中，对于因败诉而产生的赔偿支出，计入营业外支出，承担的诉讼费则计入管理费用。

【例 2-8】 2017 年 11 月 1 日，乙股份有限公司因合同违约而被丁公司起诉。2017 年 12 月 31 日，公司尚未接到法院的判决。丁公司预计，如无特殊情况很可能在诉讼中获胜，假定丁公司估计将来很可能获得赔偿金额 190 万元。在咨询了公司的法律顾问后，乙公司认为最终的法律判决很可能对公司不利。假定乙公司预计将要支付的赔偿金额、诉讼费等费用为 160 万元至 200 万元之间的某一金额，而且这个区间内每个金额的可能性都大致相同，其中诉讼费为 3 万元。

分析：在本例中，丁公司很可能在诉讼中获胜，不应当确认或有资产，而应当在 2017 年 12 月 31 日的报表附注中披露或有资产 190 万元。

乙公司很可能败诉，应在资产负债表中确认一项预计负债，金额为 180 万元［＝(160＋200)÷2］

乙公司的有关账务处理如下：

借：管理费用——诉讼费　　30 000
　　营业外支出——赔款支出　　1 770 000
　贷：预计负债——未决诉讼　　1 800 000

同时，乙公司在 2017 年 12 月 31 日的报表附注中披露确认了一项预计负债 180 万元。

（二）未决诉讼或未决仲裁预计负债的履行

履行预计负债时，借记预计负债账户，根据实际发生的经济利益流出情况贷记相关账户。

应当注意的是，对于未决诉讼，企业当期实际发生的诉讼损失金额与已计提的相关预计负债之间的差额，应分别情况处理：

(1) 企业在前期资产负债表日已合理预计了预计负债，应当将当期实际发生的诉讼损失金额与已计提的相关预计负债之间的差额，直接计入或冲减当期营业外支出。

【例 2-9】 接【例 2-8】，2018 年 5 月 30 日[①]，法院判决乙公司赔偿丁公司 180 万

① 本项目例题中预计负债实际发生时均假设不属于资产负债表日后事项涵盖期间。

元，承担诉讼费 3 万元。已用银行存款支付。

乙公司的会计处理：

借：预计负债　　1 800 000

　营业外支出　　30 000

　贷：银行存款　　1 830 000

（2）企业在前期资产负债表日所做的估计与当时的事实严重不符（如未合理预计损失或不恰当地多计或少计损失），应当按照重大会计差错更正的方法进行处理。

（3）企业在前期资产负债表日因客观原因确实无法合理预计诉讼损失而未确认预计负债，则企业应在该项损失实际发生的当期，直接计入当期营业外支出。

（4）资产负债表日后至财务报告批准报出日之间发生的需要调整或说明的未决诉讼，按照资产负债表日后事项的有关规定进行会计处理（于项目六讲解）。

二、债务担保

债务担保在企业中是较为普遍的现象。作为提供担保的一方，在被担保方无法履行合同的情况下，常常承担连带责任。从保护投资者、债权人的利益出发，客观、充分地反映企业因担保义务而承担的潜在风险是十分必要的。

企业对外提供债务担保常常会涉及未决诉讼，这时可以分别以下情况进行处理：

（1）企业已被判决败诉，则应当按照人民法院判决的应承担的损失金额，确认为负债，并计入当期营业外支出。

（2）已判决败诉，但企业正在上诉，或者经上一级人民法院裁定暂缓执行，或者由上一级人民法院发回重审等，企业应当在资产负债表日根据已有判决结果合理估计可能产生的损失金额，确认为预计负债，并计入当期营业外支出。

（3）人民法院尚未判决的，企业应向其律师或法律顾问等咨询，估计败诉的可能性，以及败诉后可能发生的损失金额，并取得有关书面意见。如果败诉的可能性大于胜诉的可能性，并且损失金额能够合理估计的，应当在资产负债表日将预计担保损失金额确认为预计负债，并计入当期营业外支出。如果有向被担保方或他方请求赔偿，则按“预期可获得补偿”进行处理。

【例 2－10】　2016 年 10 月，B 公司从银行贷款人民币 2 000 万元，期限 2 年，由 A 公司全额担保；2018 年 4 月，C 公司从银行贷款美元 100 万元，期限 1 年，由 A 公司担保 50%；2018 年 6 月，D 公司通过银行从 G 公司贷款人民币 1 000 万元，期限 2 年，由 A 公司全额担保。

截至 2018 年 12 月 31 日，各贷款单位的情况如下：B 公司贷款逾期未还，银行已起诉 B 公司和 A 公司，A 公司因连带责任需赔偿多少金额尚无法确定；C 公司由于受政策影响和内部管理不善等原因，经营效益不如以往，可能不能偿还到期美元债务；D 公司经营情况良好，预期不存在还款困难。

分析：本例中，对 B 公司而言，A 公司很可能需履行连带责任，但损失金额是多少，目前还难以预计；就 C 公司而言，A 公司可能需履行连带责任；就 D 公司而言，A 公司履行连带责任的可能性极小。这三项债务担保形成A公司的或有负债，不符合预计负债的确认条件，A公司在2018年12月31日编制财务报表时，应当在附注中作相应披露。

假设本例中A公司因为B公司担保被法院判决全额承担2 000万元还款责任，同时A公司基本确定可向B公司追回1 000万元。

A公司会计处理为：

借：营业外支出　　20 000 000

　贷：预计负债　　20 000 000

借：其他应收款——B公司　　10 000 000

　贷：营业外支出　　10 000 000

履行还款责任时：

借：预计负债　　20 000 000

　贷：银行存款　　20 000 000

三、产品质量保证

产品质量保证，通常指销售商或制造商在销售产品或提供劳务后，对客户提供服务的一种承诺。在约定期内（或终身保修），若产品或劳务在正常使用过程中出现质量或与之相关的其他属于正常范围的问题，企业负有更换产品、免费或只收成本价进行修理等责任。

（一）确认产品质量预计负债

企业应当在符合确认条件的情况下，于销售成立时确认预计负债，同时计入销售费用。

（二）履行产品质量承诺

在产品质量承诺期内，根据实际发生产品质量保证费用（如维修费等），借记“预计负债”，贷记“原材料”等相关账户。

如果发现保证费用的实际发生额与预计数相差较大，应及时对预计比例进行调整。

（三）产品质量承诺期满

产品质量承诺期满，应结平对应的预计负债账户余额，即将“预计负债——产品质量保证”余额冲销，同时冲销销售费用。产品质量承诺期满的判断：如果是对特定批次产品确认预计负债，为保修期结束时；如果企业不再生产已确认预计负债的产品，应当在相应的产品质量保证期满时。

【例2-11】 2016年第一季度，甲股份有限公司共销售A产品60 000件，销售收入为36 000万元。根据公司的产品质量保证条款，该产品售出后一年内，如发生正常质量问题，公司将负责免费维修。根据以前年度的维修记录，如果发生较小的质量问题，发生的维修费用为销售收入的1%；如果发生较大的质量问题，发生的维修费用为销售收入的

2%。根据公司技术部门的预测，本年度已销售产品中，有80%不会发生质量问题，有15%将发生较小质量问题，有5%将发生较大质量问题。2016年第一季度实际发生的维修费为850 000元，“预计负债——产品质量保证”科目2015年年末余额为30 000元。

分析：本例中，2016年度第一季度，甲公司的账务处理如下：

(1) 确认与产品质量保证有关的预计负债：

借：销售费用——产品质量保证　　900 000

　　贷：预计负债——产品质量保证　　900 000

(2) 发生产品质量保证费用(维修费)：

借：预计负债——产品质量保证　　850 000

　　贷：银行存款或原材料等　　850 000

“预计负债——产品质量保证”科目2016年第一季度末的余额为：

30 000＋900 000－850 000＝80 000(元)

假设甲公司从2016年至2018年还发生维修费75 000元。至2018年12月31日，该批产品质保期满(假设自2016年销售后没再生产、销售该产品)。此时，该批产品预计负债尚有账面余额5 000元，应结平。会计处理为：

借：预计负债　　5 000

　　贷：销售费用　　5 000

四、亏损合同

亏损合同，是指履行合同义务不可避免会发生的成本超过预期经济利益的合同。亏损合同产生的义务满足预计负债确认条件的，应当确认为预计负债。预计负债的计量应当反映退出该合同的最低净成本，即履行该合同的成本与未能履行该合同而发生的补偿或处罚两者之中的较低者。企业与其他企业签订的商品销售合同、劳务合同、租赁合同等，均可能变为亏损合同。

企业对亏损合同进行会计处理需要遵循以下两点原则：

(1) 如果与亏损合同相关的义务不需支付任何补偿即可撤销，企业通常就不存在现时义务，不应确认预计负债；如果与亏损合同相关的义务不可撤销，企业就存在了现时义务。如果同时满足该义务很可能导致经济利益流出企业且金额能够可靠计量的，应当确认预计负债。

【例2-12】 2016年1月1日，甲公司采用经营租赁方式租入一条生产线生产A产品，租赁期4年。甲公司利用该生产线生产的A产品每年可获利20万元。2017年12月31日，甲公司决定停产A产品，原经营租赁合同不可撤销，还要持续2年，且生产线无法转租给其他单位。

分析：本例中，甲公司与其他公司签订了不可撤销的经营租赁合同，负有法定义务，必须继续履行租赁合同(交纳租金)。同时，由于甲公司决定停产A产品，因此，甲公司执行原经营租赁合同不可避免要发生的费用很可能超过预期获得的经济利益，属于亏损合同，甲公司应当在2017年12月31日，根据未来应付租金的最佳估计数确认预计负债。

(2) 待执行合同变为亏损合同时，合同存在标的资产的，应当对标的的资产进行减值测试并按规定确认减值损失，在这种情况下，企业通常不需确认预计负债，如果预计亏损超过该减值损失，应将超过部分确认为预计负债；合同不存在标的资产的，亏损合同相关义务满足预计负债确认条件时，应当确认预计负债。

【例 2-13】 乙企业 2017 年 1 月 1 日与某外贸公司签订了一项产品销售合同，约定在 2017 年 2 月 15 日以每件产品 100 元的价格向外贸公司提供 10 000 件 A 产品，若不能按期交货，乙企业需要交纳 300 000 元的违约金。该批产品在签订合同时尚未开始生产，但在企业开始筹备原材料以生产这批产品时，原材料价格突然上涨，预计生产每件产品的成本将超过合同价。不考虑相关税费。

分析：(1) 若乙企业生产产品的成本为每件 125 元。

履行合同发生的损失＝10 000×(125－100)＝250 000(元)

不履行合同支付的违约金＝300 000(元)

此例中，乙企业与某外贸公司签订了不可撤销合同，但是执行合同不可避免发生的费用超过了预期获得的经济利益，属于亏损合同。由于该合同变为亏损合同时不存在标的资产，乙企业应当按照履行合同造成的损失与违约金两者中的较低者确认一项预计负债，即应确认预计负债 250 000 元。

会计处理：

借：营业外支出——亏损合同损失　　250 000

　　贷：预计负债——亏损合同损失　　250 000

待产品完工后，将已确认的预计负债冲减产品成本。

借：预计负债——亏损合同损失　　250 000

　　贷：库存商品　　250 000

(2) 若乙企业生产产品的成本为每件 150 元。

履行合同发生的损失＝10 000×(150－100)＝500 000(元)

不履行合同支付的违约金＝300 000(元)

乙企业应确认预计负债 300 000 元。

借：营业外支出——亏损合同损失　　300 000

　　贷：预计负债——亏损合同损失　　300 000

支付违约金时：

借：预计负债——亏损合同损失　　300 000

　　贷：银行存款　　300 000

【例 2-14】 甲公司与乙公司于 2017 年 11 月签订不可撤销合同，甲公司向乙公司销售 A 设备 50 台，合同价格每台 1 000 000 元(不含税)。该批设备在 2018 年 1 月 25 日交货。至 2017 年年末甲公司已生产 40 台 A 设备，由于原材料价格上涨，单位成本达到 1 020 000 元，每销售一台 A 设备亏损 20 000 元，因此这项合同已成为亏损合同。预计其余未生产的 10 台 A 设备的单位成本与已生产的 A 设备的单位成本相同。则甲公司应对有标的的 40 台 A 设备计提存货跌价准备，对没有标的的 10 台 A 设备确认预计负债。不考虑相关税费。

分析：有关账务处理如下：

(1) 有标的部分，合同为亏损合同，确认减值损失。

借：资产减值损失——存货跌价损失——A设备　　800 000

　　贷：存货跌价准备——A设备(40×20 000)　　800 000

(2) 无标的部分，合同为亏损合同，确认预计负债。

借：营业外支出——亏损合同损失——A设备　　200 000

　　贷：预计负债——亏损合同损失——A设备(10×20 000)　　200 000

在产品生产出来后，将预计负债冲减产品成本。

借：预计负债——亏损合同损失——A设备　　200 000

　　贷：库存商品——A设备　　200 000

五、重组义务

(一) 重组义务的确认

重组是指企业制定和控制的，将显著改变企业组织形式、经营范围或经营方式的计划实施行为。属于重组的事项主要包括：

(1) 出售或终止企业的部分业务；

(2) 对企业的组织结构进行较大调整；

(3) 关闭企业的部分营业场所，或将营业活动由一个国家或地区迁移到其他国家或地区。

企业应当将重组与企业合并、债务重组区别开。因为重组通常是企业内部资源的调整和组合，谋求现有资产效能的最大化；企业合并是在不同企业之间的资本重组和规模扩张；而债务重组是债权人对债务人做出让步，债务人减轻债务负担，债权人尽可能减少损失。

企业因重组而承担了重组义务，并且同时满足或有事项的三项确认条件时，才能确认预计负债。

首先，同时存在下列情况的，表明企业承担了重组义务：

(1) 有详细、正式的重组计划，包括重组涉及的业务、主要地点、需要补偿的职工人数、预计重组支出、计划实施时间等；

(2) 该重组计划已对外公告。

其次，需要判断重组义务是否同时满足预计负债的三个确认条件，即判断承担的重组是否是现时义务、履行重组义务是否很可能导致经济利益流出企业、重组义务的金额是否能够可靠计量。只有同时满足这三个确认条件，才能将重组义务确认为预计负债。

例如，某公司董事会决定关闭一个事业部。如果有关决定尚未传达到受影响的各方，也未采取任何措施实施该项决定，该公司就没有开始承担重组义务，不应确认预计负债；如果有关决定已经传达到受影响的各方，并使各方对企业将关闭事业部形成合理预期，通常表明企业开始承担重组义务，同时满足该义务很可能导致经济利益流出企业和金额能够可靠地计量的，应当确认预计负债。

（二）重组义务的计量

企业应当按照与重组有关的直接支出确定预计负债金额。其中，直接支出是企业重组必须承担的直接支出，不包括留用职工岗前培训、市场推广、新系统和营销网络投入等支出。

由于企业在计量预计负债时不应当考虑预期处置相关资产的利得，在计量与重组义务相关的预计负债时，也不考虑处置相关资产（厂房、店面，有时是一个事业部整体）可能形成的利得或损失，即使资产的出售构成重组的一部分也是如此。

企业可以参照表 2－2 判断某项支出是否属于与重组有关的直接支出。

表 2－2　与重组有关支出的判断表

支出项目	包括	不包括	不包括的原因
自愿遣散	√		
强制遣散（如果自愿遣散目标未满足）	√		
将不再使用的厂房的租赁撤销费	√		
将职工和设备从拟关闭的工厂转移到继续使用的工厂		√	支出与继续进行的活动相关
剩余职工的再培训		√	支出与继续进行的活动相关
新经理的招募成本		√	支出与继续进行的活动相关
推广公司新形象的营销成本		√	支出与继续进行的活动相关
对新分销网络的投资		√	支出与继续进行的活动相关
重组的未来可辨认经营损失（最新预计值）		√	支出与继续进行的活动相关
特定不动产、厂房和设备的减值损失		√	减值准备应当按照《企业会计准则第 8 号——资产减值》进行评估，并作为资产的抵减项

课后练习

一、单项选择题

1. 以下关于或有事项的说法中，正确的是（　　）。

A. 或有负债是指过去的交易或事项形成的现时义务

B. 或有资产应当作为资产在资产负债表中列示

C. 或有负债符合负债确认条件

D. 或有资产不符合资产确认条件

2. 下列各项关于预计负债的表述中，不正确的是(　　)。

A. 预计负债是企业承担的现时义务

B. 与预计负债相关支出的时间或金额具有一定的不确定性

C. 预计负债计量不应考虑未来期间相关资产预期处置利得的影响

D. 预计负债应按相关支出的最佳估计数减去基本确定能够收到的补偿后的净额计量

3. 2017 年 12 月 31 日，甲公司存在一项未决诉讼。根据类似案例的经验判断，该项诉讼败诉的可能性为 90%。如果败诉，甲公司将须赔偿对方 100 万元并承担诉讼费用 5 万元，但基本确定从第三方收到补偿款 50 万元。2017 年 12 月 31 日，甲公司因此项未决诉讼影响利润总额的金额为(　　)万元。

A. －90　　B. －95　　C. －100　　D. －55

4. 下列关于预计负债可获得赔偿的相关处理的表述中，不正确的是(　　)。

A. 赔偿金额只有在基本确定能收到时，才能作为资产单独确认

B. 确认的补偿金额不能超过所确认负债的账面价值

C. 根据资产和负债不能随意抵消的原则，预期可获得的补偿在基本确定能够收到时应当确认为一项资产，而不能作为预计负债金额的扣减

D. 预期可获得的补偿在基本确定能够收到时作为预计负债金额的抵减项

5. 甲公司因违约被起诉，至 2017 年 12 月 31 日，人民法院尚未做出判决，经向公司法律顾问咨询，人民法院的最终判决很可能对本公司不利，预计赔偿额为 20 万元至 50 万元，而该区间内各种结果发生的可能性相同，其中诉讼费 2 万元。甲公司 2017 年 12 月 31 日由此应确认的营业外支出金额为(　　)万元。

A. 20　　B. 30　　C. 33　　D. 50

6. 甲公司 2017 年年初“预计负债——产品质量保证”余额为 0。当年分别销售 A、B 产品 3 万件和 4 万件，销售单价分别为 50 元和 40 元。甲公司向购买者承诺产品售后 2 年内提供免费保修服务，预计保修期内发生的保修费在销售额的 2%～8%之间，且该范围内各种结果发生的可能性相同。2017 年实际发生产品保修费 5 万元。假定无其他或有事项，则甲公司 2017 年年末资产负债表“预计负债”项目的余额为(　　)万元。

A. 5　　B. 1.2　　C. 7.5　　D. 10.5

7. 2015 年 1 月 2 日，甲公司与乙公司签订了一项不可撤销的租赁合同，以经营租赁方式租入乙公司一台机器设备，专门用于生产 M 产品，租赁期为 5 年，年租金为 240 万元。因 M 产品在使用过程中产生严重的环境污染，甲公司自 2017 年 1 月 1 日起停止生产该产品，当日 M 产品库存为零。假定不考虑时间价值等其他因素，该事项对甲公司 2017 年度利润总额的影响金额为(　　)万元。

A. 0　　B. 240　　C. 480　　D. 720

8. 甲公司2017年12月10日与丙公司签订不可撤销合同,约定在2018年3月1日以每件400元的价格(不含增值税)向丙公司提供A产品2 000件,若不能按期交货,将对甲公司处以合同总价款10%的违约金。签订合同时A产品尚未开始生产,甲公司准备生产A产品时,原材料价格突然上涨,预计生产A产品的单位成本为450元,不考虑相关税费。则甲公司确认的预计负债的金额为(　　)元。

A. 80 000　　B. 100 000　　C. 0　　D. 90 000

9. 下列项目中不属于重组事项的是(　　)。

A. 出售或终止企业的部分业务

B. 对企业的组织结构进行较大调整

C. 关闭企业的部分营业场所,或将营业活动由一个国家或地区迁移到其他国家或地区

D. 债务重组

10. 甲公司2017年12月实施了一项关闭C产品生产线的重组计划,重组计划预计发生下列支出:因辞退员工将支付补偿款600万元;因撤销厂房租赁合同将支付违约金40万元;因将用于C产品生产的固定资产等转移至仓库将发生运输费4万元;因对留用员工进行培训将发生支出2万元;因推广新款A产品将发生广告费用1 600万元;因处置用于C产品生产的固定资产将发生减值损失200万元。2017年12月31日,甲公司应确认的预计负债金额为(　　)万元。

A. 600　　B. 640　　C. 646　　D. 2 246

二、多项选择题

1. 下面属于或有事项的有(　　)。

A. 未决诉讼或者未决仲裁　　B. 债务担保

C. 亏损合同　　D. 环境污染整治

2. 与或有事项相关的义务确认预计负债需要同时满足的条件有(　　)。

A. 该义务是企业承担的现时义务

B. 履行该义务很可能导致经济利益流出企业

C. 该义务的金额能够可靠地计量

D. 导致经济利益流出企业的可能性超过95%,达到基本确定的程度

3. 下列涉及预计负债的会计处理中,错误的有(　　)。

A. 待执行合同变成亏损合同时,应当将全部损失立即确认预计负债

B. 重组计划对外公告前不应就重组义务确认预计负债

C. 因某产品质量保证而确认的预计负债,如企业不再生产该产品,应将其余额立即冲销

D. 企业当期实际发生的担保诉讼损失金额与上期合理预计的预计负债相差较大时,应按重大会计差错更正的方法进行调整

4. 下列关于最佳估计数的确定,说法正确的有(　　)。

A. 所需支出存在一个连续范围,且该范围内各种结果发生的可能性相同,则最佳估计数应当按照该范围内的中间值,即上下限金额的平均数确定

B. 所需支出不存在一个连续范围,或者虽然存在一个连续范围,但该范围内各种结果发生的可能性不相同,如果或有事项涉及单个项目,最佳估计数按照最可能发生金额确定

C. 所需支出不存在一个连续范围,或者虽然存在一个连续范围,但该范围内各种结果发生的可能性不相同,如果或有事项涉及多个项目,最佳估计数按照各种可能结果及相关概率加权计算确定

D. 企业在确定最佳估计数时应当综合考虑与或有事项有关的风险、不确定性、货币时间价值和未来事项等因素

5. 如果企业清偿因或有事项而确认的负债所需支出全部或部分预期由第三方补偿的,下列说法中正确的有(　　)。

A. 补偿金额在基本确定能收到时,企业应按所需支出扣除补偿金额后的金额确认预计负债

B. 补偿金额只有在基本确定能收到时,才能作为资产单独确认,且确认的补偿金额不应超过所确认负债的账面价值

C. 补偿金额在很可能收到时,就可以作为资产单独确认,但确认的补偿金额不应超过所确认负债的账面价值

D. 补偿金额在基本确定能收到时,企业应按所需支出确认预计负债,而不能扣除从第三方或其他方得到的补偿金额

6. 2017 年 9 月 25 日甲公司涉及一起诉讼案件,至 12 月 31 日人民法院尚未对案件进行审理,甲公司法律顾问认为胜诉的可能性为 40%,败诉的可能性为 60%,如果胜诉,则将获得 30 万元的名誉损失赔偿金,如果败诉需要赔偿 100 万元,同时需要支付诉讼费 6 万元。则 2017 年 12 月 31 日甲公司相关处理正确的有(　　)。

A. 通过加权平均法确认预计负债金额为 72 万元

B. 确认其他应收款 12 万元,确认预计负债 106 万元

C. 确认预计负债 106 万元,不确认资产

D. 该事项使甲公司 2017 年营业利润减少 6 万元

三、判断题

1. 或有负债发生的可能性超过 50%时,应确认预计负债。(　　)

2. 或有事项形成的或有资产只有企业基本确定能够收到的情况下,才能转换为真正的资产,从而全部予以确认。(　　)

3. 如果与亏损合同相关的义务不需支付任何补偿即可撤销,企业通常就不存在现时义务,不应确认预计负债。(　　)

4. 如果发现产品质量保证费用的实际发生额与预计数相差较大,应及时对预计比

例进行调整。（ ）

5. 如果预计负债的确认时点距离实际清偿有较长的时间跨度，货币时间价值的影响重大，那么在确定预计负债的金额时，应考虑采用现值计量，即通过对相关未来现金流出进行折现后确认最佳估计数。（ ）

6. 企业对已经确认的预计负债在实际支出发生时，不应当仅限于最初为之确定该预计负债的支出。（ ）

7. 待执行合同变成亏损合同时，无合同标的资产的，亏损合同相关义务满足预计负债确认条件时，应当确认为预计负债。（ ）

8. 企业对外担保涉及诉讼，已判决败诉，但企业正在上诉的，企业应当在资产负债表日，依据已有判决结果，直接确认为预计负债，并计入当期营业外支出。（ ）

9. 亏损合同产生的义务满足预计负债条件，应当确认为预计负债，预计负债的计量应当反映退出该合同的最低净成本，即履行该合同的成本与未能履行该合同而发生补偿或处罚两者之中的较低者。（ ）

10. 在计量与重组义务相关的预计负债时，需要考虑处置相关资产可能形成的利得或损失。（ ）

四、计算及账务处理题

1. 甲公司发生有关事项如下（假定不属于资产负债表日后事项涵盖期，不考虑所得税）：

（1）2017年12月1日，甲公司因其产品质量问题对李某造成人身伤害，被李某提起诉讼，要求赔偿200万元，至12月31日，法院尚未做出判决。甲公司预计该项诉讼很可能败诉，赔偿金额估计在100万～150万元之间，并且还需要支付诉讼费用2万元。考虑到公司已就该产品质量向保险公司投保，公司基本确定可从保险公司获得赔偿金50万元，但尚未获得相关赔偿证明。

（2）2017年4月15日，法院判决甲公司向李某赔偿115万元，并负担诉讼费用2万元，甲公司和李某均不再上诉。

（3）2017年4月21日，甲公司从保险公司获得产品质量赔偿款50万元，并于当日用银行存款支付了对李某的赔偿款和诉讼费用。

要求：根据资料编制甲公司与诉讼事项有关的会计分录。

2. 甲公司为增值税一般纳税人企业，主要业务为设备生产销售。甲公司2017年第一季度、第二季度、第三季度、第四季度分别销售设备400台、600台、800台和700台，每台售价为10万元。对购买其产品的消费者，甲公司做出如下承诺：设备售出后3年内如出现非意外事件造成的设备故障和质量问题，甲公司负责免费维修。根据以往经验，发生的保修费一般为销售额的1%～1.5%之间。假定甲公司2017年四个季度实际发生的维修费分别为8万元、80万元、72万元和140万元，全部以银行存款支付。假设甲公司2016年末“预计负债——产品质量保证”科目余额48万元。

要求：做出甲公司发生维修费用的会计处理并计算每季度末“预计负债——产品质

量保证”的余额。

3. 甲公司于2017年12月10日与乙公司签订合同，约定在2018年2月10日以每件40元的价格向乙公司提供A产品10 000件，如果不能按期交货，将向乙公司支付总价款20%的违约金。签订合同时产品尚未开始生产，甲公司准备生产产品时，材料的价格突然上涨，预计生产A产品的单位成本将超过合同单价。该待执行合同变为亏损合同。

要求：分别以下两种情况确认该亏损合同的预计负债，并作相关账务处理。

(1) 若生产A产品的单位成本为50元；

(2) 若生产A产品的单位成本为45元。

项目三　债务重组的核算

知识目标

1. 债务重组的概念
2. 债务重组的方式
3. 债务重组日的确定

能力目标

1. 掌握债务人重组利得和债权人重组损失的确定
2. 掌握各种债务重组方式下债务人的会计核算
3. 掌握各种债务重组方式下债权人的会计核算

任务一　债务重组的认知

一、债务重组的概念

在市场经济条件下，竞争日趋激烈，企业为此需要不断地根据环境的变化，调整经营策略，防范和控制经营及财务风险。但有时，由于各种因素(包括内部和外部)的影响，企业可能出现一些暂时性的财务困难，致使资金周转不灵，难以按期偿还债务。在此情况下，作为债权人，一种方式是可以通过法律程序，要求债务人破产，以清偿债务；另一种方式是互相协商，通过债务重组的方式，债权人做出某些让步，使债务人减轻负担，渡过难关。

债务重组，是指在债务人发生财务困难的情况下，债权人按照其与债务人达成的协议或法院的裁定做出让步的事项。

债务重组定义中的“债务人发生财务困难”，是指债务人出现资金周转困难、经营陷入困境或者其他方面的原因，导致其无法或者没有能力按原定条件偿还债务。“债务人发生财务困难”是债务重组的前提条件。

“债权人做出让步”，是指债权人同意发生财务困难的债务人现在或者将来以低于重组债务账面价值的金额或者价值偿还债务。“债权人做出让步”是债务重组的必要条件，债权人没有做出让步则不能定义为债务重组。“债权人做出让步”的情形主要包括：债权人减免债务人部分债务本金或者利息、降低债务人应付债务的利率等。

【例 3-1】 2017 年 3 月 31 日，甲公司应收乙公司的一笔货款 800 万元到期，由于乙公司发生财务困难，该笔货款预计短期内无法收回。甲公司已为该项债权计提坏账准备 150 万元。当日，甲公司就该债权与乙公司进行协商。下列协商方案中，属于甲公司债务重组的是（ ）。

A. 减免 200 万元债务，其余部分立即以现金偿还

B. 以公允价值为 800 万元的长期股权投资偿还

C. 以公允价值为 800 万元的固定资产偿还

D. 以银行存款 300 万元和公允价值为 500 万元的无形资产偿还

分析：债务重组是指在债务人发生财务困难的情况下，债权人按照其与债务人达成的协议或者法院的裁定做出让步的事项。此题选项 B、C 和 D 均没有做出让步，所以不属于债务重组，正确答案是 A。

二、债务重组的方式

债务重组的方式主要有以下几种。

（一）以资产清偿债务

以资产清偿债务，是指债务人转让其资产给债权人以清偿债务的债务重组方式。债务人通常用于偿债的资产主要有：现金、存货、金融资产、固定资产、无形资产等。这里的现金，是指货币资金，即库存现金、银行存款和其他货币资金。在债务重组的情况下，以现金清偿债务，通常是指以低于债务的账面价值的现金清偿债务，如果以等量的现金偿还所欠债务，则不属于本章所指的债务重组。

（二）将债务转为资本

将债务转为资本，是指债务人将债务转为资本，同时债权人将债权转为股权的债务重组方式。

债务转为资本时，对股份有限公司而言为将债务转为股本；对其他企业而言，是将债务转为实收资本。债务转为资本的结果是，债务人因此而增加股本（或实收资本），债权人因此而增加长期股权投资等。

值得注意的是，债务人根据转换协议，将应付可转换公司债券转为资本的，属于正常情况下的债务转资本，不能作为债务重组处理。

（三）修改其他债务条件

修改其他债务条件，是指修改不包括上述第一、第二种情形在内的债务条件进行债

务重组的方式，如减少债务本金、降低利率、减少或免去债务利息、延长偿还期限等。

（四）混合重组

混合重组，是指采用以上三种方法共同清偿债务的债务重组形式。例如，以转让资产清偿某项债务的一部分，另一部分债务通过修改其他债务条件进行债务重组。主要包括以下可能的方式：

(1) 债务的一部分以资产清偿，另一部分则转为资本；
(2) 债务的一部分以资产清偿，另一部分则修改其他债务条件；
(3) 债务的一部分转为资本，另一部分则修改其他债务条件；
(4) 债务的一部分以资产清偿，一部分转为资本，另一部分则修改其他债务条件。

三、债务重组日的确定

债务重组日是债务重组的完成日（并非债务重组的协商日、协议签订日等），即债务人履行协议或法院裁定，将相关资产转让给债权人、将债务转为资本或修改后的偿债条件开始执行的日期。企业只有在债务重组日才能编制与债务重组有关的会计分录。

债务重组方式不同，债务重组日的确定方法也有所不同，具体情况见表 3-1。

表 3-1　不同债务重组方式下债务重组日的确定方法

序　号	债务重组方式	债务重组日的确定方法
1	以资产清偿债务	一般以付款日或非现金资产的移交手续办妥日为准
2	将债务转为资本	一般以股权转让日为准
3	修改其他债务条件	一般以新条件执行日为准
4	混合重组	一般以所有条件中最后条件完成日为准

【例 3-2】 甲公司欠乙公司 600 万元货款，到期日为 2017 年 10 月 30 日。甲公司因财务困难，经协商于 2017 年 11 月 15 日与乙公司签订债务重组协议，协议规定甲公司以价值 550 万元的商品抵偿欠乙公司上述全部债务。2017 年 11 月 20 日，乙公司收到该商品并验收入库，2017 年 11 月 22 日办理了有关债务解除手续。该债务重组的重组日为（　　）。

A. 2017 年 10 月 30 日
B. 2017 年 11 月 15 日
C. 2017 年 11 月 20 日
D. 2017 年 11 月 22 日

分析：以商品移交债务解除手续办妥日为债务重组日。正确答案是 D。

任务二　债务重组核算的应用

一、以资产清偿债务

在债务重组中，企业以资产清偿债务的，通常包括以现金清偿债务和以非现金资产清偿债务等方式。

（一）以现金清偿债务

1. 债务人的会计处理

以现金清偿债务的，债务人应当在债务重组日将重组债务的账面价值与实际支付的现金之间的差额确认为债务重组利得，作为营业外收入，计入当期损益。重组债务的账面价值，一般为债务的面值或本金，如应付账款；如有利息的，还应加上应计未付利息，如长期借款等。债务人的会计处理如下：

借：应付账款等　　（重组债务账面价值）
　贷：银行存款　　（实际支付的偿债金额）
　　营业外收入——债务重组利得　　（差额）

2. 债权人的会计处理

债务人以现金清偿债务的，债权人应当在债务重组日将重组债权的账面余额与收到的现金之间的差额确认为债务重组损失，作为营业外支出，计入当期损益。重组债权已经计提减值准备的，应当先将上述差额冲减已计提的减值准备，冲减后尚有余额的，计入营业外支出（债务重组损失）；冲减后减值准备仍有余额的，应予转回并抵减当期资产减值损失。具体会计处理如下：

（1）重组债权没有计提坏账准备：

借：银行存款　　（实际收到的偿债金额）
　营业外支出——债务重组损失　　（差额）
　贷：应收账款等　　（重组债权账面余额）

（2）重组债权计提了坏账准备：

借：银行存款　　（实际收到的偿债金额）
　营业外支出——债务重组损失　　（借差；如果是贷差，计入"资产减值损失"）
　坏账准备　　（重组债权计提的坏账准备）
　贷：应收账款等　　（重组债权账面余额）

【例 3 - 3】　乙企业于 2017 年 1 月 20 日销售一批材料给甲企业，不含税价格为 200 000 元，增值税率为 17%，按合同规定，甲企业应于 2017 年 4 月 1 日前偿付货款。由于甲企业发生财务困难，无法按合同规定的期限偿还债务，经双方协议于 7 月 1 日进行债务重组。债务重组协议规定,乙企业同意减免甲企业 30 000 元债务,余额用现金立即偿清。甲企业于当日通过银行转账支付了该笔剩余款项,乙企业随即收到了通过银行转账偿还的款项。乙企业已为该项应收债权计提了 20 000 元的坏账准备。

(1) 甲企业的账务处理:

计算债务重组利得:234 000－204 000＝30 000(元)

会计处理:

借:应付账款　　234 000

　　贷:银行存款　　204 000

　　　　营业外收入——债务重组利得　　30 000

(2) 乙企业的账务处理:

计算债务重组损失:234 000－204 000－20 000＝10 000(元)

会计处理:

借:银行存款　　204 000

　　营业外支出——债务重组损失　　10 000

　　坏账准备　　20 000

　　贷:应收账款　　234 000

如果乙企业已提的坏账准备为 35 000 元,则应收账款的账面余额与收到现金的差额 30 000 元,比已提的坏账准备少 5 000 元。这 5 000 元可理解为原预计的坏账损失比实际发生的坏账损失多,故应转回。此时的会计处理为:

借:银行存款　　204 000

　　坏账准备　　35 000

　　贷:应收账款　　234 000

　　　　资产减值损失　　5 000

(二) 以非现金资产清偿债务

1. 债务人的会计处理

以非现金资产清偿债务的,债务人应当在债务重组日将重组债务的账面价值与转让的非现金资产的公允价值之间的差额确认为债务重组利得,作为营业外收入,计入当期损益。转让的非现金资产的公允价值与其账面价值的差额作为转让资产损益,计入当期损益。债务人应当区分债务重组利得与资产转让损益。

债务人在转让非现金资产的过程中发生的一些税费,如资产评估费、运杂费等,直接计入转让资产损益。对于增值税应税项目,如债权人不向债务人另行支付增值税,则债务重组利得应为转让非现金资产的公允价值和该非现金资产的增值税销项税额与重组债务账面价值的差额。如债权人向债务人另行支付增值税,则债务重组利得应为转让非现金资产的不含税公允价值与重组债务账面价值的差额。

2. 债权人的会计处理

债务人以非现金资产清偿某项债务的,债权人应当在债务重组日对受让的非现金资产按其公允价值入账，重组债权的账面余额与受让的非现金资产的公允价值之间的差额确认为债务重组损失，作为营业外支出，计入当期损益。重组债权已经计提减值准备的，应当先将上述差额冲减已计提的减值准备，冲减后尚有余额的，计入营业外支出（债务重组损失）；冲减后减值准备仍有余额的，应予转回并抵减当期资产减值损失。对于增值税应税项目，如债权人不向债务人另行支付增值税，则增值税进项税额可以作为冲减重组债权的账面余额处理；如债权人向债务人另行支付增值税，则增值税进项税额不能作为冲减重组债权的账面余额处理。

债权人收到非现金资产时发生的有关运杂费等，应当计入相关资产的价值。

3. 以非现金资产清偿债务的具体会计处理

（1）以存货清偿债务。

债务人的会计处理：债务人以库存材料、商品产品等存货抵偿债务，应视同销售处理，即按存货的公允价值确认收入，并反映销项税额，同时结转相应成本。其会计处理如下：

借：应付账款　（重组债务的账面价值）
　贷：主营业务收入　（偿债资产的公允价值）
　　应交税费——应交增值税（销项税额）　（公允价值×增值税税率）
　　营业外收入——债务重组利得　（差额）
借：主营业务成本　（偿债资产的账面价值）
　存货跌价准备　（偿债资产计提的减值准备）
　贷：库存商品等　（偿债资产的成本）

债权人的会计处理：债权人以存货公允价值作为接受存货成本，增值税进项税额一般可抵扣。

借：库存商品（或原材料等）　（偿债资产的公允价值加运杂费等费用）
　应交税费——应交增值税（进项税额）　（公允价值×增值税税率）
　营业外支出——债务重组损失　（借差；如果是贷差，计入“资产减值损失”）
　坏账准备　（重组债权计提的坏账准备）
　贷：应收账款等　（重组债权账面余额）
　　银行存款　（发生与偿债资产有关的运杂费等）

【例3-4】 2018年6月1日，甲公司向乙公司采购材料，款项共计350 000元未付。由于甲公司财务发生困难，短期内不能支付已于2018年10月1日到期的这笔货款。2018年10月15日，经双方协商，乙公司同意甲公司以其生产的产品偿还债务。该产品的不含税公允价值为200 000元，实际成本为120 000元。甲公司为增值税一般纳税人，适用的增值税税率为16%。乙公司于2018年10月21日收到甲公司抵债的产品，并作为库存商品入库；乙公司对该项应收账款计提了50 000元的坏账准备。

① 甲公司的账务处理：

计算债务重组利得：350 000－200 000－(200 000×16%)＝118 000(元)

会计处理：

借：应付账款　　350 000

　贷：主营业务收入　　200 000

　　应交税费——应交增值税（销项税额）　　32 000

　　营业外收入——债务重组利得　　118 000

借：主营业务成本　　120 000

　贷：库存商品　　120 000

在本例中，甲公司销售产品取得的利润体现在营业利润中，债务重组利得作为营业外收入处理。

如果乙公司另行用存款支付了增值税 32 000 元，则重组利得为 150 000 元（=350 000−200 000），编制债务重组分录为：

借：应付账款　　350 000

　银行存款　　32 000

　贷：主营业务收入　　200 000

　　应交税费——应交增值税（销项税额）　　32 000

　　营业外收入——债务重组利得　　150 000

结转成本不变。

② 乙公司的账务处理：

计算债务重组损失：350 000−200 000−（200 000×16%）−50 000=68 000（元）

会计处理：

借：库存商品　　200 000

　应交税费——应交增值税（进项税额）　　32 000

　坏账准备　　50 000

　营业外支出——债务重组损失　　68 000

　贷：应收账款　　350 000

如果乙公司另行用存款支付了增值税 32 000 元，则其会计处理为：

借：库存商品　　200 000

　应交税费——应交增值税（进项税额）　　32 000

　坏账准备　　50 000

　营业外支出——债务重组损失　　100 000

　贷：应收账款　　350 000

　　银行存款　　32 000

其中，债务重组损失为 100 000 元。即应收账款账面余额 350 000 元－库存商品不含税公允价200 000 元－坏账准备余额 50 000 元=100 000（元）。

（2）以固定资产清偿债务。

债务人的会计处理：先进行固定资产清理，再将重组债务的账面价值与固定资产的公允价值的差额，作为债务重组利得，计入营业外收入，最后将固定资产的公允价值与该项固定资产账面价值和清理费用的差额作为转让固定资产的损益处理，计入资产处置损益。其会计处理如下：

借：固定资产清理　　　　　　　　（固定资产的账面价值）
　　累计折旧　　　　　　　　　　（固定资产计提的累计折旧）
　　固定资产减值准备　　　　　　（固定资产计提的减值准备）
　　贷：固定资产　　　　　　　　（固定资产原值）
借：固定资产清理　　　　　　　　（固定资产发生的清理费用）
　　贷：银行存款
借：应付账款　　　　　　　　　　（重组债务的账面价值）
　　资产处置损益　　　　　　　　（偿债资产公允价值小于其账面价值的差额）
　　贷：固定资产清理　　　　　　（偿债资产的账面价值）
　　　　应交税费——应交增值税（销项税额）　（公允价值×增值税税率）
　　　　营业外收入——债务重组利得　（偿债资产公允价值加增值税与重组债务账面价值的差额）
　　　　资产处置损益　　　　　　（偿债资产公允价值大于其账面价值的差额）

债权人的会计处理：债权人按固定资产公允价值作为接受固定资产的成本。其会计处理如下：

借：固定资产　　　　　　　　　　（偿债资产的公允价值加运杂费等费用）
　　应交税费——应交增值税（进项税额）　（公允价值×增值税税率）
　　营业外支出——债务重组损失　（借差；如果是贷差，计入"资产减值损失"）
　　坏账准备　　　　　　　　　　（重组债权计提的坏账准备）
　　贷：应收账款等　　　　　　　（重组债权账面余额）
　　　　银行存款　　　　　　　　（发生与偿债资产有关的运杂费等）

【例 3-5】　乙公司于 2018 年 5 月 10 日销售给甲公司一批材料，价值 500 000 元（包括应收取的增值税税额），按购销合同约定，甲公司应于 2018 年 8 月 10 日前支付货款，但至 2018 年 10 月 31 日甲公司尚未支付货款。由于甲公司财务困难，短期内不能支付货款。2018 年 11 月 13 日，与乙公司协商，乙公司同意甲公司以一台设备偿还债务。该项设备的账面原价为 350 000 元，已提折旧 50 000 元，设备的公允价值为 360 000元。乙公司对该项应收账款已提坏账准备 20 000 元。抵债设备已于 2018 年 11 月 25 日运抵甲公司，乙公司将其用于本企业产品的生产，甲公司开具了增值税专用发票，不考虑其他税费。

① 甲公司的账务处理：

计算债务重组利得：500 000－（360 000＋360 000×16%）＝82 400（元）

计算固定资产处置损益：360 000－（350 000－50 000）＝60 000（元）

会计处理如下：

将固定资产净值转入固定资产清理：

借：固定资产清理　300 000

　累计折旧　50 000

　贷：固定资产　350 000

终止重组债务，确认债务重组利得：

借：应付账款　500 000

　贷：固定资产清理　360 000

　　应交税费——应交增值税（销项税额）　57 600

　　营业外收入——债务重组利得　82 400

确认固定资产处置利得：

借：固定资产清理　60 000

　贷：资产处置损益　60 000

以上第二和第三笔分录也可合并编制：

借：应付账款　500 000

　贷：固定资产清理　300 000

　　应交税费——应交增值税（销项税额）　57 600

　　营业外收入——债务重组利得　82 400

　　资产处置损益　60 000

② 乙公司的账务处理：

计算债务重组损失：500 000－(360 000＋360 000×16％)－20 000＝62 400（元）

会计处理如下：

借：固定资产　360 000

　应交税费——应交增值税（进项税额）　57 600

　坏账准备　20 000

　营业外支出——债务重组损失　62 400

　贷：应收账款　500 000

③ 以无形资产清偿债务。

债务人的会计处理：债务人先将重组债务账面价值与无形资产公允价值的差额，作为债务重组利得，计入营业外收入；同时将无形资产公允价值与账面价值的差额，作为资产处置利得，计入资产处置损益。会计处理如下：

借：应付账款　（重组债务的账面价值）

　累计摊销　（无形资产计提的累计摊销）

　无形资产减值准备　（无形资产计提的减值准备）

　资产处置损益　（偿债资产公允价值小于其账面价值的差额）

　贷：无形资产　（无形资产的原值）

应交税费——应交增值税(销项税额)　(公允价值×增值税税率)
营业外收入——债务重组利得　(偿债资产公允价值加增值税与重组债务账面价值的差额)
资产处置损益　(偿债资产公允价值大于其账面价值的差额)

债权人的会计处理:债权人以无形资产公允价值作为接受无形资产的成本。会计处理如下:

借:无形资产　(偿债资产的公允价值加运杂费等费用)
　应交税费——应交增值税(进项税额)　(公允价值×增值税税率)
　营业外支出——债务重组损失　(借差;如果是贷差,计入"资产减值损失")
　坏账准备　(重组债权计提的坏账准备)
　贷:应收账款等　(重组债权的账面余额)
　　银行存款　(发生与偿债资产有关的运杂费等)

【例 3-6】 甲公司欠乙公司购货款 1 000 000 元。由于甲公司财务发生困难,短期内不能支付到期的货款。2018 年 7 月 1 日,经双方协商,乙公司同意甲公司以其拥有的一项商标权抵偿债务。甲公司该商标权不含税公允价值为 800 000 元,账面余额为 900 000 元,已累计摊销 100 000 元,提取减值准备 50 000 元。2018 年 7 月 21 日办妥移交手续。乙公司对该项应收账款计提了 30 000 元的坏账准备。甲公司对于抵偿债务的商标权向乙公司开具了增值税专用发票,税率为 6%。

① 甲公司的会计处理:

借:应付账款　1 000 000
　累计摊销　100 000
　无形资产减值准备　50 000
　贷:无形资产　900 000
　　应交税费——应交增值税(销项税额)　48 000
　　营业外收入——债务重组利得　152 000
　　资产处置损益　50 000

② 乙公司的会计处理:

借:无形资产　800 000
　应交税费——应交增值税(进项税额)　48 000
　营业外支出——债务重组损失　122 000
　坏账准备　30 000
　贷:应收账款　1 000 000

(4) 以股票、债券等金融资产抵偿债务。

债务人的会计处理:债务人应按相关金融资产的公允价值与重组债务的账面价值的差额,作为债务重组利得;相关金融资产的公允价值与其账面价值的差额,作为转让金融资产的利得或损失处理。

债权人的会计处理:债权人收到的相关金融资产应按公允价值计量。

【例 3-7】 乙公司于 2017 年 7 月 1 日销售给甲公司一批产品,价款 500 000 元,按购销合同约定,甲公司应于 2017 年 11 月 1 日前支付价款。由于甲公司财务发生困难,至 2018 年 1 月 3 日,甲公司尚未支付。2018 年 1 月 4 日,经过协商,乙公司同意甲公司以其所持有作为以公允价值计量且其变动计入当期损益的某上市公司股票抵偿债务。该股票成本 400 000 元,账面价值为 450 000 元,当日的公允价值为 430 000 元。乙公司为该项应收账款提取了坏账准备 50 000 元。假设转让金融商品的增值税税率为 6%,用于抵债的股票已于当日办理了相关转让手续,乙公司为此支付交易费用 15 000 元。同时,乙公司根据其管理该上市公司股票的业务模式和该上市公司股票的合同现金流量特征,将该上市公司股票分类为以公允价值计量且其变动计入当期损益的金融资产。

① 甲公司的账务处理:

计算债务重组利得:500 000－430 000＝70 000(元)

转让股票损益:430 000－450 000＝－20 000(元)

转让金融商品应交增值税:(430 000－400 000)÷(1＋6%)×6%＝1 698.11(元)

借:应付账款——乙公司	500 000	
投资收益	20 000	
贷:交易性金融资产——成本		400 000
——公允价值变动		50 000
营业外收入——债务重组利得		70 000
借:公允价值变动损益	50 000	
贷:投资收益		50 000
借:投资收益	1 698.11	
贷:应交税费——转让金融商品应交增值税		1 698.11

② 乙公司的账务处理:

计算债务重组损失:500 000－50 000－430 000＝20 000(元)

借:交易性金融资产——成本	430 000	
坏账准备	50 000	
营业外支出——债务重组损失	20 000	
贷:应收账款——甲公司		500 000
借:投资收益	15 000	
贷:银行存款		15 000

二、债务转为资本

以债务转为资本方式进行债务重组的，应分别以下情况处理。

（一）债务人的会计处理

债务人为股份有限公司时，债务人应将债权人因放弃债权而享有股份的面值总额确认为股本，股份的公允价值总额与股本之间的差额作为股本溢价，确认为资本公积；同时将重组债务的账面价值与股份的公允价值总额之间的差额作为债务重组利得，计入当期损益（营业外收入）。

债务人为其他企业时，债务人应将债权人因放弃债权而享有的股权份额确认为实收资本，股权的公允价值与实收资本之间的差额作为资本溢价，确认为资本公积；同时将重组债务的账面价值与股权的公允价值之间的差额作为债务重组利得，计入当期损益（营业外收入）。

债务人的会计处理为：

借：应付账款等　（重组债务账面价值）
　贷：股本（或实收资本）　（确认的股本或实收资本）
　　资本公积——股本（资本）溢价　（股权的公允价值与股本或实收资本的差额）
　　营业外收入——债务重组利得　（重组债务账面价值与股权的公允价值的差额）

（二）债权人的会计处理

债务人将债务转为资本，即债权人将债权转为股权。在这种方式下，债权人应将因放弃债权而享有股份的公允价值确认为对债务人的投资，重组债权的账面余额与股份的公允价值之间的差额，确认为债务重组损失，计入营业外支出。若已对债权提取减值准备的，先冲减已提取的减值准备，减值准备不足冲减的部分，作为债务重组损失计入营业外支出。同时，债权人应将因放弃债权而享有的股权按公允价值计量。发生的相关税费，分别按照长期股权投资或者金融工具确认和计量的规定进行处理。

债权人的会计处理为：

借：长期股权投资　（股权的公允价值）
　坏账准备　（重组债权计提的坏账准备）
　营业外支出——债务重组损失　（重组债权的账面价值与股权的公允价值的差额）
　贷：应收账款等　（重组债权的账面余额）

【例 3 - 8】　2017 年 7 月 1 日，乙公司应收甲公司账款的账面余额为 600 000 元，由于甲公司发生财务困难，无法偿付应付账款。经双方协商同意，采取将甲公司所欠债务转为甲公司股本的方式进行债务重组，假定甲公司普通股的面值为 1 元，甲公司以

200 000股抵偿该项债务，股票每股市价为2.5元。乙公司对该项应收账款计提了坏账准备20 000元。股票登记手续已办理完毕，甲公司对其作为长期股权投资处理。

(1) 甲公司的账务处理：

计算应确认的债务重组利得：600 000－200 000×2.5＝100 000(元)

计算应计入资本公积的金额：200 000×2.5－200 000×1＝300 000(元)

会计分录如下：

借：应付账款　　600 000

　贷：股本　　200 000

　　　资本公积——股本溢价　　300 000

　　　营业外收入——债务重组利得　　100 000

(2) 乙公司的账务处理：

计算债务重组损失：600 000－20 000－200 000×2.5＝80 000(元)

会计分录如下：

借：长期股权投资——甲公司　　500 000

　　营业外支出——债务重组损失　　80 000

　　坏账准备　　20 000

　贷：应收账款　　600 000

三、修改其他债务条件

以修改其他债务条件进行债务重组的，应当区分是否涉及或有应付(或应收)金额进行会计处理。

或有应付(或应收)金额，是指需要根据未来某种事项出现而发生的支出(或收入)，该未来事项的出现具有不确定性。例如，债务重组协议规定，“将××公司债务1 000 000元免除200 000元，剩余债务展期2年，并按2%的年利率计收利息。如该公司1年后盈利，则自第二年起将按5%的利率计收利息”。根据此项债务重组协议，债务人依未来是否盈利而发生的24 000元(＝800 000×3%)支出，即为或有应付金额。但债务人是否盈利，在债务重组时不能确定，即具有不确定性。

(一) 不附或有条件的债务重组

不附或有条件的债务重组，是指在债务重组中不存在或有应付(或应收)金额的债务重组。

1. 债务人会计处理

债务人应将修改其他债务条件后债务的公允价值作为重组后债务的入账价值，重组债务的账面价值与重组后债务的入账价值之间的差额确认为债务重组利得，计入当期损益(营业外收入)。债务人债务重组的会计处理为：

借：应付账款等　　(重组债务的账面余额)

　贷：应付账款等——债务重组　　(重组后债务的公允价值)

营业外收入——债务重组利得　　　　　　（差额）

2. 债权人会计处理

债权人应当将修改其他债务条件后的债权的公允价值作为重组后债权的账面价值，重组债权的账面余额与重组后债权的账面价值之间的差额确认为债务重组损失，计入当期损益。如果债权人已对该项债权计提了减值准备，应当首先冲减已计提的减值准备，减值准备不足以冲减的部分，作为债务重组损失，计入营业外支出。债权人债务重组的会计处理为：

借：应收账款等——债务重组　　　　　　（重组后债权的公允价值）
　　坏账准备　　　　　　　　　　　　　（已计提的坏账准备）
　　营业外支出——债务重组损失　　　　（差额）
　　贷：应收账款等　　　　　　　　　　（重组债权的账面余额）

【例3-9】 乙公司2017年12月31日应收甲公司票据的账面余额为65 400元，其中，5 400元为累计未付的利息，票面年利率为4%。由于甲公司连年亏损，资金周转困难，不能偿付应于2017年12月31日前支付的应付票据。经双方协商，于2018年1月5日进行债务重组。乙公司同意将债务本金减至50 000元；免去债务人所欠的全部利息；将利率从4%降低到2%（等于实际利率），并将债务到期日延至2019年12月31日，利息按年支付。该项债务重组协议从协议签订日起开始实施。甲、乙公司已将应收、应付票据转入应收、应付账款。乙公司已为该项应收款项计提了5 000元坏账准备。

(1) 甲公司的账务处理：

计算债务重组利得：65 400－50 000＝15 400(元)

债务重组日的会计分录：

借：应付账款　　　　　　　　　　　　65 400
　　贷：长期应付款——债务重组　　　　　50 000
　　　　营业外收入——债务重组利得　　　15 400

2018年12月31日支付利息：

借：财务费用　　　　　　　　　　　　1 000
　　贷：银行存款(50 000×2%)　　　　　　1 000

2019年12月31日偿还本金和最后一年利息：

借：长期应付款——债务重组　　　　　50 000
　　财务费用　　　　　　　　　　　　1 000
　　贷：银行存款　　　　　　　　　　　　51 000

(2) 乙公司的账务处理：

计算债务重组损失：65 400－5 000－50 000＝10 400(元)

债务重组日的会计分录：

借：长期应收款——债务重组　　　　　50 000
　　营业外支出——债务重组损失　　　10 400

坏账准备　　5 000

贷:应收账款　　65 400

2018 年 12 月 31 日收到利息:

借:银行存款　　1 000

贷:财务费用(50 000×2%)　　1 000

2019 年 12 月 31 日收到本金和最后一年利息:

借:银行存款　　51 000

贷:财务费用　　1 000

长期应收款　　50 000

(二)附或有条件的债务重组

1. 债务人的会计处理

以修改其他债务条件进行债务重组的,修改后的债务条款如涉及或有应付金额,且该或有应付金额符合《企业会计准则第 13 号——或有事项》中有关预计负债确认条件的,债务人应当将该或有应付金额确认为预计负债。重组债务的账面价值与重组后债务的入账价值和预计负债金额之和的差额,作为债务重组利得,计入营业外收入。其会计处理为:

借:应付账款　　(重组债务的账面余额)

贷:应付账款——债务重组　　(重组后债务的公允价值)

预计负债　　(或有应付金额)

营业外收入——债务重组利得　　(差额)

需要说明的是,在附或有支出的债务重组方式下,债务人应当在每期末,按照或有事项确认和计量要求,确定其最佳估计数,期末所确定的最佳估计数与原预计数的差额,计入当期损益。如果上述或有应付金额在随后会计期间没有发生的,企业应当冲销已确认的预计负债,同时确认营业外收入。其会计处理为:

借:预计负债

贷:营业外收入——债务重组利得

或有应付金额在随后会计期间实际发生时,会计分录为:

借:预计负债

贷:银行存款(或其他应付款)

2. 债权人的会计处理

对债权人而言,以修改其他债务条件进行债务重组的,修改后的债务条款中涉及或有应收金额的,不应当确认或有应收金额,不得将其计入重组后债权的账面价值。根据谨慎性要求,或有应收金额属于或有资产,或有资产不予确认。只有在或有应收金额实际发生时,才计入当期损益。债权人债务重组的会计处理为:

借:应收账款——债务重组　　(重组后债权的公允价值)

坏账准备　　(已计提的坏账准备)

营业外支出——债务重组损失　　　　（借差；若是贷差，计入“资产减值损失”）

贷：应收账款等　　　　　　　　　　（重组债权的原账面余额）

当或有应收金额实现时：

借：应收账款

贷：营业外支出——债务重组损失

同时：

借：银行存款

贷：应收账款

当或有应收金额未实现时，针对或有部分无须进行账务处理。

【例 3-10】 下列关于债务重组会计处理的表述中，正确的有（　　）。

A. 债权人将很可能发生的或有应收金额确认为应收债权

B. 债权人收到的原未确认的或有应收金额计入当期损益

C. 债务人将很可能发生的或有应付金额确认为预计负债

D. 债务人确认的或有应付金额在随后不需支付时转入当期损益

分析：债务重组中，对债权人而言，若债务重组过程中涉及或有应收金额，不应当确认该或有应收金额，应当在实际发生时计入当期损益。对债务人而言，如债务重组过程中涉及或有应付金额，且该或有应付金额符合或有事项中有关预计负债的确认条件的，债务人应将该或有应付金额确认为预计负债，日后没有发生时，转入当期损益（营业外收入）。正确答案是 BCD。

【例 3-11】 2016 年 1 月 1 日，甲公司销售一批产品给乙公司，价税合计为 100 万元，款项尚未收到。因乙公司发生财务困难，至 12 月 31 日甲公司仍未收到款项。甲公司为该项应收款已计提坏账准备 10 万元。2016 年 12 月 31 日，乙公司与甲公司协商，达成重组协议如下：甲公司免除乙公司所欠货款的 20%，并将剩余债务延期至 2018 年 12 月 31 日偿还，按年利率 5%计算利息，利息于每年年末支付，但如果乙公司 2017 年有盈利，则 2018 年按年利率 10%计算支付利息；若无盈利，则仍按照 5%计算支付利息。乙公司预计 2017 年很可能实现盈利（假定实际利率等于名义利率）。该项债务重组协议从协议签订日起开始实施。

（1）乙公司的会计处理如下：

重组后债务的公允价值（将来应付的本金）＝100×（1－20%）＝80（万元）

或有应付金额＝100×（1－20%）×（10%－5%）＝4（万元）

该或有应付金额符合预计负债的确认条件，应确认为预计负债。

债务重组利得＝100－80－4＝16（万元）

借：应付账款　　　　　　　　　　　1 000 000

贷：长期应付款——债务重组　　　　　　800 000

预计负债　　　　　　　　　　　　　　40 000

营业外收入——债务重组利得　　　　　160 000

2017 年年末支付利息时：

借:财务费用　　40 000
　　贷:银行存款　　40 000

2018 年年末支付本金和利息时:

若乙公司 2017 年度有盈利:

借:长期应付款——债务重组　　800 000
　　财务费用　　40 000
　　预计负债　　40 000
　　贷:银行存款　　880 000

若乙公司 2017 年度没有盈利:

借:长期应付款——债务重组　　800 000
　　财务费用　　40 000
　　贷:银行存款　　840 000

借:预计负债　　40 000
　　贷:营业外收入——债务重组利得　　40 000

(2) 甲公司的会计处理如下:

重组后债权的公允价值(将来应收的本金)=100×(1-20%)=80(万元)

债务重组损失=100-10-80=10(万元)

借:长期应收款——债务重组　　800 000
　　坏账准备　　100 000
　　营业外支出——债务重组损失　　100 000
　　贷:应收账款　　1 000 000

2017 年年末收到利息时:

借:银行存款　　40 000
　　贷:财务费用　　40 000

2018 年年末收到本金和利息时:

若乙公司 2017 年有盈利:

借:银行存款　　880 000
　　贷:财务费用　　80 000
　　　　长期应收款　　800 000

若乙公司 2017 年无盈利:

借:银行存款　　840 000
　　贷:财务费用　　40 000
　　　　长期应收款　　800 000

四、混合重组

以上三种方式的组合方式进行债务重组,主要有以下几种情况:

(1) 债务人以现金、非现金资产两种方式的组合清偿某项债务的,应将重组债务的账面价值与支付的现金、转让的非现金资产的公允价值的差额作为债务重组利得。非现金资产的公允价值与其账面价值的差额作为转让资产损益。

债权人重组债权的账面价值与收到的现金、受让的非现金资产的公允价值，以及已提减值准备的差额作为债务重组损失。

(2) 债务人以现金、债务转为资本两种方式的组合清偿某项债务的，应将重组债务的账面价值与支付的现金、债权人因放弃债权而享有的股权的公允价值的差额作为债务重组利得。股权的公允价值与股本(或实收资本)的差额作为资本公积。

债权人重组债权的账面价值与收到的现金、因放弃债权而享有的公允价值，以及已提减值准备的差额作为债务重组损失。

(3) 债务人以非现金资产、债务转为资本两种方式的组合清偿某项债务的，应将重组债务的账面价值与转让的非现金资产的公允价值、债权人因放弃债权而享有的股权的公允价值的差额为债务重组利得。非现金资产的公允价值与账面价值的差额作为转让资产损益；股权的公允价值与股本(或实收资本)的差额作为资本公积。

债权人重组债权的账面价值与受让的非现金资产的公允价值、因放弃债权而享有的股权的公允价值，以及已提减值准备的差额作为债权重组损失。

(4) 债务人以现金、非现金资产、债务转为资本三种方式的组合清偿某项债务的，应将重组债务的账面价值与支付的现金、转让的非现金资产的公允价值、债权人因放弃债权而享有股权的公允价值的差额作为债务重组利得；非现金资产的公允价值与其账面价值的差额作为转让资产损益；股权的公允价值与股本(或实收资本)的差额作为资本公积。

债权人重组债权的账面价值与收到的现金、受让的非现金资产的公允价值、因放弃债权而享有的股权的公允价值，以及已提减值准备的差额作为债权重组损失。

(5) 以资产、债务转为资本等方式清偿某项债务的一部分，并对该项债务的另一部分以修改其他债务条件进行债务重组。在这种方式下，债务人应先以支付的现金、转让的非现金资产的公允价值、债权人因放弃债权而享有的股权的公允价值冲减重组债务的账面价值，余额与重组后债务的公允值进行比较，据此计算债务重组利得。债权人因放弃债权而享有的股权的公允价值与股本(或实收资本)的差额作为资本公积；非现金资产的公允价值与其账面价值的差额作为转让资产损益，于当期确认。

债权人应先以收到的现金、受让非现金资产的公允价值、因放弃债权而享有的股权的公允价值冲减重组债权的账面价值，差额与重组后债务的公允价值进行比较，据此计算债务重组损失。

【例3-12】 2018年5月10日，乙公司销售一批产品给甲公司，价款1 300 000元(包括应收取的增值税税额)。至2018年12月31日，乙公司对该应收账款计提的坏账准备为18 000元。由于甲公司发生财务困难，无法偿还债务，与乙公司协商进行债务重组。2019年1月1日，甲公司与乙公司达成债务重组协议如下：

(1) 甲公司以一批材料偿还部分债务。该批材料的账面价值为280 000元(未计提跌价准备),公允价值为300 000元,适用的增值税税率为16%。假定材料同日送抵乙公司,甲公司开出增值税专用发票,乙公司将该批材料作为原材料验收入库。

(2) 将250 000元的债务转为甲公司的股份,其中50 000元为股份面值。假定股份转让手续同日办理完毕,乙公司将其作为长期股权投资核算。

(3) 乙公司同意减免甲公司所负全部债务扣除实物抵债和股权抵债后剩余债务的40%,其余债务的偿还期延长至2019年6月30日。

具体账务处理如下:

(1) 甲公司的账务处理:

债务重组后债务的公允价值

=[1 300 000－300 000×(1＋16%)－50 000×5]×(1－40%)

=702 000×60%

=421 200(元)

债务重组利得=1 300 000－300 000×(1＋16%)－250 000－421 200

=280 800(元)

借:应付账款——乙公司 1 300 000

贷:其他业务收入 300 000

应交税费——应交增值税(销项税额) 48 000

股本 50 000

资本公积——股本溢价 200 000

应付账款——债务重组——乙公司 421 200

营业外收入——债务重组利得 280 800

借:其他业务成本 280 000

贷:原材料 280 000

(2) 乙公司的账务处理:

债务重组损失=1 300 000－300 000×(1＋16%)－250 000－421 200－18 000

=262 800(元)

借:原材料 300 000

应交税费——应交增值税(进项税额) 48 000

长期股权投资——甲公司 250 000

应收账款——债务重组——甲公司 421 200

坏账准备 18 000

营业外支出——债务重组损失 262 800

贷:应收账款——甲公司 1 300 000

课后练习

一、单项选择题

1. 以固定资产抵偿债务的，债权人收到的固定资产应按(　　)入账。

A. 账面价值　　B. 账面余额　　C. 公允价值　　D. 账面净值

2. 债务重组的方式不包括(　　)。

A. 债务人以低于债务账面价值的现金清偿债务

B. 修改其他债务条件

C. 债务转为资本

D. 借新债还旧债

3. 以现金清偿债务的，债务人应当在满足金融负债终止确认条件时，终止确认重组债务，并将重组债务的账面价值与实际支付现金之间的差额计入(　　)。

A. 营业外收入　　B. 资本公积　　C. 营业外支出　　D. 管理费用

4. 以修改其他债务条件进行债务重组的，如果债务重组协议中附有或有应付金额的，该或有应付金额最终没有发生的，应(　　)。

A. 冲减营业外支出

B. 冲减财务费用

C. 冲减已确认的预计负债，同时确认营业外收入

D. 不作账务处理

5. 以修改其他债务条件进行债务重组的，如果债务重组协议中附有或有应收金额的，债权人应将或有应收金额(　　)。

A. 包括在将来应收金额中　　B. 包括在将来应付金额中

C. 计入当期损益　　D. 不作账务处理

6. 以债权转为股权的，受让股权的入账价值为(　　)。

A. 股权份额　　B. 股权的公允价值

C. 应付债务账面价值　　D. 应收债权账面价值

7. A企业欠B企业货款750万元，到期日为2017年3月20日，因A企业发生财务困难，4月25日起双方开始商议债务重组事宜，5月10日双方签订重组协议，B企业同意A企业以价值700万元的产成品抵债，A企业分批将该批产品运往B企业，第一批产品运抵日为5月15日，最后一批运抵日为5月22日，并于当日办妥有关债务解除手续。则A企业应确定的债务重组日为(　　)。

A. 4月25日　　B. 5月10日　　C. 5月15日　　D. 5月22日

8. 在以现金、非现金资产和修改债务条件混合重组方式清偿债务的情况下，以下处理的先后顺序正确的是(　　)。

A. 非现金资产方式、现金方式、修改债务条件

B. 现金方式、非现金方式、修改债务条件

C. 修改债务条件、非现金方式、现金方式

D. 现金方式、修改债务条件、非现金资产方式

9. 甲股份有限公司以债务转为资本的方式清偿所欠乙公司的债务，乙公司对接受的股权作为长期股权投资。则乙公司所接受股权的入账价值应为(　　)。

A. 重组债权的账面余额　　B. 重组债权的账面价值

C. 股权在甲公司的账面余额　　D. 股权的公允价值

10. 甲公司应收乙公司货款 1 000 万元，经磋商，双方同意按 700 万元结清该笔货款。甲公司已经为该笔应收账款计提了 150 万元的坏账准备，在债务重组日，该事项对甲公司和乙公司的影响分别为(　　)。

A. 甲公司资本公积减少 300 万元，乙公司资本公积增加 300 万元

B. 甲公司营业外支出增加 150 万元，乙公司营业外收入增加 300 万元

C. 甲公司营业外支出增加 300 万元，乙公司营业外收入增加 300 万元

D. 甲公司营业外支出增加 150 万元，乙公司资本公积增加 300 万元

二、多项选择题

1. 企业以低于应付债务账面价值的现金清偿债务的，支付的现金低于应付债务账面价值的差额，不应当计入(　　)

A. 盈余公积　　B. 资本公积　　C. 营业外收入　　D. 其他业务收入

2. 某股份有限公司清偿债务的下列方式中，属于债务重组的有(　　)。

A. 根据转换协议将应付可转换公司债券转为资本

B. 以公允价值低于债务金额的非现金资产清偿

C. 债权人做出让步时，延长债务偿还期限并收取比原利率小的利息

D. 以低于债务账面价值的银行存款清偿

3. 债务人以非现金资产清偿债务时，影响债权人债务重组损失的项目有(　　)。

A. 债权人计提的坏账准备　　B. 债务人计提的该资产的减值准备

C. 可抵扣的增值税进项税额　　D. 债权人为取得受让资产而支付的税费

4. 债务重组是指在债务人发生财务困难的情况下，债权人按照其与债务人达成的协议或者法院的裁定做出让步的事项。其中，债权人做出的让步包括(　　)。

A. 债权人减免债务人部分债务利息

B. 允许债务人延期支付债务，但不减少债务的账面价值

C. 降低债务人应付债务的利率

D. 债权人减免债务人部分债务本金

5. 债务重组中对于债务人而言，应当将重组债务的账面价值超过抵债资产的公允价值、所转股份的公允价值或者重组后债务账面价值之间的差额，确认为债务重组利得

计入营业外收入，抵债资产公允价值与账面价值的差额，处理正确的有（　　）。

A. 抵债资产为存货的，应当视同销售处理，按其公允价值确认商品销售收入，同时结转商品销售成本

B. 抵债资产为存货的，不做销售处理，其公允价值和账面价值的差额，计入营业外收入或营业外支出

C. 抵债资产为固定资产的，其公允价值和账面价值的差额，计入资产处置损益。

D. 抵债资产为无形资产的，其公允价值和账面价值的差额，计入营业外收入或营业外支出

三、判断题

1. 债务人以其生产的产品抵偿债务，应以成本转账而不计入主营业务收入。（　　）

2. 债务重组，是指在债务人发生财务困难的情况下，债权人按照其与债务人达成的协议或者法院的裁定做出让步的事项，如果债权人未做出让步则不能界定为债务重组。（　　）

3. 在债务重组涉及或有条件的情况下，债权人和债务人的会计处理都遵循了谨慎原则。（　　）

4. 如果债务人以低于重组应付债务账面价值的现金清偿债务，则债务人确认的债务重组收益金额与债权人确认的债务重组损失金额是相等的。（　　）

5. 在修改债务条件涉及或有收益的债务重组中，债权人在债务重组时应当将或有收益包含在未来应收金额之中。（　　）

6. 在债务重组中，债务人以现金、非现金资产两种方式的组合清偿债务的，债务人应先以支付的现金冲减重组债务的账面价值，再按以非现金资产清偿债务的会计原则进行处理。（　　）

7. 以现金清偿债务的，债务人应当将重组债务的账面价值与实际支付现金之间的差额，计入当期损益（其他业务收入）。（　　）

8. 以非现金资产偿还债务，非现金资产为长期股权投资的，其公允价值和账面价值的差额，计入营业外收入。（　　）

9. 债务重组中，债务人不会涉及资本公积科目。（　　）

10. 修改其他债务条件进行债务重组的，债务人不能确认债务重组收益。（　　）

四、计算及账务处理题

1. 2017 年 2 月 28 日，甲企业因购买原材料而欠乙企业购货款，税款合计 20 000 元。乙企业对该项应收账款计提了 2 000 元的坏账准备。由于甲企业现金流量不足，短期内不能按照合同规定支付货款，于 2018 年 3 月 16 日经协商：

(1) 乙企业同意甲企业支付 12 000 元货款，余款不再偿还。甲企业随即支付了

12 000元货款。

(2) 乙企业同意甲企业支付19 000元货款，余款不再偿还。甲企业随即支付了19 000元货款。

要求：在两种情况下分别做出甲、乙企业在债务重组日的账务处理。

2. A股份有限公司(以下简称A公司)和B股份有限公司(以下简称B公司)均为增值税一般纳税人，适用的增值税税率为16%。2018年5月1日，A公司向B公司销售材料一批，增值税专用发票上注明的价款为600万元，增值税税额为96万元。至2018年8月31日尚未收到上述货款，A公司对此项债权已计提5万元坏账准备。2018年9月1日，B公司鉴于财务困难，提出以其生产的产品一批和设备一台抵偿上述债务。经双方协商，A公司同意B公司的上述偿债方案。用于抵偿债务的产品和设备的有关资料如下：

(1) B公司为该批产品开出的增值税专用发票上注明的价款为300万元，增值税税额为48万元。该批产品的成本为200万元。

(2) 该设备的公允价值为200万元，账面原价为434万元，至2018年9月1日的累计折旧为250万元。B公司清理设备过程中以银行存款支付清理费用2万元。A公司已于2018年9月收到B公司用于偿还债务的上述产品和设备。A公司收到的上述产品作为存货处理，收到的设备作为固定资产处理。

要求：

(1) 编制A公司2018年上述业务相关的会计分录；

(2) 编制B公司2018年上述业务相关的会计分录。(金额以万元表示)

3. 2017年4月1日，甲企业销售一批商品给乙企业，销售货款总额为300万元(含增值税)。甲企业于同日收到一张票面金额为300万元、期限为6个月、票面利率为8%的商业汇票。甲企业按月计提该商业汇票的利息。

(1) 2017年10月1日，乙企业未能兑付到期票据，甲企业将应收票据本息余额转入应收账款，但不再计算利息。2017年12月5日，甲、乙双方经协商进行债务重组，签订的债务重组协议内容如下：

① 乙企业以其持有的一项拥有完全产权的房产抵偿60万元的债务。该房产在乙企业的账面原价为100万元，已计提折旧30万元，已计提减值准备5万元，公允价值为50万元。(房产销售的增值税税率为10%)

② 甲企业同意豁免乙企业债务本金40万元及2017年4月1日至2017年9月30日计提的全部利息。

③ 将剩余债务的偿还期限延长至2018年12月31日，在债务延长期间，剩余债务余额按年利率5%收取利息。假定实际利率为5%，本息到期一次偿付。

④ 该协议自2017年12月31日起执行。

(2) 债务重组日之前，甲企业对上述债权未计提坏账准备。

(3) 上述房产的所有权变更、部分债务解除手续及其他有关法律手续已于2017年12月31日完成。甲企业将取得的房产作为固定资产进行核算和管理。

(4) 乙企业于 2018 年 12 月 31 日按上述协议规定偿付了所欠债务。

要求：

(1) 计算甲企业 2017 年 12 月 31 日该重组债权的账面余额。

(2) 编制甲企业及乙企业 2017 年 12 月 31 日与该债务重组相关的会计分录。

(3) 编制甲企业及乙企业 2018 年 12 月 31 日债权、债务实际清偿时的会计分录。(金额以万元表示)

4. 华信公司于 2017 年 12 月 1 日赊销商品给明达公司，价税合计 100 万元，明达公司因资金困难无法偿付，于 2018 年 6 月 1 日双方约定执行如下债务重组条款：

(1) 首先豁免 15 万元的债务；

(2) 由明达公司以一批原材料抵债，该原材料账面成本 48 万元，公允计税价 50 万元，增值税税率为 16%，该物资于 2018 年 6 月 12 日运抵华信公司；

(3) 其余款项延期 3 个月后偿付，如果在第三个月盈余达到 50 万元，则追加偿付 10 万元；

(4) 双方债务解除手续于 2018 年 7 月 1 日办妥；

(5) 华信公司对该应收账款已经提取了 18 万元的坏账准备；

(6) 2018 年 9 月明达公司实现了盈余 55 万元；

(7) 双方于 2018 年 10 月 1 日交割尾款。

要求：

(1) 认定债务重组日；

(2) 做出明达公司的会计处理；

(3) 做出华信公司的会计处理。(金额以万元表示)

项目四　所得税的核算

知识目标

1. 所得税会计的概念
2. 资产及负债的计税基础
3. 暂时性差异的概念及分类

能力目标

1. 正确区分应纳税暂时性差异与可抵扣暂时性差异
2. 掌握递延所得税负债及递延所得税资产的确认和计量
3. 掌握资产负债表债务法下所得税的会计处理

任务一　所得税会计的认知

一、所得税会计的概念及产生的原因

财务会计和所得税税法归属于经济领域两个不同的分支，二者的目的和要求均不相同。财务会计的目的是规范企业对外报告，以便如实地反映企业的财务状况、经营成果和现金流量。所得税税法的目的是课税，强调公平和效率，具有调节社会资源配置、公平社会财富分配等功能。因此，尽管财务会计和所得税税法二者联系密切，但由于各自服务宗旨、工作目标和研究对象的差异，最终导致了二者朝着各自的学科方向发展，这主要表现为二者在以下方面存在差异：

(1) 计量所得的目标不同。财务会计按照权责发生制的原则，着重反映企业的获利能力和经营绩效，反映某一时期收支相抵后的利润总额。而所得税税法则是以课税为目的，对企业利润中超过税法扣除标准的成本、费用等支出依法纳税，从而确保国家的财政收入。同时它也发挥一些调节经济、促进公平竞争的作用，还要为方便征收管理考虑。

(2) 计量所得的标准不同。财务会计和所得税税法的最大差异在于确认收益实现时间以及费用的可扣减性上不同。财务会计确认收益的原则主要采用权责发生制，而不管当期是否发生现金的流入或流出。税法是以收付实现制和权责发生制混合计量为基础计算纳税所得，对某些依照会计原则而确认的收益允许在纳税时予以扣减。因此，财务会计与税法在收入和费用等方面确认的标准不完全相同。

(3) 计量所得的核算依据不同。纳税所得是依据现行税法规定计算确定，会计利润则是根据企业会计准则计算确定。

从以上分析可以看出，根据会计准则计算的会计利润和根据税收法规计算的纳税所得一般会出现差异，这就导致了所得税会计的产生。也就是说，所得税会计是研究如何处理会计准则和税收法规在与所得税有关的确认和计量方面差异的会计理论与方法，它是适应对会计利润和纳税所得之间的差异进行会计处理的要求而产生。

目前关于所得税计算有两条线：一是企业按会计制度和会计法规计算所得税费用，二是企业按税法规定计算应交所得税，由于执行标准的不同导致所得税费用与应交所得税之间产生差异。对于二者差异的处理，不可能通过调整应交所得税完成(税法规定应交给国家的税，一分都不能调)，只能通过调整所得税费用完成。所以，通俗地说，所得税会计就是在应交所得税基础上如何确定所得税费用。

二、资产负债表债务法

(一) 资产负债表债务法的含义

目前，我国所得税会计采用的是资产负债表债务法核算所得税费用。资产负债表债务法，是从资产负债表出发，通过比较资产负债表上列示的资产、负债按照会计准则规定确定的账面价值与按照税法规定确定的计税基础，对于两者之间的差异分别应纳税暂时性差异与可抵扣暂时性差异，确认相关的递延所得税负债与递延所得税资产，并在此基础上确定每一会计期间利润表中的所得税费用。从本质上来看，该方法中涉及两张资产负债表：一个是按照会计准则规定编制的资产负债表，有关资产、负债在该表上以其账面价值体现；另一个是假定按照税法规定进行核算编制的资产负债表，其中资产、负债列示的价值量为其计税基础，即从税法的角度来看，企业持有的有关资产、负债的金额。

(二) 资产负债表债务法下所得税会计核算的一般程序

在采用资产负债表债务法核算所得税的情况下，企业一般应于每一资产负债表日进行所得税核算。发生特殊交易或事项时，如企业合并，在确认因交易或事项产生的资产、负债时即应确认相关的所得税影响。企业进行所得税核算时一般应遵循以下程序：

(1) 按相关会计准则规定确定资产负债表中除递延所得税资产和递延所税负债以外的其他资产和负债项目的账面价值。

(2) 以适用的税收法规为基础，确定资产负债表中有关资产、负债项目的计税基础。

(3) 比较资产、负债的账面价值和计税基础，对于两者之间存在差异的，分析其差异性质，除会计准则中规定的特殊情况外，分别应纳税暂时性差异与可抵扣暂时性差异，根据差异额和适用所得税率计算出该差异的递延所得税资产或递延所得税负债的期末应有余额；并与期初递延所得税资产和递延所得税负债的余额相比，确定当期应予进一步确认的递延所得税资产或递延所得税负债金额或应予转销的金额，作为构成利润表中所得税费用的递延所得税费用(或收益)。

(4) 按税法口径计算出当期应纳税所得额，并根据适用所得税率计算出当期应交所得税，作为利润表中应予确认的所得税费用中的当期所得税部分。

(5) 确定利润表中的所得税费用。利润表中的所得税费用包括当期所得税和递延所得税两个组成部分。企业在计算确定当期所得税和递延所得税后，两者之和(或之差)，即为利润表中的所得税费用。

以上程序用图 4-1 表示如下：

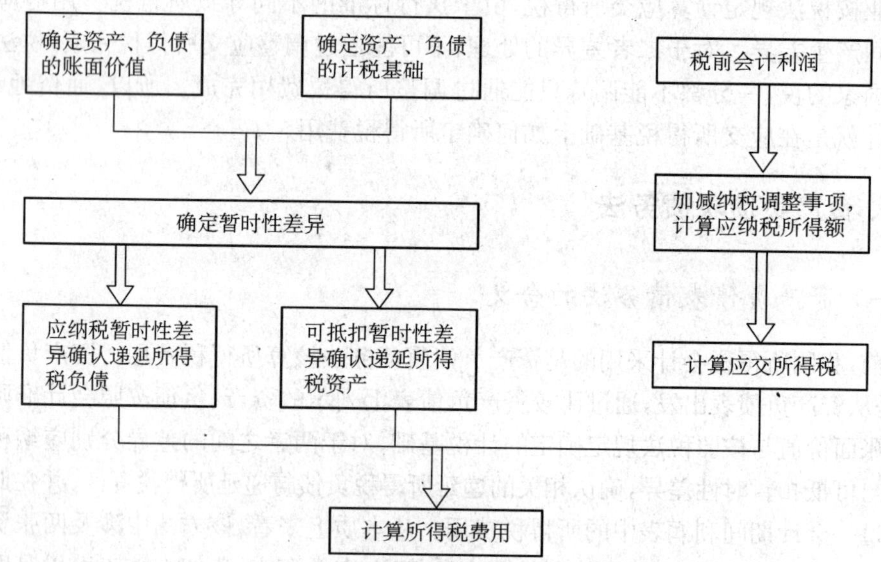

图 4-1　企业所得税会计核算的一般程序

资产负债表债务法在所得税的会计核算方面贯彻了资产、负债等基本会计要素的界定。所得税会计的关键是确定资产、负债的计税基础，在此基础上与账面价值进行比较则可对暂时性差异进行分类。在确定计税基础时，应严格遵循税收法规中对于资产的税务处理以及可税前扣除的费用等相关规定。

三、资产的计税基础

资产负债表债务法的第一步是计算资产、负债的账面价值，其金额一般表现为各项资产、负债在资产负债表上列示的金额。因此，所得税会计的关键在于确定资产、负债的计税基础。

资产的计税基础，是指企业收回资产账面价值的过程中，计算应纳税所得额时按照税法规定可以自应税经济利益中抵扣的金额，即某一项资产在未来期间计算所得税时，税法允许扣除的金额。从税收的角度考虑，资产的计税基础是假定企业按照税法规定进行核算所提供的资产负债表中资产的应有金额。

通常情况下，资产在取得时，其入账价值与计税基础相同，并不影响所得税，即企业为取得某项资产支付的成本在未来期间准予税前扣除。但资产在持续持有的过程中，因会计准则规定与税法规定不同，可能造成账面价值与计税基础的差异，进而对所得税产生影响。用以下公式表示：

资产的计税基础＝未来期间可税前扣除的金额

＝该资产的取得成本－以前期间已在税前扣除的金额

企业应当按照适用的税收法规规定计算确定资产的计税基础。下面举例说明主要资产项目计税基础的确定及其账面价值和计税基础差异的形成原因。

（一）固定资产

1. 初始计量

以各种方式取得的固定资产，初始确认时入账价值基本上是被税法认可的，即取得时其入账价值一般等于计税基础。

2. 后续计量

固定资产在持有期间进行后续计量时，会计上的基本计量模式是“成本－累计折旧－固定资产减值准备”，税收上的基本计量模式是“成本－按照税法规定计算确定的累计折旧”。会计与税收处理的差异主要来自折旧方法、折旧年限的不同以及固定资产减值准备的提取。

账面价值＝实际成本－会计累计折旧－固定资产减值准备

计税基础＝实际成本－税法累计折旧

(1) 折旧方法、折旧年限的差异。企业会计准则规定，企业可以根据与固定资产有关的经济利益预期实现方式合理选择折旧方法，如可以按年限平均法计提折旧，也可按双倍余额递减法、年数总和法等计提折旧。而税法除对某些按规定可以加速折旧的情况外，基本上可以税前扣除的都是直线折旧额。按税法规定折旧方法和折旧年限计算出来的固定资产资产价值即为固定资产的计税基础。

另外，税法一般规定每一类固定资产的折旧年限，而会计处理时按照会计准则规定是由企业按照固定资产能够为企业带来经济利益的期限估计确定的。因为折旧年限的不同，也会产生固定资产账面价值与计税基础之间的差异。

【例 4－1】　企业于 2015 年 12 月 20 日取得的某项环保用固定资产，原价为 300 万元，使用年限为 10 年，会计上采用直线法计提折旧，净残值为零。假定税法规定类似环保用固定资产采用加速折旧法计提的折旧可以税前扣除，该企业在计税时采用双倍余额递减法计提折旧，净残值为零。2017 年 12 月 31 日，企业估计该项固定资产的可收回金额为 220 万元。

分析：2015 年 12 月 31 日

该项固定资产的账面价值＝300(万元)

该项固定资产的计税基础＝300(万元)

2017 年 12 月 31 日

该项固定资产的账面价值＝300－30×2－20＝220(万元)

该项固定资产的计税基础＝300－300×20％－240×20％＝192(万元)

该项固定资产账面价值 220 万元与其计税基础 192 万元之间产生的差额 28 万元，在未来期间增加应纳税所得额，属于应纳税暂时性差异。

(2) 因计提固定资产减值准备产生的差异。持有固定资产期间内，在对固定资产计提了减值准备后，固定资产账面价值会因此而降低。但税法规定，企业计提的资产减值准备在发生实际损失前不允许税前扣除。所以，在固定资产计提了减值准备的情况下，该固定资产的计税基础为不考虑该减值准备因素的固定资产价值。

【例 4－2】 2017 年年末，企业某项固定资产账面价值 50 万元(与计税基础一致)，预计其可收回金额为 45 万元。按企业会计准则规定，应计提固定资产减值准备 5 万元(假设之前未提减值准备)。计提减值准备后该固定资产账面价值 45 万元。

分析：本例中，固定资产账面价值 45 万元，税法规定，计提的减值准备在当期不予税前扣除，故该固定资产的计税基础为 50 万元。账面价值小于计税基础，在未来期间会减少应税所得额，属于可抵扣暂时性差异。

(二) 无形资产

1. 初始计量

除内部研究开发形成的无形资产以外，以其他方式取得的无形资产，初始确认时其入账价值与税法规定的成本之间一般不存在差异。

对于内部研发形成的无形资产，会计准则规定有关研究开发支出分为两个阶段，研究阶段的支出应当费用化计入当期损益，而开发阶段符合资本化条件的支出应当计入所形成无形资产的成本；税法规定，自行开发的无形资产，以开发过程中该资产符合资本化条件后至达到预定用途前发生的支出为计税基础。对于研究开发费用，税法中规定可以加计扣除，即企业为开发新技术、新产品、新工艺发生的研究开发费用，未形成无形资产计入当期损益的，在据实扣除的基础上，再按照研究开发费用的 50％加计扣除；形成无形资产的，按无形资产成本的 150％摊销。此外，科技型中小企业开展研发活动中实际发生的研发费用，未形成无形资产计入当期损益的，在按规定据实扣除的基础上，在 2017 年 1 月 1 日至 2019 年 12 月 31 日期间，再按照实际发生额的 75％在税前加计扣除；形成无形资产的，按照无形资产成本的 175％在税前摊销。

对于内部研究开发形成的无形资产，一般情况下初始确认时按照会计准则规定确定的成本与计税基础应当是相同的。对于享受税收优惠的研究开发支出，在形成无形资产时，按照会计准则规定确定的成本为研究开发过程中符合资本化条件后至达到预定用途前发生的支出，而因税法规定按照无形资产成本的 150％摊销，则其计税基础应在会计上入账价值的基础上加计50%,因而产生账面价值与计税基础在初始确认时的差异,但如果该无形资产的确认不是产生于企业合并交易,同时在确认时既不影响会计利润也不影响应纳税所得额,按照所得税会计准则的规定,不确认该暂时性差异的所得税影响。

【例4-3】 A企业发生新技术研发支出2 000万元,其中符合资本化条件后至达到预定用途前发生的支出为1 200万元,按10年摊销(会计与税法一致)。按税法规定,研究费可以在实际发生数的基础上加扣50%,形成无形资产部分按成本的150%摊销(于本年初开始摊销)。

分析:本例中,对于费用化部分,因属于永久性差异,不存在会计处理问题;对于资本化部分,形成无形资产初始成本为1 200万元,即期末无形资产的账面价值为1 200万元。

按税法规定形成无形资产部分按成本的150%摊销,即无形资产计税基础为1 800万元(=1 200×150%)。

无形资产账面价值与计税基础之间差额600万元为可抵扣暂时性差异。但该暂时性差异是资产初始确认产生的,确认资产时既不影响会计利润也不影响应纳税所得额,按照会计准则规定,不确认该暂时性差异对所得税的影响。

2. 后续计量

无形资产在后续计量时,会计与税收的差别主要是无形资产是否摊销及减值准备的计提。会计准则规定应根据无形资产使用寿命情况,区分为使用寿命有限的无形资产和使用寿命不确定的无形资产。对于使用寿命不确定的无形资产,不要求摊销,在会计期末应进行减值测试。税法规定,企业取得无形资产的成本,应在一定期限内摊销,有关摊销额允许税前扣除。

账面价值=实际成本-会计累计摊销-无形资产减值准备

但对于使用寿命不确定的无形资产,不进行摊销,则:

账面价值=实际成本-无形资产减值准备

税法规定计提的无形资产减值准备在转变为实质性损失前不允许税前扣除。所以,无形资产的账面价值会随着无形资产减值准备的计提而减少,但计税基础不会受此影响。

计税基础=实际成本-税法累计摊销

【例4-4】 沿用【例4-3】,假定该无形资产已使用了一年。在无形资产进行摊销后,账面价值为1 080万元(=1 200-120),计税基础则为1 620万元(=1 800-180),形成540万元的可抵扣暂时性差异。

【例4-5】 2016年年末企业某项专有技术账面价值20万元,预计尚可使用4年(会计与税法一致),预计可收回金额12万元。(之前未计提减值准备)

分析:2016年年末会计计提减值准备8万元后,账面价值为12万元,计税基础依然为20元,形成可抵扣暂时性差异8万元。

到2017年年末,会计账面价值为9万元(=12-12/4),计税基础为15万元(=

20－20/4)，形成可抵扣暂时性差异6万元。

（三）以公允价值计量且其变动计入当期损益的金融资产

税法规定，企业以公允价值计量的金融资产，持有期间公允价值变动不计入应税所得额，在实际处置或结算时，处置取得的价款扣除其历史成本后的差额计入应税所得额。可以看出，以公允价值计量且其变动计入当期损益的金融资产的计税基础为其取得成本，持有期间公允价值的波动不会影响其计税基础。但企业会计准则规定，以公允价值计量且其变动计入当期损益的金融资产某一期末的账面价值为其公允价值，从而形成计税基础与账面价值之间的差异。即：

账面价值＝期末公允价值

计税基础＝历史成本

【例4-6】 甲公司2017年7月以52万元取得乙公司股票5万股作为交易性金融资产核算，2017年12月31日，甲公司尚未出售所持有乙公司股票，乙公司股票公允价值为每股12.4元。税法规定，资产在持有期间公允价值的变动不计入当期应纳税所得额，待处置时一并计算应计入应纳税所得额的金额。

分析：该交易性金融资产在2017年12月31日的账面价值为62万元(＝12.4×5)，其计税基础为原取得成本不变，即52万元，两者之间产生10万元的暂时性差异，该暂时性差异在未来期间转回时会增加未来期间的应纳税所得额。

（四）长期股权投资

企业持有的长期股权投资，按照会计准则规定可以采用成本法及权益法进行核算。

税法中对于投资资产的处理，要求按规定确定其成本后，在转让或处置投资资产时，其成本准予扣除。因此，税法中对于长期股权投资并没有权益法的概念，其计税基础应等于该投资的取得成本。

长期股权投资取得后，如果按照会计准则规定采用权益法核算，则一般情况下持有过程中随着应享有被投资单位净资产份额的变化，其账面价值与计税基础会产生差异，该差异主要源于以下三种情况。

1. 初始计量

采用权益法核算的长期股权投资，取得时应比较其初始投资成本与按比例计算应享有被投资单位可辨认净资产公允价值的份额。在初始投资成本小于按比例计算应享有被投资单位可辨认净资产公允价值份额的情况下，应当调整长期股权投资的账面价值，同时确认为当期损益(营业外收入)。因该种情况下在确定了长期股权投资的初始投资成本以后，按照税法规定并不要求对其成本进行调整，其计税基础维持原取得成本不变，其账面价值与计税基础会产生差异。

2. 后续计量

(1) 投资损益的确认。对采用权益法核算的长期股权投资，持有投资期间在被投资单位实现净利润或发生净损失时，投资企业按照持股比例计算应享有的部分，一方面应调整长期股权投资的账面价值，另一方面应确认为各期损益。在长期股权投资的账面价值因确认投资损益发生变化时，其计税基础不会随之发生变化。按照税法规定，居民企业直接投资于其他居民企业取得的现金股利或利润免税，即作为投资企业，其在未来期间自被投资单位分得有关现金股利或利润时，该部分现金或利润免税。因此，在持续持有的情况下，该部分差额对未来期间不会产生计税影响。

(2) 应享有被投资单位其他权益的变化。采用权益法核算的长期股权投资，除确认应享有被投资单位的净损益外，对于应享有被投资单位的其他综合收益以及其他所有者权益变化，也应调整长期股权投资的账面价值，但其计税基础不会发生变化。

【例 4-7】 A公司于2017年1月2日以5 000万元取得B公司40%的有表决权的股份，拟长期持有并能对B公司施加重大影响，A公司对该项长期股权投资采用权益法核算。投资时B公司可辨认净资产公允价值总额为15 000万元。

分析：在2017年1月2日，该股权投资按权益法核算，其初始入账价值为6 000万元(＝15 000×40%)，而其计税基础应为初始投资成本5 000万元，形成了1 000万元的暂时性差异。

(五) 其他资产

因会计准则规定与税法规定不同，企业持有的其他资产可能造成其账面价值与计税基础之间存在差异。

例如，计提了资产减值准备的其他资产，因所计提的减值准备在资产发生实质性损失前不允许税前扣除，即该项资产的计税基础不会随减值准备的提取发生变化，从而造成该项资产的账面价值与计税基础之间存在差异。

【例 4-8】 A公司2017年购入原材料成本为450万元，因部分生产线停工，当年未领用任何原材料，2017年资产负债表日估计该原材料的可变现净值为400万元。假定该原材料在2017年的期初余额为零。

分析：该原材料因期末可变现净值低于成本，应计提的存货跌价准备＝450－400＝50万元。计提存货跌价准备后，该项原材料的账面价值为400万元。

该项原材料的计税基础不会因存货跌价准备的提取而发生变化，其计税基础为450万元不变。该存货的账面价值400万元与其计税基础450万元之间产生了50万元的暂时性差异，该差异会减少企业在未来期间的应纳税所得额。

再如，投资性房地产。企业持有的投资性房地产进行后续计量时，可以采用两种模式：一是成本模式，采用该种模式计量的投资性房地产其账面价值与计税基础的确定与固定资产、无形资产相同；二是采用公允价值模式，对于采用公允价值进行后续计量的投资性房地产，其计税基础的确定类似于固定资产或无形资产计税基础的确定。

【例 4-9】 甲公司的C建筑物于2015年12月30日投入使用并直接出租，成本为680万元。甲公司对投资性房地产采用公允价值模式进行后续计量。2017年12月31日，已出租C建筑物累计公允价值变动收益为120万元，其中本年度公允价值变动收益为50万元。根据税法规定，已出租C建筑物以历史成本扣除按税法规定计提折旧后作为其计税基础，折旧年限为20年，净残值为零，自投入使用的次月起采用年限平均法计提折旧。

分析：2017年12月31日，该投资性房地产的账面价值为800万元，计税基础为612万元(＝680－680÷20×2)。该投资性房地产账面价值与其计税基础之间的差额188万元将计入未来期间的应纳税所得额，形成未来期间企业所得税税款流出的增加，为应纳税暂时性差异。

四、负债的计税基础

负债的计税基础，是指负债的账面价值减去未来期间计算应纳税所得额时按照税法规定可予抵扣的金额，即假定企业按照税法规定进行核算，在其按照税法规定确定的资产负债表上有关负债的应有金额。

负债的计税基础＝负债的账面价值－未来期间可税前列支的金额

简单地说，负债的计税基础就是未来计算所得税时税法不予税前扣除的金额。

一般情况下，负债的账面价值与其计税基础相同，不会影响应税所得额，如应付账款、短期借款等。但在某些情况下，负债的确认如果影响企业的损益，进而就会影响不同期间的应税所得额，使其账面价值与计税基础之间产生差额。如企业因销售商品提供产品质量保证等确认的预计负债，税法允许在以后实际发生时扣除相关支出。

(一) 企业因销售商品提供售后服务等原因确认的预计负债

按照企业会计准则的规定，企业应将预计提供售后服务发生的支出在销售当期确认为费用，同时确认预计负债。税法规定，与销售产品有关的支出应于发生时税前扣除，由于该类事项产生的预计负债在期末的计税基础为其账面价值与未来期间可税前扣除的金额之间的差额，因有关的支出实际发生时可全部税前扣除，所以，该预计负债的计税基础为0。

【例4-10】 甲企业2017年因销售产品承诺提供3年的保修服务，在当年度利润表确认了200万元的销售费用，同时确认为预计负债，当年度未发生任何保修支出。假定按照税法规定，与产品售后服务相关的费用在实际发生时允许税前扣除。

分析：该项预计负债在甲企业2017年12月31日资产负债表中的账面价值为200万元。按税法规定，未来期间计算应纳税所得额时可予抵扣的金额为200万元，该项负债的计税基础＝200－200＝0。

账面价值与计税基础之间的200万元暂时性差异，可以理解为：未来期间企业实际发生200万元的经济利益流出用以履行产品保修义务时，税法规定允许税前扣除，即减少未来实际发生期间的应纳税所得额。

其他交易或事项中确认的预计负债，应按照税法规定的计税原则确定其计税基础。某些情况下，因有些事项确认的预计负债，税法规定其支出无论是否实际发生均不允许税前扣除(因未决诉讼确认的预计负债),即未来期间按照税法规定可予抵扣的金额为0,因此,其计税基础等于账面价值。

【例4-11】 2017年10月5日,甲公司因为乙公司银行借款提供担保,乙公司未如期偿还借款,而被银行提起诉讼,要求其履行担保责任;12月31日,该案件尚未结案。甲公司预计很可能履行的担保责任为300万元。假定税法规定,企业为其他单位债务提供担保发生的损失不允许在税前扣除。

分析:2017年12月31日,该项预计负债的账面价值为300万元,计税基础为300万元(=300-0)。该项预计负债的账面价值等于计税基础,不产生暂时性差异。

(二)预收账款

企业在收到客户预付的款项时,因不符合收入确认条件,会计上将其确认为负债。税法对于收入的确认原则一般与会计规定相同,即会计上未确认收入时,计税时一般也不计入应纳税所得额,该预收账款在未来期间计税时可以税前扣除的金额为0,计税基础等于账面价值。

在某些情况下,因不符合会计准则规定的收入确认条件,未确认为收入的预收款项,按照税法的规定应计入当期应税所得额。故在未来期间计税时可以税前扣除。因此该预收账款的计税基础为0,账面价值大于计税基础,形成可抵扣暂时性差异。比如,预收的工程合同款,会计作为预收账款,但税法规定应计入当期应税所得额;在以后期间会计确认收入时,不再计税(即未来期间预收账款减少时,可以税前扣除)。

【例4-12】 A公司于2017年12月20日收到客户一笔合同预付款,金额2 500万元,作为预收账款核算。按照税法规定,该款项应计入取得当期的应税所得额计算交纳所得税。

分析:本例中,应计入2017年12月31日资产负债表预收账款项目的价值为2 500万元。该笔预收账款的计税基础=账面价值2 500万元-未来期间计税时可予税前扣除金额2 500万元=0。

预收账款账面价值为2 500万元,计税基础为0元,账面价值大于计税基础形成可抵扣暂时性差异。

(三)应付职工薪酬

会计准则规定,企业为获得职工提供的服务给予的各种形式的报酬以及其他相关支出均应作为企业的成本费用,在未支付之前确认为负债。税法中对于合理的职工薪酬基本允许税前扣除,相关应付职工薪酬负债的账面价值等于计税基础。

但税法中如果规定了税前扣除标准的,按照会计准则规定计入成本费用的金额超过规定标准部分,应进行纳税调整。因超过部分在发生当期不允许税前扣除,在以后期间也不允许税前扣除,即该部分差额对未来期间计税不产生影响,所产生应付职工薪酬负债的账面价值等于计税基础,即永久性差异。

【例4-13】 某国有企业当年计提"应付职工薪酬——工资薪金"为600万元,当年国资委对其下发的工资指标为550万元。

分析:根据税法规定国有企业应按国资委下发工资标准发放工资,超过发放标准的税前不得扣除。

应付职工薪酬账面价值=600(万元)

应付职工薪酬计税基础=600−0=600(万元)

(四)其他负债

企业的其他负债项目,如企业应交的罚款和滞纳金等,在尚未支付之前按照会计准则规定确认为费用,同时作为负债反映。税法规定,罚款和滞纳金不得税前扣除,其计税基础为账面价值减去未来期间计税时可予税前扣除的金额0之间的差额,即计税基础等于账面价值。

【例4-14】 甲公司因未按照税法规定缴纳税金,按规定需在2017年缴纳滞纳金100万元,至2017年12月31日,该款项尚未支付,形成其他应付款100万元。税法规定,企业因违反国家法律、法规规定缴纳的罚款、滞纳金不允许税前扣除。

分析:因应缴滞纳金形成的其他应付款账面价值为100万元,因税法规定该支出不允许税前扣除,其计税基础为100万元(=100−0)。

对于罚款和滞纳金支出,会计与税收规定存在差异,但该差异仅影响发生当期,对未来期间计税不产生影响,因而不产生暂时性差异。

五、特殊交易或事项产生的资产、负债的计税基础

除企业在正常生产经营活动中取得的资产和负债以外,对于某些特殊交易中产生的资产、负债,其计税基础的确定也应遵从税法的规定,如企业合并过程中取得资产、负债计税基础的确定。

《企业会计准则第20号——企业合并》中,视参与合并各方在合并前及合并后是否为同一方或相同的多方最终控制,将企业合并分为同一控制下的企业合并与非同一控制下的企业合并两种类型。由于会计准则与税法对企业合并的划分标准不同、处理原则不同,某些情况下,会造成企业合并中取得的有关资产、负债的入账价值与计税基础的差异。

六、暂时性差异及分类

(一)暂时性差异的概念

暂时性差异,是指资产或负债的账面价值与其计税基础之间的差额。因资产、负债的账面价值与其计税基础不同,产生了在未来收回资产或清偿负债的期间内,应纳税所得额增加或减少并导致未来期间应交所得税增加或减少的情况,形成企业的资产或负债,在有关暂时性差异发生当期,符合确认条件的情况下,应当确认相关的递延所得税

负债或递延所得税资产。

除因资产、负债的账面价值与其计税基础不同产生的暂时性差异以外，按照税法规定可以结转以后年度的未弥补亏损和税款抵减，也视同可抵扣暂时性差异处理。

（二）暂时性差异的分类

根据暂时性差异对未来期间应纳税所得额产生影响的不同，分为应纳税暂时性差异和可抵扣暂时性差异。在这些暂时性差异发生的当期，一般应当确认相应的递延所得税负债或递延所得税资产。

1. 应纳税暂时性差异

应纳税暂时性差异，是指在确定未来收回资产或清偿负债期间的应纳税所得额时，将导致应纳税所得额增加的暂时性差异。即本期产生的应纳税暂时性差异越多，未来期间应纳税所得额就越大，应交的所得税也越多。

应纳税暂时性差异通常产生于以下情况：

(1) 资产的账面价值大于其计税基础。资产的账面价值代表的是某项资产在持续持有及最终处置的一定期间内为企业带来的经济利益总额，而其计税基础代表的是该期间内按照税法规定该项资产可以税前扣除的总额。当资产的账面价值大于其计税基础时，意味着该资产在未来期间产生的经济利益总流入高于按照税法规定允许税前扣除的金额，其未来期间产生的经济利益不能全部税前扣除，进而增加未来期间应纳税所得额和应交所得税。

【例 4-15】 乙上市公司上年年末购入一项固定资产，原价为 400 万元，预计使用年限为 8 年，采用直线法计提折旧，预计净残值为零。税法规定折旧年限为 5 年。

分析：本年年末

固定资产的账面价值为 350 万元（＝400－400÷8）；

固定资产的计税基础为 320 万元（＝400－400÷5）。

资产账面价值＞资产计税基础，形成应纳税暂时性差异。

从当年年末看，乙上市公司在未来期间自该项资产至少可以取得 350 万元的经济利益流入，但其中只有 320 万元按照税法规定可以自未来应纳税所得额中扣除，两者之间的差额即为未来期间的应税金额 30 万元，为应纳税暂时性差异。

(2) 负债的账面价值小于其计税基础。一项负债的账面价值为企业预计在未来期间清偿该项负债时的经济利益流出，而其计税基础代表的是账面价值在扣除税法规定未来期间允许税前扣除的金额之后的差额。负债的账面价值小于其计税基础，则意味着就该项负债在未来期间可以税前抵扣的金额为负数，即应在未来期间应纳税所得额的基础上调增，增加应纳税所得额和应交所得税金额，产生应纳税暂时性差异。

2. 可抵扣暂时性差异

可抵扣暂时性差异，是指在确定未来收回资产或清偿负债期间的应纳税所得额时，将导致应纳税所得额减少的暂时性差异。即本期产生的可抵扣暂时性差异越多，未来期间应纳税所得额就越小，应交的所得税也越少。

可抵扣暂时性差异一般产生于以下情况：

(1) 资产的账面价值小于其计税基础。当资产的账面价值小于其计税基础时，意味着该资产在未来期间产生的经济利益总流入低于按照税法规定允许税前扣除的金额，进而减少未来期间应纳税所得额和应交所得税。

【例4-16】 库存商品的账面价值为200万元(账面余额260万元，已提存货跌价准备60万元)，其计税基础为260万元，资产账面价值＜资产计税基础，形成可抵扣暂时性差异60万元。根据资产、负债的账面价值与计税基础的经济含义分析，表明该项资产于未来期间产生的经济利益流入200万元低于按照税法规定允许税前扣除的金额260万元，减少未来期间应纳税所得额，减少未来期间以应交所得税的方式流出企业的经济利益。

(2) 负债的账面价值大于其计税基础。一项负债的账面价值大于其计税基础，意味着未来期间按照税法规定构成负债的全部或部分金额可以自未来应税经济利益中扣除，减少未来期间的应纳税所得额和应交所得税。

【例4-17】 沿用【例4-10】，预计负债的账面价值为200万元，预计负债计税基础为零，因负债账面价值＞负债计税基础，形成可抵扣暂时性差异200万元。

(三) 特殊项目产生的暂时性差异

1. 未作为资产、负债确认的项目产生的暂时性差异

某些交易或事项发生后，因为不符合资产、负债确认条件而未体现为资产负债表中的资产或负债，但按照税法规定能够确定其计税基础的，其账面价值(为零)与计税基础之间的差异也构成暂时性差异。如企业发生的符合条件的广告费和业务宣传费，除另有规定外，不超过当年销售收入15%的部分准予扣除；超过部分在以后纳税年度结转扣除。该类费用在发生时会按照会计准则规定计入当期损益，不形成资产负债表中的资产，但按照税法规定可以确定其计税基础的，两者之间的差异也形成暂时性差异。

【例4-18】 A公司2017年发生了2 000万元广告费支出，发生时已作为销售费用计入当期损益。税法规定，该类支出不超过当年销售收入15%的部分允许税前扣除，超过部分允许向以后年度结转税前扣除。A公司当年实现销售收入10 000万元。

分析：本例中，按会计准则规定，支出的2 000万元全部计入当期损益，不在资产负债表中体现，即该笔支出资产上的价值为0；但按税法规定，当期可以税前扣除的金额为1 500万元(＝10 000×15%)，超过税前扣除限额的500万元可以结转至以后年度税前扣除，该笔支出形成(资产)计税基础500万元。账面价值小于计税基础，形成可抵扣暂时性差异。

2. 可抵扣亏损及税款抵减产生的暂时性差异

按税法规定可以结转以后年度的未弥补亏损及税款抵减，虽不是因资产、负债的账面价值与计税基础不同产生的，但与可抵扣暂时性差异具有同样的作用，均能减少未来期间的应税所得额，在会计处理上视同为可抵扣暂时性差异。

【例 4－19】 A 公司 2017 年因政策性原因发生经营亏损 1 000 万元，按税法规定，该亏损可以抵减以后 5 年度的应税所得额。

分析：本例中，该经营亏损不是资产、负债的账面价值与其计税基础不同产生，但从性质上可以减少未来期间的应税所得额，属于可抵扣暂时性差异。

任务二　所得税费用的确认和计量

一、递延所得税资产的确认和计量

可抵扣暂时性差异在未来期间转回时会减少转回期间的应纳税所得额，减少未来期间的应交所得税，从其产生时点看，对企业是经济利益流入的概念，应确认为递延所得税资产。

（一）递延所得税资产的确认

资产、负债的账面价值与其计税基础不同产生可抵扣暂时性差异的，在估计未来期间能够取得足够的应纳税所得额用以利用该可抵扣暂时性差异时，应当以很可能取得用来抵扣暂时性差异的应纳税所得额为限，确认相关的递延所得税资产。也就是说，确认递延所得税资产的条件是要产生可抵扣暂时性差异，并且限额是未来期间很可能取得用来抵扣暂时性差异的应纳税所得额。有关交易或事项发生时，对会计利润或是应纳税所得额产生影响的，所确认的递延所得税资产应作为利润表中所得税费用的调整；有关的可抵扣暂时性差异产生于直接计入所有者权益的交易或事项，则确认的递延所得税资产也应计入所有者权益；企业合并时产生的可抵扣暂时性差异的所得税影响，应相应调整企业合并中确认的商誉或是应计入当期损益的金额。

通常情况下，企业在产生可抵扣暂时性差异的当期，应确认递延所得税资产，同时减少利润表中的所得税费用。即：

借：递延所得税资产　　××

　贷：所得税费用　　××

在未来期间转回可抵扣暂时性差异时，增加所得税费用，减少递延所得税资产。即：

借：所得税费用　　××

　贷：递延所得税资产　　××

除企业合并以外的其他交易或事项，如果该项交易或事项发生时既不影响会计利润也不影响应税所得额，则所产生的资产、负债的初始确认金额与其计税基础不同所形成的可抵扣暂时性差异，在交易或事项发生时不确认为相应的递延所得税资产。

【例 4－20】 沿用【例 4－3】，无形资产账面初始成本为 1 200 万元，而计税基础为 1 800 万元。在无形资产入账时，虽然产生了可抵扣暂时性差异 600 万元，但此时并非企业合并，同时在产生时不涉及会计利润也不影响应税所得额，故不确认递延所得税资产。

（二）递延所得税资产的计量

1．适用税率的确定

确认递延所得税资产时，应估计相关可抵扣暂时性差异的转回时间，采用转回期间适用的所得税税率为基础计算确定。如果适用所得税税率发生变化，则应按新税率计算递延所得税资产账面期末余额。另外，无论相关的可抵扣暂时性差异转回期间如何，递延所得税资产均不予折现。

递延所得税资产期末余额＝期末可抵扣暂时性差异×适用所得税税率

本期应确认递延所得税资产＝递延所得税资产期末余额－递延所得税资产期初余额（差额为正数表示确认，差额为负数表示转回）

2．递延所得税资产的减值

资产负债表日，企业应当对递延所得税资产的账面价值进行复核。如果未来期间很可能无法取得足够的应纳税所得额用以利用递延所得税资产的利益，应当减记递延所得税资产的账面价值。递延所得税资产的账面价值减记以后，继后期间根据新的环境和情况判断能够产生足够的应纳税所得额利用可抵扣暂时性差异，使得递延所得税资产包含的经济利益能够实现的，应相应恢复递延所得税资产的账面价值。

二、递延所得税负债的确认和计量

应纳税暂时性差异在未来期间转回时，会增加应纳税所得额和应交所得税金额，导致企业经济利益流出，从其产生的当期看，构成企业应支付税金的义务，应确认为递延所得税负债。

确认应纳税暂时性差异产生的递延所得税负债时，交易或事项发生时影响到会计利润或应纳税所得额的，相关的所得税影响应作为利润表中所得税费用的组成部分；有关的应纳税暂时性差异产生于直接计入所有者权益的交易或事项，则确认的递延所得税负债也应计入所有者权益；企业合并时产生的应纳税暂时性差异的所得税影响，应相应调整购买日确认的商誉或是计入当期损益的金额。

（一）递延所得税负债的确认

除企业会计准则中明确规定可不确认递延所得税负债的情况以外，企业对于所有的应纳税暂时性差异均应确认相关的递延所得税负债。除直接记入所有者权益的交易或事项以及企业合并外，在确认递延所得税负债的同时，应增加利润表中的所得税费用。

【例4－21】 甲公司于2017年1月1日开始计提折旧的某设备，取得成本为200万元，采用年限平均法计提折旧，使用年限为10年，预计净残值为0。假定计税时允许按双倍余额递减法计提折旧,使用年限及预计净残值与会计相同。甲公司适用的所得税税率为 25%。假定该企业不存在其他会计与税收处理的差异。

分析:2017 年该项固定资产按照会计规定计提的折旧额为 20 万元,计税时允许扣除的折旧额为 40 万元,则该固定资产的账面价值 180 万元与其计税基础 160 万元的差额构成应纳税暂时性差异,企业应确认递延所得税负债 5 万元[=(180－160)×25%]。

通常情况下,企业在产生应纳税暂时性差异当期,应确认递延所得税负债,同时增加利润表中的所得税费用。即:

借:所得税费用　　××

　贷:递延所得税负债　　××

在未来期间转回应纳税暂时性差异时,减少所得税费用,减少递延所得税负债。即:

借:递延所得税负债　　××

　贷:所得税费用　　××

如果企业发生的交易或事项不是企业合并的,并且交易或事项发生时既不影响会计利润也不影响应税所得额,则所产生的资产、负债的初始确认金额与其计税基础不同所形成的应纳税暂时性差异,在交易或事项发生时不确认为相应的递延所得税负债。

(二) 递延所得税负债的计量

递延所得税负债应以相关应纳税暂时性差异转回期间适用的所得税税率计量。如果适用所得税税率发生变化,则应按新税率计算递延所得税负债账面期末余额。另外,无论应纳税暂时性差异的转回期间如何,递延所得税负债不要求折现。

递延所得税负债期末余额＝应纳税暂时性差异×适用所得税税率

本期应确认递延所得税负债＝递延所得税负债期末余额－递延所得税负债期初余额(差额为正数表示确认,差额为负数表示转回)

【例 4－22】　B 公司于 2004 年末购入一台机器设备,成本为 210 000 元,预计使用年限为 6 年,预计净残值为 0。会计上按直线法计提折旧,因该设备符合税法规定的税收优惠条件,计税时可采用年数总和法计列折旧,假定税法规定的使用年限及净残值均与会计相同。假定该公司各会计期间均未对固定资产计提减值准备。2008 年以前适用 33%所得税税率,2008 起适用 25%所得税税率。

分析:在本例中,在会计处理上,各年折旧额均为 35 000 元。但按税法规定,各年折旧额可以采用年数总和法,各年折旧额不等,从而在该设备使用期内各期末会计账面价值与其计税基础不等,从而产生暂时性差异(在设备使用年限期满时,则账面价值与计税基础均为 0,不再有差异)。

该公司每年因固定资产账面价值与计税基础不同应予确认的递延所得税情况如表 4－1 所示。

表 4-1　固定资产递延所得税计算表

单位：元

	2005	2006	2007	2008	2009	2010
实际成本	210 000	210 000	210 000	210 000	210 000	210 000
累计会计折旧	35 000	70 000	105 000	140 000	175 000	210 000
账面价值	175 000	140 000	105 000	70 000	35 000	0
累计计税折旧	60 000	110 000	150 000	180 000	200 000	210 000
计税基础	150 000	100 000	60 000	30 000	10 000	0
暂时性差异	25 000	40 000	45 000	40 000	25 000	0
适用税率	33%	33%	25%	25%	25%	25%
递延所得税负债期末余额	8 250	13 200	11 250	10 000	6 250	0

(1) 2005 年资产负债表日。

该项固定资产的账面价值＝实际成本－会计折旧＝210 000－35 000＝175 000(元)

该项固定资产的计税基础＝实际成本－税前扣除的折旧额

＝210 000－60 000＝150 000(元)

因账面价值 175 000 元大于计税基础 150 000 元，两者之间差额 25 000 元为应纳税暂时性差异，应确认递延所得税负债 8 250 元。

本期应确认递延所得税负债＝25 000×33%－0＝8 250－0＝8 250(元)

借：所得税费用——递延所得税　　8 250

　贷：递延所得税负债　　8 250

(2) 2006 年资产负债表日。

该项固定资产的账面价值＝210 000－35 000－35 000＝140 000(元)

该项固定资产的计税基础＝210 000－60 000－50 000＝100 000(元)

因账面价值 140 000 元大于其计税基础 100 000 元，两者之间的差额 40 000 元为应纳税暂时性差异，应确认为与其相关的递延所得税负债 13 200 元，但递延所得税负债的期初余额为 8 250 元，当期应确认递延所得税负债 4 950 元。即：

应确认递延所得税负债＝40 000×33%－8 250＝13 200－8 250＝4 950(元)

借：所得税费用——递延所得税　　4 950

　贷：递延所得税负债　　4 950

(3) 2007 年资产负债表日。

该项固定资产的账面价值＝210 000－35 000×3＝105 000(元)

该项固定资产的计税基础＝210 000－60 000－50 000－40 000＝60 000(元)

应纳税暂时性差异＝105 000－60 000＝45 000(元)

应确认递延所得税负债＝45 000×25%－13 200＝－1 950(元)(转回)

这里的所得税税率要用转回期的 25%，而不是当期的 33%。

借:递延所得税负债　　1 950

　　贷:所得税费用——递延所得税　　1 950

(4) 2008 年资产负债表日。

该项固定资产的账面价值=210 000−35 000×4=70 000(元)

该项固定资产的计税基础=210 000−180 000=30 000(元)

因其账面价值 70 000 元大于其计税基础 30 000 元,两者之间的差额 40 000 元为应纳税暂时性差异,应确认为与其相关的递延所得税负债 10 000 元,但递延所得税负债的期初余额为 11 250 元,当期应转回原已确认的递延所得税负债 1 250 元。

应确认递延所得税负债=40 000×25%−11 250=−1 250(元)(转回)

借:递延所得税负债　　1 250

　　贷:所得税费用——递延所得税　　1 250

(5) 2009 年资产负债表日。

应确认递延所得税负债=6 250−10 000=−3 750(元)(转回)

借:递延所得税负债　　3 750

　　贷:所得税费用——递延所得税　　3 750

(6) 2010 年资产负债表日。

该项固定资产的账面价值及计税基础均为 0,两者之间不存在暂时性差异,原已确认的与该项资产相关的递延所得税负债应予全额转回,即应将原已确认的递延所得税负债 6 250 元全额转回。

应确认递延所得税负债=0−6 250=−6 250(元)(为转回)

借:递延所得税负债　　6 250

　　贷:所得税费用——递延所得税　　6 250

三、适用所得税税率变化对已确认递延所得税资产和递延所得税负债的影响

因适用税收法规的变化,导致企业在某一会计期间适用的所得税税率发生变化的,企业应对已确认的递延所得税资产和递延所得税负债按照新的税率进行重新计量。除直接计入所有者权益的交易或事项产生的递延所得税资产和递延所得税负债,相关的调整金额应计入所有者权益以外,其他情况下因税率变化产生的递延所得税资产和递延所得税负债的调整金额应确认为变化当期的所得税费用(或收益)。

四、所得税费用的确认与计量

企业核算所得税,主要是为确定当期应交所得税以及利润表中的所得税费用,从而确定各期实现的净利润。确认递延所得税资产和递延所得税负债,最终目的也是解决不同会计期间所得税费用的分配问题。按照在资产负债表债务法进行核算的情况下,利润表中的所得税费用由两个部分组成:当期所得税和递延所得税费用(或收益)。

（一）当期所得税确认与计量

当期所得税，是指企业按照税法规定计算确定的针对当期发生的交易和事项，应交纳给税务部门的所得税金额，即应交所得税，应以适用的税法法规为基础计算确定。

企业在确定当期所得税时，对于当期发生的交易或事项，会计处理与税收处理不同，应在会计利润的基础上，按照适用税收法规的要求进行调整，计算出当期应纳税所得额，按照应纳税所得额与适用所得税税率计算确定当期应交所得税。即：

当期所得税＝当期应交所得税
＝当期应纳税所得额×当期适用税率
＝（当期会计利润±纳税调整项目＋境外应税所得弥补境内亏损－弥补以前年度亏损）×当期适用税率

根据税法口径计算出当期应交所得税，编制分录为：

借：所得税费用——当期所得税　××
　贷：应交税费——应交所得税　××

（二）递延所得税费用（或收益）确认与计量

递延所得税费用（或收益），是指按照企业会计准则规定应予确认的递延所得税资产和递延所得税负债在期末应有的金额相对于以原已确认金额之间的差额，即递延所得税资产及递延所得税负债的当期发生额，但不包括直接计入所有者权益的交易或事项及企业合并的所得税影响。用公式表示为：

递延所得税费用（或收益）＝当期递延所得税负债的增加＋当期递延所得税资产的减少－当期递延所得税负债的减少－当期递延所得税资产的增加

或：递延所得税费用（或收益）＝（期末递延所得税负债－期初递延所得税负债）－（期末递延所得税资产－期初递延所得税资产）

值得注意的是，如果某项交易或事项按照企业会计准则规定应计入所有者权益，由该交易或事项产生的递延所得税资产或递延所得税负债及其变化即应计入所有者权益，不构成利润表中的递延所得税费用（或收益）。

（三）所得税费用的确认与计量

利润表中的所得税费用由两个部分组成：当期所得税和递延所得税。即：

所得税费用＝当期所得税费用＋递延所得税费用（－递延所得税收益）

任务三　所得税核算的应用

在资产负债表债务法下，所得税费用核算的步骤主要归纳为以下三步：

(1) 计算当期应交所得税。

(2) 计算暂时性差异，分别确认递延所得税资产、递延所得税负债的期末余额，然后计算递延所得税费用(或收益)。

(3) 计算所得税费用。

下面用实例说明所得税核算的过程：

【例 4-23】 甲公司所得税采用资产负债表债务法核算，所得税税率 25%，2014 年 12 月购入一台设备，原值 120 万元，预计使用 3 年，预计净残值为 0，按直线法计提折旧。2015 年 12 月 31 日，本年度实现利润总额 500 万元，其中取得国债利息收入 20 万元，因发生违法经营被罚款 10 万元，因违反合同支付违约金 30 万元，计提固定资产减值准备 20 万元，计提减值准备后，原预计使用年限和预计净残值不变。

分析：2015 年年末

(1) 计算当期应交所得税。

应纳税所得额＝500－20＋10＋20＝510(万元)

应交所得税＝510×25%＝127.50(万元)

(2) 计算暂时性差异和递延所得税费用(收益)。

会计固定资产折旧与税法规定一致，折旧额为 40 万元。

固定资产账面价值＝120－40－20＝60(万元)

固定资产计税基础＝120－40＝80(万元)

可抵扣暂时性差异＝80－60＝20(万元)

递延所得税资产＝20×25%－0＝5(万元)

递延所得税费用＝－5(万元)(说明是收益)

(3) 计算所得税费用。

所得税费用＝当期所得税费用＋递延所得税费用(－递延所得税收益)

　　　　　＝127.50－5＝122.50(万元)

借：所得税费用　　　　　　　　1 225 000

　　递延所得税资产　　　　　　　50 000

　　贷：应交税费——应交所得税　　　　1 275 000

【例 4-24】 沿用【例 4-23】，若 2016 年年末假设会计利润 200 万元，没有纳税调整项目。则：

应交所得税＝(200＋30－40)×25%＝190×25%＝47.5(万元)

会计折旧＝(120－40－20)÷2＝30(万元)

税法折旧＝120÷3＝40(万元)

固定资产账面价值＝120－40－20－30＝30(万元)

固定资产计税基础＝120－40－40＝40(万元)

可抵扣暂时性差异＝10(万元)

递延所得税资产＝10×25%－5＝2.5－5＝－2.5(万元)(转回)

递延所得税费用＝2.5(万元)(说明是费用)

所得税费用＝47.5＋2.5＝50(万元)

借：所得税费用　500 000

　　贷：递延所得税资产　25 000

　　　　应交税费——应交所得税　475 000

【例4－25】 沿用【例4－23】【例4－24】有关资料，若2017年年末假设会计利润300万元，没有纳税调整项目。则：

应交所得税＝(300＋30－40)×25%＝290×25%＝72.5(万元)

会计折旧＝30(万元)

税法折旧＝40(万元)

固定资产账面价值＝0

固定资产计税基础＝0

可抵扣暂时性差异＝0

递延所得税资产＝0－2.5＝－2.5(万元)(转回)

递延所得税费用＝2.5(万元)

所得税费用＝72.5＋2.5＝75(万元)

借：所得税费用　750 000

　　贷：递延所得税资产　25 000

　　　　应交税费——应交所得税　725 000

【例4－26】 甲公司2017年度利润表中利润总额为12 000 000元，该公司适用的所得税税率为25%，递延所得税资产及递延所得税负债不存在期初余额。

该公司2017年发生的有关交易和事项中，会计处理与税收处理存在差别的有：

(1) 2016年12月31日取得的一项固定资产，成本为6 000 000元，使用年限为10年，预计净残值为0，会计处理按双倍余额递减法计提折旧，税收处理按直线法计提折旧。假定税法规定的使用年限及预计净残值与会计规定相同。

(2) 向关联企业捐赠现金2 000 000元。

(3) 当年度发生研究开发支出5 000 000元，较上年度增长20%。其中3 000 000元予以资本化；截至2017年12月31日，该研发资产仍在开发过程中。税法规定，企业费用化的研究开发支出按150%税前扣除，资本化的研究开发支出按资本化金额的150%确定应予摊销的金额。

(4) 应付违反环保法规定罚款1 000 000元。

(5) 期末对持有的存货计提了300 000元的存货跌价准备。

分析：

(1) 2017 年度当期应交所得税。

应纳税所得额＝12 000 000＋600 000＋2 000 000－1 000 000＋1 000 000＋300 000
＝14 900 000(元)

应交所得税＝14 900 000×25%＝3 725 000(元)

(2) 2017 年度递延所得税。

该公司 2017 年 12 月 31 日有关资产、负债的账面价值和计税基础及相应的暂时性差异如表 4-2 所示。

表 4-2

单位:元

项　目	账面价值	计税基础	差　异	
			应纳税暂时性差异	可抵扣暂时性差异
存货	8 000 000	8 300 000		300 000
固定资产	4 800 000	5 400 000		600 000
开发支出	3 000 000	4 500 000		1 500 000
其他应付款	1 000 000	1 000 000		
合　计				2 400 000

本例中,由于存货、固定资产的账面价值与计税基础不同,产生可抵扣暂时性差异 900 000 元,确认了递延所得税收益 225 000 元;对于资本化的开发支出 3 000 000 元,其计税基础为 4 500 000 元(＝3 000 000×150%),该开发支出及所形成无形资产在初始确认时其账面价值与计税基础即存在差异,因该差异并非产生于企业合并,同时在产生时既不影响会计利润也不影响应纳税所得额,按照《所得税》准则规定,不确认与该暂时性差异相关的所得税影响。所以,递延所得税收益 225 000 元(＝900 000×25%)。

(3) 利润表中应确认的所得税费用。

所得税费用＝3 725 000－225 000＝3 500 000(元)

借:所得税费用　　3 500 000

　递延所得税资产　　225 000

　贷:应交税费——应交所得税　　3 725 000

【例 4-27】 沿用【例 4-26】中有关资料,假定丁公司 2017 年当期应交所得税为 4 620 000 元。资产负债表中有关资产、负债的账面价值与其计税基础相关资料如表 4-3 所示,除所列项目外,其他资产、负债项目不存在会计与税收规定的差异。

表 4-3

单位:元

项　目	账面价值	计税基础	差　异	
			应纳税暂时性差异	可抵扣暂时性差异
存货	16 000 000	16 800 000		800 000

续 表

项　目	账面价值	计税基础	差　异	
			应纳税暂时性差异	可抵扣暂时性差异
固定资产：				
固定资产原价	30 000 000	30 000 000		
减：累计折旧	5 560 000	4 600 000		
减：固定资产减值准备	2 000 000	0		
固定资产账面价值	22 440 000	25 400 000		2 960 000
无形资产	2 700 000	4 050 000		1 350 000
预计负债	1 000 000	0		1 000 000
总　计				6 110 000

分析：

(1) 当期应交所得税为 4 620 000 元。

(2) 当期递延所得税费用(收益)。

期末递延所得税资产＝(6 110 000－1 350 000)×25%＝4 760 000×25%

＝1 190 000(元)

期初递延所得税资产＝225 000(元)

递延所得税资产增加＝1 190 000－225 000＝965 000(元)

递延所得税收益＝965 000(元)

(3) 所得税费用。

所得税费用＝4 620 000－965 000＝3 655 000(元)

借：所得税费用　　3 655 000

　递延所得税资产　　965 000

　贷：应交税费——应交所得税　　4 620 000

课后练习

一、单项选择题

1. 甲公司于 2017 年 12 月 5 日取得一项固定资产，原价为 500 万元，使用年限为 10 年，净残值为 20 万元，会计上采用双倍余额递减法计提折旧。税法规定该项固定资产采用直线法计提折旧的可予税前扣除。2018 年 12 月 31 日的可抵扣暂时性差异为(　　)万元。

A. 50　　B. 46　　C. 52　　D. 48

2. 甲公司于当期发生研究支出500万元，其中研究阶段支出100万元，开发阶段符合资本化条件前发生的支出为100万元，符合资本化条件后发生的支出为300万元。税法规定该公司的研究开发支出形成无形资产的，按照无形资产成本的150%摊销。假定开发形成的无形资产在当期末已达到预定用途(尚未开始摊销)。则产生的暂时性差异为(　　)万元。

A. 150　　B. 300　　C. 750　　D. 450

3. 下列事项中，能够产生应纳税暂时性差异的是(　　)。

A. 某项固定资产第一年企业采用直线法而税法规定采用双倍余额递减法计提折旧

B. 有使用寿命的无形资产，企业计提无形资产减值准备

C. 投资企业与被投资企业单位适用的所得税税率相同，自被投资单位收取的现金股利或利润

D. 2017年12月因违反有关消防法规，接到消防部门处罚通知，要求其支付罚款200万元

4. 甲企业于2017年12月6日购入某项设备，取得成本为500万元，会计上采用直线法，使用年限为10年，净残值为0。计税时按双倍余额递减法计列折旧，使用年限及净残值与会计相同。甲企业适用的企业所得税税率为25%。假定该企业不存在其他会计与税收处理的差异。该项固定资产在期末未发生减值。则2018年资产负债表日企业应确认相关递延所得税负债为(　　)万元。

A. 50　　B. 12.5　　C. 33.5　　D. 25

5. 甲公司采用资产负债表债务法核算所得税，上期末"递延所得税负债"账户贷方余额为3 300万元，本期发生的应纳税暂时性差异的转回为1 000万元，适用的所得税税率为25%。则甲公司本期末"递延所得税负债"账户的贷方余额为(　　)万元。

A. 1 075　　B. 3 050　　C. 1 419　　D. 3 550

6. 某企业采用年数总和法计提折旧，税法规定采用平均年限法计提折旧。2018年税前会计利润为600万元，按平均年限法计提折旧为180万元，按年数总和法计提折旧为360万元，所得税税率25%。假定无其他纳税调整事项，则2018年应交所得税为(　　)万元。

A. 240　　B. 285　　C. 105　　D. 195

7. 某企业2018年因债务担保确认了预计负债800万元，担保方并未就该项担保收取与相应责任相关的费用，因产品质量保证确认预计负债200万元。假定税法规定与债务担保有关的费用不允许税前扣除。那么2018年年末企业的预计负债的计税基础为(　　)万元。

A. 800　　B. 600　　C. 1 000　　D. 200

8. A公司于2017年12月31日"预计负债——产品质量保证费用"科目贷方余额为200万元，2018年实际发生产品质量保证费用90万元，2018年12月31日预提产品质量保证费用120万元。2018年12月31日，下列关于预计负债产生的暂时性差异的

说法中正确的是(　　)。

A. 产生应纳税暂时性差异余额 230 万元

B. 产生可抵扣暂时性差异余额 230 万元

C. 产生应纳税暂时性差异余额 320 万元

D. 产生可抵扣暂时性差异余额 320 万元

9. 某企业采用资产负债表债务法核算所得税,上期适用的所得税税率为 33%,“递延所得税资产”科目的借方余额为 1 188 万元,本期适用的所得税税率为 25%(假设前期无法预期此次税率变动),本期计提无形资产减值准备 5 720 万元,上期已经计提的存货跌价准备于本期转回 1 200 万元,本期“递延所得税资产”科目的发生额为(　　)万元(不考虑除减值准备外的其他暂时性差异)。

A. 贷方 842　　B. 借方 842　　C. 借方 978　　D. 贷方 978

10. 某公司 2016 年 12 月 7 日购入的一套生产设备,原价为 2 000 万元,使用年限为 10 年,按照直线法计提折旧,税法规定允许按双倍余额递减法计提折旧,该设备的预计净残值为 0。2017 年年末企业对该项固定资产计提了 162 万元的固定资产减值准备。2018 年年末该项设备产生(　　)。

A. 应纳税暂时性差异 176 万元　　B. 应纳税暂时性差异 232 万元

C. 可抵扣暂时性差异 196 万元　　D. 可抵扣暂时性差异 202 万元

二、多项选择题

1. 固定资产在持有期间进行后续计量时,会计与税收处理的差异主要来自(　　)。

A. 折旧方法不同　　B. 折旧年限不同

C. 计提折旧的范围不同　　D. 固定资产减值准备的提取

2. 下列项目不会形成暂时性差异的是(　　)。

A. 当期购入到期一次还本付息的国债,确认国债利息收入 20 000 元

B. 以 1 000 000 元购入一项固定资产,取得当期会计折旧为 100 000 元,计税时就该项固定资产税前扣除的折旧额为 400 000 元

C. 某企业本年年末长期资产的减值余额为 80 万元,上年末相对应的资产减值准备余额为 60 万元。当年该类资产未发生相关的处置

D. 当年因违反税法规定应支付罚款 5 万元,确认为资产负债表中的负债。税法规定因违反国家有关规定支付的罚款和滞纳金不允许税前扣除

3. 下列项目中,关于递延所得税资产表述正确的有(　　)。

A. 有关交易或事项发生时,对税前会计利润或是应纳税所得额产生影响的,所确认的递延所得税资产应作为利润表中的所得税费用调整

B. 有关的可抵扣暂时性差异产生于直接计入的所有者权益的交易或事项,则确认的递延所得税资产也应计入所有者权益

C. 在估计未来期间能够取得足够的应纳税所得额用以利用该可抵扣暂时性差异

时,应当以很可能取得用来抵扣可抵扣暂时性差异的应纳税所得额为限,确认相关的递延所得税资产

D. 企业合并时产生的可抵扣暂时性差异的所得税影响,应相应调整合并中确认的商誉或是应计入当期损益的金额

4. 下列项目中,关于暂时性差异的表述正确的有(　　)。

A. 负债的账面价值大于其计税基础时,产生可抵扣暂时性差异

B. 资产的账面价值大于其计税基础时,产生应纳税暂时性差异

C. 负债的账面价值小于其计税基础时,产生应纳税暂时性差异

D. 资产的账面价值小于其计税基础时,产生可抵扣暂时性差异

5. 采用资产负债表债务法进行所得税会计核算时,一定时期的所得税费用包括(　　)。

A. 本期按税法计算的应交所得税

B. 本期发生的暂时性差异所产生的递延所得税负债

C. 本期转回的暂时性差异所产生的递延所得税资产

D. 由于税率变动或开征新税而对递延所得税负债账面余额的调整

三、判断题

1. 确认由可抵扣暂时性差异产生的递延所得税资产,应当以未来期间很可能取得用来抵扣可抵扣暂时性差异的应纳税所得额为限。(　　)

2. 负债的计税基础是指负债的账面价值中按照税法规定可予抵扣的金额。(　　)

3. 资产的计税基础是指企业收回资产账面价值过程中,计算应纳税所得额时按照税法规定可以自应税经济利益中抵扣的金额。(　　)

4. 资产的账面价值大于其计税基础或者负债的账面价值小于其计税基础的,产生可抵扣暂时性差异。(　　)

5. 应纳税暂时性差异,是指在确定未来收回资产或清偿负债期间的应纳税所得额时,将导致产生应税金额的暂时性差异。(　　)

6. 递延所得税资产的全部或部分经济利益无法实现时,应计提减值准备,该减值准备允许转回。(　　)

7. 递延所得税资产和递延所得税负债在会计报表中作为非流动资产和非流动负债列示,并且要求以折现值入账。(　　)

8. 资产负债表日,对于当期和以前期间形成的当期所得税负债(或资产),应当按照税法规定计算的预期应交纳(或返还)的所得税金额计量。(　　)

9. 2017 年 12 月 31 日,甲公司"交易性金融资产——成本"科目借方余额 600 万元,该交易性金融资产公允价值 560 万元。税法规定对于交易性金融资产,持有期间市价变动不计入应纳税所得额。则应确认应纳税暂时性差异 40 万元。(　　)

10. 与直接计入所有者权益的交易或者事项相关的当期所得税和递延所得税,应

当计入当期损益。 （ ）

四、计算及账务处理题

1. A公司于2015年1月1日开始对某行政用设备计提折旧，原价为60万元，假定无残值。会计上采用5年期直线法计提折旧，而税务上则采用6年期直线法确定折旧口径。A公司采用成本与可收回价值孰低法进行固定资产的期末计价。2015年年末可收回价值为36万元。该公司每年的税前会计利润为100万元，所得税税率为25%。

要求：采用资产负债表债务法做出2015—2018年所得税的会计处理。（在表4-4中填写数据进行计算）

表4-4 固定资产递延所得税计算表

单位：元

	2015	2016	2017	2018	2019	2020
实际成本						
累计会计折旧						
账面价值						
累计计税折旧						
计税基础						
暂时性差异						
适用税率						
递延所得税资产期末余额						

2. 天利公司于2017年年初开始营业，其当年的利润总额为150万元。在进行当年所得税纳税申报时，会计人员发现企业当期发生的交易和事项中，会计和税收处理之间存在差异的包括以下几项：

(1) 按照税法规定不允许扣除的费用3万元，因尚未支付，资产负债表中体现为其他应付款3万元。

(2) 按照税法规定应予免税的收入为2.5万元，资产负债表中体现为应收账款2.5万元。

(3) 某项资产计提减值准备20万元。

假定该企业于未来期间能够产生足够的应纳税所得额，适用的所得税税率为25%。

要求：就上述事项，确定天利公司2017年度应纳税所得额及应交所得税；确定哪些事项形成暂时性差异，并说明应确认递延所得税的情况。

3. 甲股份有限公司（下称“甲公司”）2017年有关所得税资料如下：

(1) 甲公司所得税采用资产负债表债务法核算，所得税税率为25%。年初递延所得税资产为37.5万元。

(2) 本年度实现利润总额500万元，其中取得国债利息收入20万元，因发生违法经营被罚款10万元，因违反合同支付违约金30万元(可在税前抵扣)，工资及相关附加超过计税标准60万元；上述收入或支出已全部用现金结算完毕。

(3) 年末计提固定资产减值准备50万元(年初减值准备为0)，使固定资产账面价值比其计税基础小50万元；转回存货跌价准备70万元，使存货可抵扣暂时性差异由年初余额90万元减少到年末的20万元。税法规定，计提的减值准备不得在税前抵扣。

(4) 年末计提产品保修费用40万元，计入销售费用。预计负债年末余额为100万元。税法规定，产品保修费在实际发生时可以在税前抵扣。

(5) 假设除上述事项外，没有发生其他纳税调整事项。

要求：

(1) 计算2017年应交所得税。

(2) 计算暂时性差异影响额，确认递延所得税资产和递延所得税负债。

(3) 计算2017年所得税费用。

(4) 编制会计分录。

项目五　会计政策、会计估计变更和差错更正的核算

1. 会计政策、会计估计及其变更和前期差错的概念
2. 会计政策变更的条件

1. 会计政策变更、会计估计变更的判断
2. 理解会计政策变更的会计处理
3. 掌握会计估计变更的会计处理
4. 理解前期差错更正的会计处理

任务一　会计政策变更的认知及核算

一、会计政策的概念

会计政策，是指企业在会计确认、计量和报告中所采用的原则、基础和会计处理方法。企业采用的会计计量基础也属于会计政策。其中，原则是指按照企业会计准则规定的，适合于企业会计核算所采用的具体会计原则；基础是指为了将会计原则应用于交易或事项而采用的基础，主要是计量基础（或计量属性），包括历史成本、重置成本、可变现净值、现值和公允价值等；会计处理方法是指企业在会计核算中按规定采用或选择的、适合于本企业的具体会计处理方法。

企业会计政策的选择和运用具有如下特点。

（一）企业应在国家统一的会计准则制度规定的会计政策范围内选择适用的会计政策

会计政策是在允许的会计原则、计量基础和会计处理方法中做出的指定或具体选择。由于企业经济业务的复杂性和多样性，某些经济业务在符合会计原则和计量

基础的要求下，可以有多种会计处理方法，即存在不止一种可供选择的会计政策。例如，确定发出存货的实际成本时可以在先进先出法、加权平均法或者个别计价法中进行选择。

同时，我国的会计准则和会计制度属于行政规章，会计政策所包括的会计原则、计量基础和具体会计处理方法由会计准则或会计制度规定，具有一定的强制性。企业必须在法规所允许的范围内选择适合本企业实际情况的会计政策。

（二）会计政策涉及会计原则、会计基础和具体会计处理方法

会计原则包括一般原则和特定原则。会计政策所指的会计原则是指某一类会计业务的核算所应遵循的特定原则，而不是笼统地指所有的会计原则。例如，借款费用是费用化还是资本化，即属于特定会计原则。可靠性、相关性等属于会计信息质量要求，是为了满足会计信息质量要求而指定的原则，是统一的、不可选择的，不属于特定原则。

会计基础包括会计确认基础和会计计量基础。可供选择的会计确认基础包括权责发生制和收付实现制。会计计量基础主要包括历史成本、重置成本、可变现净值、现值和公允价值等。由于我国企业应当采用权责发生制作为会计确认基础，不具备选择性，所以会计政策所指的会计基础，主要是会计计量基础（即计量基础）。

具体会计处理方法，是指企业根据国家统一的会计准则制度允许选择的、对某一类会计业务的具体处理方法做出的具体选择。

会计原则、会计基础和会计处理方法三者之间是一个具有逻辑性的、密不可分的整体，通过这个整体，会计政策才能得以应用和落实。

（三）会计政策应当保持前后各期的一致性

企业通常应在每期采用相同的会计政策。企业选用的会计政策一般情况下不能也不应当随意变更，以保持会计信息的可比性。

企业在会计核算中所采用的会计政策，通常应在报表附注中加以披露，需要披露的会计政策项目主要有以下几项：财务报表的编制基础、计量基础和会计政策的确定依据；存货的计价方法；长期股权投资的后续计量；投资性房地产的后续计量；固定资产的初始计量；无形资产的确认；非货币性资产交换的计量；收入的确认；借款费用的处理；外币折算；企业合并政策等。

【例 5－1】　下列项目中不属于会计政策的是（　　）。

A. 发出存货计价方法

B. 固定资产的初始计量方法

C. 投资性房地产的后续计量

D. 固定资产预计使用年限

分析：固定资产预计使用年限不属于会计政策，属于会计估计的内容。正确答案是 D。

二、会计政策变更的概念及会计政策变更的条件

(一) 会计政策变更的概念

会计政策变更,是指企业对相同的交易或事项由原来采用的会计政策改用另一会计政策的行为。

一般情况下,为保证会计信息的可比性,使财务报告使用者在比较企业一个以上期间的财务报表时,能够正确判断企业的财务状况、经营成果和现金流量的趋势,企业在不同的会计期间应采用相同的会计政策,不应也不能随意变更会计政策。需要注意的是,企业不能变更会计政策并不意味着企业的会计政策在任何情况下均不能变更。

(二) 会计政策变更的条件

会计政策变更并不意味着以前期间的会计政策是错误的,而是由于情况发生了变化,或者掌握了新的信息,积累了更多的经验,使得变更会计政策能够更好地反映企业的财务状况、经营成果和现金流量。

符合下列条件之一的,企业可以变更会计政策。

1. 法律、行政法规或者国家统一的会计制度等要求变更

这种情况是指法律、行政法规或者国家统一的会计制度要求企业采用新的会计政策。在这种情况下,企业应按规定改变原会计政策,采用新的会计政策。例如,《企业会计准则第1号——存货》对发出存货实际成本的计价排除了后进先出法,这就要求原采用后进先出法的企业改用准则规定的其他会计政策。

2. 会计政策变更能够提供更可靠、更相关的会计信息

这种情况是指由于经济环境、客观情况的改变,使企业采用原来的会计政策所提供的会计信息已不能恰当地反映企业的财务状况、经营成果和现金流量等情况,因而有必要采用新的会计政策以便对外提供更可靠、更相关的会计信息。

(三) 不属于会计政策变更的情形

1. 本期发生的交易或者事项与以前相比具有本质差别而采用新的会计政策

例如,某企业以往租入的设备均为临时需要而租入的,企业按经营租赁会计处理方法核算,但自本年度起租入的设备均采用融资租赁会计处理方法核算。该企业原租入的设备均为经营租赁,本年度起租赁的设备均为融资租赁,由于经营租赁和融资租赁有着本质差别,因而改变会计政策不属于会计政策变更。

2. 对初次发生的或不重要的交易或者事项采用新的会计政策

例如,某企业第一次签订一项建造合同,为另一企业建造三栋厂房,该企业对该项建造合同采用完工百分比法确认收入。由于该企业初次发生该项交易,采用完工百分比法确认该项交易的收入,不属于会计政策变更。又如,某企业原在生产经营过程中使

用少量的低值易耗品，并且价值较低，故企业于领用低值易耗品时一次性计入费用；该企业于近期转产，生产新的产品，所需低值易耗品比较多，且价值较大，企业对领用的低值易耗品处理方法，改为分期摊销的方法计入费用。该企业改变低值易耗品处理方法后，对损益的影响并不大，并且低值易耗品通常在企业生产经营中所占的比例不大，属于不重要的事项，因而改变会计政策不属于会计政策变更。

常见的属于会计政策变更的事项有：发出存货计价方法的变更；长期股权投资核算方法的变更；投资性房地产后续计量方法的变更；非货币性资产交换计量方法的变更；收入确认方法的变更；债券溢价或折价摊销方法的变更；借款费用处理方法的变更；所得税核算方法的变更。

【例 5-2】 下列情形中属于会计政策变更的是（　　）。

A. 本期发生的交易或事项与以前相比具有本质差别而采用新的会计政策

B. 投资性房地产由公允价值模式变更为成本模式计量

C. 对于低值易耗品，摊销方法由分次摊销法改为五五摊销法

D. 由于经济环境发生变化，企业将存货发出的计价方法由先进先出法改为加权平均法

分析：以下两种情形不属于《企业会计准则》所定义的会计政策变更：① 当期发生的交易或事项与以前相比具有本质差别，而采用新的会计政策；② 对初次发生的或不重要的交易或事项采用新的会计政策。因此，选项 A、C 不属于会计政策变更。在下述两种情形下企业可以变更会计政策：① 法律或会计准则等行政法规、规章要求变更；② 变更会计政策以后，能够使所提供的企业财务状况、经营成果和现金流量信息更为可靠、更为相关。因此，选项 D 属于会计政策变更。投资性房地产已采用公允价值模式计量的，不得从公允价值模式转为成本模式，因而选项 B 属于会计差错。正确答案是 D。

三、会计政策变更的会计处理

（一）会计政策变更的会计处理方法的确定

（1）企业根据法律、行政法规或者国家统一的会计制度等要求变更会计政策的，应当按照国家相关会计规定执行。也就是说，如果法律或会计准则等行政法规、规章要求企业变更会计政策，且国家发布了相关的会计处理办法，则按照国家发布的相关会计处理规定处理。

（2）会计政策变更能够提供更可靠、更相关的会计信息的。根据不同情形分别采用追溯调整法和未来适用法。如果能计算会计政策变更累积影响数，应当采用追溯调整法处理；如果确定该项会计政策变更累积影响数不切实可行的，采用未来适用法。

（二）追溯调整法

1. 追溯调整法的概念

追溯调整法是指对某项交易或事项变更会计政策，视同该项交易或事项初次发生

时即采用变更后的会计政策，并以此对财务报表相关项目进行调整的方法。

2. 追溯调整法的处理步骤

追溯调整法要求将会计政策变更累积影响数调整列报前期最早期初留存收益，其他相关项目的期初余额和列报期披露的其他比较数据也应当一并调整。

(1) 计算会计政策变更的累积影响数。

会计政策变更累积影响数，是指按照变更后的会计政策对以前各期追溯计算的列报前期最早期初留存收益应有金额与现有金额之间的差额。会计政策变更的累积影响数，是假设与会计政策变更相关的交易或事项在初次发生时即采用新的会计政策，而得出的列报前期最早期初留存收益应有金额与现有金额之间的差额。在财务报表只提供列报项目上一个可比会计期间比较数据的情况下，"现有金额"是指变更会计政策当期期初的留存收益金额，即上期资产负债表所反映的留存收益期末数；"追溯计算"后的"期初留存收益"是指按新政策计算的税后净额。即：

会计政策变更累积影响数＝按新政策计算的列报前期最早期初留存收益－按旧政策计算的列报前期最早期初留存收益

可以看出，会计政策变更的累积影响数，是变更会计政策所导致的对净损益的累积影响，以及由此导致的对利润分配及未分配利润的累积影响，不包括分配的利润或股利。

计算累积影响数的步骤如下：

第一步，根据新的会计政策重新计算受影响的前期交易或事项；

第二步，计算两种会计政策下的差异；

第三步，计算差异的所得税影响金额；

第四步，确定以前各期的税后差异；

第五步，计算会计政策变更的累积影响数。

(2) 编制相关项目的调整分录。

(3) 调整列报前期最早期初财务报表相关项目及金额。

(4) 附注说明。

3. 追溯调整法的运用

【例 5-3】 甲公司 2015 年、2016 年分别以 450 万元和 110 万元的价格从股票市场购入 A、B 两支以交易为目的的股票(假设不考虑相关税费)，市价一直高于购入成本。公司采用成本与市价孰低法对购入股票进行计量。公司从 2017 年起对其以交易为目的的购入的股票由成本与市价孰低法改为公允价值计量。公司保存的会计资料比较齐备，可以通过会计资料追溯计算。假设所得税税率为 25%，公司按净利润的 10%提取法定盈余公积，按净利润的 5%提取任意盈余公积。公司发行股份额为 4 500 万股。

两种方法计量的交易性金融资产账面价值如表 5-1 所示。

表 5-1　两种方法计量的交易性金融资产账面价值　　单位:万元

股票 法律政策	成本与市价孰低	20×5 年年末 公允价值	20×6 年年末 公允价值
A 股票	450	510	510
B 股票	110	—	130

根据上述资料,甲公司会计处理如下:

(1) 计算改变交易性金融资产计量方法后的累积影响数,如表 5-2 所示。

表 5-2　改变交易性金融资产计量方法后的累积影响数　　单位:万元

时　间	公允价值	成本与 市价孰低	税前差异	所得税 影响	税后差异
2015 年年末	510	450	60	15	45
2016 年年末	130	110	20	5	15
合　计	640	560	80	20	60

甲公司 2017 年 12 月 31 日的比较财务报表列报前期最早期初为 2016 年 1 月 1 日。

从表 5-2 可以看出,2015 年年末的累积影响数为 45 万元,2016 年年末的累积影响数为 15 万元。

同时,这里的所得税影响相当于公允价值变动影响,按照税法规定,在当期不作为计税基础,从而导致会计账面价值大于计税基础,应确认为递延所得税负债。

(2) 编制相关会计分录。

① 2015 年有关事项的调整分录。

借:交易性金融资产——公允价值变动　　600 000
　贷:递延所得税负债　　150 000
　　盈余公积——法定盈余公积　　45 000
　　　　　——任意盈余公积　　22 500
　　利润分配——未分配利润　　382 500

② 2016 年有关事项的调整分录。

借:交易性金融资产——公允价值变动　　200 000
　贷:递延所得税负债　　50 000
　　盈余公积——法定盈余公积　　15 000
　　　　　——任意盈余公积　　7 500
　　利润分配——未分配利润　　127 500

4. 财务报表调整

企业应当在会计政策变更当年,调整资产负债表年初留存收益数,以及利润表上年数,所有者权益变动表上年数、本年数等有关项目。报表列示见表 5-3、表 5-4 和表 5-5。

表 5－3　资产负债表(简表)*

会企 01 表

编制单位:甲公司　　2017 年 12 月 31 日　　单位:万元

资　产	年初余额			负债和股东权益	年初余额		
	调整前	调增(减)	调整后		调整前	调增(减)	调整后
……				……			
				递延所得税负债	0	＋20	20
交易性金融资产	560	＋80	640	盈余公积	390	90	399
				未分配利润	1 008	51	1 059
……				……			

*　期末余额栏略

表 5－4　利润表(简表)

会企 02 表

编制单位:甲公司　　2017 年度　　单位:万元

项　目	本期金额(略)	上期金额(2016)		
		调整前	调增(减)	调整后
一、营业收入		5 000	—	5 000
减:……				
加:公允价值变动损益		0	＋20※	20
二、营业利润		560	＋20	580
……				
三、利润总额		570	＋20	590
减:所得税费用		142.5	＋5	147.5
四、净利润		427.5	15	442.5
……				
基本每股收益*		0.095	0.003 3	0.098 3

※只能选 2016 年的公允价值变动数

*等于净利除以发行股票份额

表 5－5　所有者权益变动表(简表)

会企 04 表

编制单位:甲公司　　2017 年度　　单位:万元

项　目	本年金额				上年金额			
……	……	盈余公积	未分配利润	合计	……	盈余公积	未分配利润	合计
一、上年年末余额		＋6.75	＋38.25	＋45				
加:会计政策变更		＋2.25	＋12.75	＋15		＋6.75	＋38.25	＋45
前期差错更正								
二、本年年初余额								
……								

(三) 未来适用法

未来适用法是指将变更后的会计政策应用于变更日及以后发生的交易或者事项，或者在会计估计变更当期和未来期间确认会计估计变更影响数的方法。

采用这种方法不需计算会计政策变更的累计影响数，无须重编以前年度的财务报表。只在变更当年采用新的会计政策，变更之日企业会计账簿记录及财务报表上仍保留原有的金额，不因会计政策变更而改变以前年度的既定结果，并在现有金额基础上按新的会计政策进行核算。

【例 5-4】 某企业原先对发出存货采用后进先出法，由于采用新准则，从 2017 年起改用先进先出法。2017 年 1 月 1 日存货的账面价值为 250 万元，公司当年购入存货的实际成本为 1 800 万元，2017 年 12 月 31 日按先进先出法计算确定的存货价值为 450 万元，当年销售额为 2 500 万元，假设该年度其他费用为 120 万元，所得税税率为 25%。2017 年 12 月 31 日按后进先出法计算的存货价值为 220 万元。

分析：根据上述资料，该企业不必进行会计处理，在 2017 年 1月 1日采用先进先出法即可，存货期初余额仍为 250 万元。

计算确定会计政策变更对当期净利润的影响如表 5-6 所示。

表 5-6　当期净利润的影响数计算表　　单位：万元

项　目	先进先出法	后进先出法
营业收入	2 500	2 500
减：营业成本※	1 600*	1 830**
其他费用	120	120
利润总额	780	550
减：所得税	195	137.5
净利润	585	412.5
差　额	172.5	

※营业成本＝期初存货＋购入存货实际成本－期末存货

*1 600＝250＋1 800－450

**1 830＝250＋1 800－220

公司由于会计政策变更使当期净利润增加了 172.5 万元。其中，采用先进先出法的销售成本为 1 600 万元；采用后进先出法的销售成本为 1 830 万元。

四、会计政策变更的披露

企业应当在附注中披露与会计政策变更有关的下列信息：

(1) 会计政策变更的性质、内容和原因。包括：对会计政策变更的简要阐述、变量日期、变更前采用的会计政策和变更后所采用的新会计政策及会计政策变更的原因。

(2) 当期和各个列报前期财务报表中受影响的项目名称和调整金额。包括:采用追溯调整法时,计算出的会计政策变更的累积影响数;当期和各个列报前期财务报表中需要调整的净损益及其影响金额,以及其他需要调整的项目名称和调整金额。

(3) 无法进行追溯调整的,说明该事项和原因以及开始应用变更后的会计政策的时点、具体应用情况。包括:无法进行追溯调整的事实;确定会计政策变更对列报前期影响数不切实可行的原因;在当期期初确定会计政策变更对以前各期累积影响数不切实可行的原因;开始应用新会计政策的时点和具体应用情况。

需要注意的是,在以后各期财务报表中,不需要重复披露以前期间的附注中已披露的会计政策变更的信息。

【例 5-5】 沿用【例 5-3】,应在财务报表附注中做如下说明:

本公司 2017 年按照会计准则规定,对交易性金融资产计量由成本与市价孰低改为以公允价值计量。此项会计政策变更采用追溯调整法,2017 年比较财务报表已重新表述。2016 年的期初动作新会计政策追溯计算的会计政策变更累积影响数为 45 万元,调增 2016 年期初留存收益 45 万元。其中,调增未分配利润 38.25 万元,调增盈余公积 6.75 万元。会计政策变更对 2017 年财务报表本年金额的影响为调增未分配利润 12.75 万元,调增盈余公积 2.25 万元,调增净利润 15 万元。

【例 5-6】 沿用【例 5-4】,应在财务报表附注中做如下说明:

本公司对存货原先采用后进先出法计价,由于施行新会计准则,改用先进先出法计价。按照《企业会计准则第 38 号——首次执行企业会计准则》的规定,对该项会计政策变更采用未来适用法。由于该项会计政策变更,当期净利润增加了 172.5 万元。

任务二 会计估计变更的认知及核算

一、会计估计及其变更

(一) 会计估计的概念

会计估计是指企业对其结果不确定的交易或事项以最近可利用的信息为基础所做的判断。

会计估计的主要特点有以下几个方面。

1. 需要进行会计估计的根本原因是由于企业的经济活动中存在不确定性因素

如固定资产的折旧年限、固定资产残值等需要根据经验做出估计。

2. 进行会计估计的依据是最近可利用的信息或资料

企业在进行会计估计时,应根据当时的情况和经验,以最近可利用的信息或资料为基础进行。如经济诉讼可能引起的赔偿、坏账准备、折旧等,随着时间的推移、环境的变化,会计估计的基础也会发生变化,为了和估计的会计信息能最接近实际,进行会计估计时应以最近可以利用的信息或资料为基础。

3. 进行会计估计并不会削弱会计确认和计量的可靠性

进行合理的会计估计是会计核算中必不可少的部分，它不会削弱会计核算的可靠性。估计是建立在具有确凿证据的前提下，而不是随意的，企业根据当时可靠证据做出的最佳估计，不会削弱会计核算的可靠性。

常见的重要的会计估计有：存货可变现净值的确定；采用公允价值计量模式下的投资性房地产公允价值的确定；固定资产预计使用寿命与净残值；固定资产的折旧方法；无形资产使用寿命的预计与净残值；合同完工进度的确定；债务人债务重组中转让的非现金资产的公允价值、由债务转成的股份的公允价值和修改其他债务条件后债权的公允价值的确定；预计负债初始计量的最佳估计数的确定；对未确认融资费用和未实现融资收益的分摊等。

（二）会计估计变更

会计估计变更，是指由于资产和负债的当前状况及预期经济利益和义务发生了变化，从而对资产或负债的账面价值或者资产的定期消耗金额进行调整。

由于企业经营活动中内在不确定影响，某些财务报表项目不能精确地计量，而只能加以估计，即以最近可以得到的信息为基础做出判断。如果赖以进行估计的基础发生了变化，或者由于取得新的信息、积累更多的经验以及后来的发展变化（注意不是以前期间会计估计错误），可能需要对会计估计进行修订。

通常情况下，企业可能由于以下原因而发生会计估计变更。

1. 赖以进行估计的基础发生了变化

企业进行会计估计，总是依赖于一定的基础，如果其所依赖的基础发生了变化，则会计估计也应相应做出改变。例如，企业某项无形资产的摊销年限原定为 10 年，以后发生的情况表明，该资产的受益年限已不足 10 年，则应相应调减摊销年限。

2. 取得了新的信息，积累了更多的经验

企业进行会计估计是就现有资料对未来所做的判断，随着时间的推移，企业有可能取得新的信息、积累更多的经验，在这种情况下，也需要对会计估计进行修订。例如，企业原对固定资产采用年限平均法按 15 年计提折旧，后来根据新得到的信息，固定资产经济使用寿命不足 15 年，只有 10 年，企业改为按 10 年采用年限平均法计提固定资产折旧。

会计估计变更的依据应当真实、可靠。但会计估计变更并不意味着原来的会计估计是错误的，它只是表明，由于情况发生了变化，或者掌握了新的信息，积累了更多的经验，对原来的会计估计进行修正可以更好地反映企业的财务状况和经营成果。如果以前期间的会计估计是错误的，则属于差错，按前期差错更正的规定进行会计处理。

【例 5-7】 下列项目中，属于会计估计变更的是（　　）。

A. 为增加企业当期利润，将所有设备的折旧年限延长 5 年

B. 发出存货计价方法由先进先出法改为加权平均法

C. 因执行新企业会计准则将建造合同收入确认方法由完成合同法转为完工百分比法

D. 无形资产的摊销方法由直线法改为工作量法

分析:选项 A 属于是滥用会计估计变更,应作为会计差错进行更正;选项 B、C 属于会计政策变更。正确答案是 D。

二、会计估计变更的会计处理

企业对会计估计变更应当采用未来适用法处理。即在会计估计变更当期及以后期间采用新的会计估计,不改变以前期间的会计估计,也不调整以前期间的报告结果。

(1) 会计估计的变更仅影响变更当期的,其影响数应当在变更当期予以确认。例如,企业原按应收账款余额的 5%提取坏账准备,由于企业不能收回应收账款的比例已达 10%,则企业改为按应收账款余额的 10%提取坏账准备,这类会计估计的变更,只影响变更当期。因此,应于变更当期确认。

(2) 会计估计的变更既影响变更当期又影响未来期间的,其影响数应当在变更当期和未来期间予以确认。例如,应计提折旧的固定资产,有效使用年限或预计净残值的估计发生的变更,常常影响变更当期及资产以后使用年限内各个期间的折旧费用。因此,这类会计估计的变更,应于变更当期及以后各期确认。

(3) 难以对某项变更区分为会计政策变更或会计估计变更的,应当将其作为会计估计变更处理。

会计估计变更的影响数应计入变更当期与前期相同的项目中。为了保证不同期间的财务报表具有可比性,如果以前期间的会计估计变更的影响数计入企业日常经营活动损益,则以后期间也应计入日常经营活动损益;如果以前期间的会计估计变更影响计入特殊项目,则以后期间也应计入特殊项目。

【例 5-8】 ABC 公司于 2013 年 1 月 1 日起计提折旧的管理用设备一台,价值 84 000 元,估计使用年限为 8 年,净残值为 4 000 元,按直线法计提折旧。至 2017 年年初,由于新技术的发展等原因,需要对原估计的使用年限和净残值做出修正,修改后该设备的耐用年限为 6 年,净残值为 2 000 元。本公司适用所得税税率为 25%。假定税法允许按变更后的折旧额在税前扣除。

分析:ABC 公司对上述估计变更的处理方式如下:① 不调整以前各期折旧,也不计算累积影响数;② 变更日以后发生的经济业务改为按新估计使用年限提取折旧。

按原估计,每年折旧额为 10 000 元,已提折旧 4 年,共计 40 000 元,固定资产净值为 44 000 元,则第五年相关科目的期初余额如表 5-7 所示。

表5－7　相关科目年初余额表

单位:元

项　目	金　额
固定资产	84 000
减:累计折旧	40 000
固定资产净值	44 000

改变估计使用年限后,2017年起每年计提的折旧费用为21 000元[＝(44 000－2 000)÷(6－4)]。2017年不必对以前年度已提折旧进行调整,只需按重新预计的使用年限和净残值计算确定的年折旧费用,编制会计分录如下:

借:管理费用　　21 000

　贷:累计折旧　　21 000

三、会计估计变更的披露

企业应当在附注中披露与会计估计变更有关的下列信息:

(1) 会计估计变更的内容和原因。包括变更的内容、变更的日期以及为什么要对会计估计进行变更。

(2) 会计估计变更对当期和未来期间的影响数。包括会计估计变更对当期和未来期间损益的影响金额,以及对其他各项目的影响金额。

(3) 会计估计变更的影响数不能确定的,披露这一事实和原因。

【例5－9】　沿用【例5－8】,应在财务报表附注中做如下说明:

本公司一台管理用设备,原始价值84 000元,原估计使用年限为8年,预计净残值4 000元,按直线法计提折旧。由于新技术的发展,该设备已不能按原估计使用年限计提折旧,本公司于2011年年初变更该设备的耐用年限为6年,预计净残值为2 000元,以反映该设备的真实耐用年限和净残值。此估计变更影响本年度净利润减少数为8 250元[＝(21 000－10 000)×(1－25%)]。

任务三　前期差错更正的认知及核算

一、前期差错

前期差错,是指由于没有运用或错误运用下列两种信息,而对前期财务报表造成省略或错报:① 编报前期财务报表时预期能够取得并加以考虑的可靠信息;② 前期财务报告批准报出时能够取得的可靠信息。

前期差错通常包括七个方面。

（一）计算以及账户分类错误

如因计算错误，将固定资产折旧由5 000元错算为4 500元；将准备持有至到期的5年期国债记入了交易性金融资产。

（二）应用会计政策错误

例如，按照会计准则规定，为购建固定资产而发生的借款费用，在固定资产达到预定可使用状态后发生的，计入当期损益。如果企业将固定资产达到预定可使用状态后发生的借款费用，计入该项固定资产价值，予以资本化，则属于采用法律、行政法规或国家统一的会计制度等所不允许的会计政策。

（三）疏忽或曲解事实以及舞弊产生的影响

例如，企业对某项建造合同应按建造合同规定的方法确认营业收入，但企业却按确认商品销售收入的原则确认收入。

（四）在期末未对应计项目与递延项目进行调整

例如，应调整的递延所得税资产、递延所得税负债等。

（五）漏记已完成的交易

例如，对已取得的存货、固定资产资产未予入账而出现的盘盈（占企业当年末存货和固定资产余额的10%以上的）。

（六）提前确认尚未实现的收入或不确认已实现的收入

例如，委托代销商品时，委托方应在收到对方代销清单时确认为销售的实现。如果企业在发出商品时即确认为收入实现则为提前确认尚未实现的收入；反之，如果在收到对方代销清单时，不确认收入的实现则为不确认已实现的收入。

（七）资本性支出与收益性支出划分的错误

例如，将在建工程人员工资计入了当期损益，则属于将资本性支出错分为收益性支出。

二、前期差错更正的会计处理

前期差错按照重要程度分为重要的前期差错和不重要的前期差错。重要的前期差错，是指足以影响财务报表使用者对企业财务状况、经营成果和现金流量做出正确判断的前期差错。不重要的前期差错，是指不足以影响财务报表使用者对企业财务状况、经营成果和现金流量做出正确判断的前期差错。

（一）重要的前期差错的会计处理

对于重要的前期差错，如果能够合理确定前期差错累积影响数，则重要的前期差错的更正应采用追溯重述法。追溯重述法，是指在发现前期差错时，视同该项前期差错从未发生过，从而对财务报表相关项目进行更正的方法。前期差错累积影响数是指前期差错发生后对差错期间每期净利润的影响数之和。追溯重述法的会计处理与追溯调整法相同。

如果确定前期差错累积影响数不切实可行，可以从可追溯重述的最早期间开始调整留存收益的期初余额，财务报表其他相关项目的期初余额也应当一并调整，也可以采用未来适用法。

企业应当在发现当期的财务报表中，调整前期比较数据。具体地说，企业应当在重要的前期差错发现当期的财务报表中，通过下述处理对其进行追溯更正：

（1）追溯重述差错发生期间列报的前期比较金额；

（2）如果前期差错发生在列报的最早前期之前，则追溯重述列报的最早前期的资产、负债和所有者权益相关项目的期初余额。

发生的前期差错，如影响损益，应将其对损益的影响数进行调整，发现当期的期初留存收益，财务报表其他相关项目的期初数也一并调整；如果不影响损益，应调整财务报表相关项目的期初数。重大前期差错涉及损益的，需要通过“以前年度损益调整”代替相关损益类账户进行核算，最后将净利润影响结转至留存收益相关账户（盈余公积和利润分配——未分配利润）。

在编制财务报表时，对于比较财务报表期间的重要的前期差错，应调整各该期间的净损益和其他相关项目，视同该差错在产生的当期已经更正。对于比较财务报表期间以前的重要的前期差错，应调整比较财务报表最早期间的期初留存收益，财务报表其他相关项目也应一并调整。

【例5-10】 甲公司在2017年发现，2016年公司漏记一项管理部门固定资产折旧费用150 000元（重要影响），所得税申报表中未扣除该项费用。假设2016年适用所得税税率为25%，无其他纳税调整事项。该公司按净利润的10%、5%提取法定盈余公积和任意盈余公积。公司发行股票份额为180万股。假定税法允许调整应交所得税。

（1）分析前期差错影响数。

2016年少计折旧费用150 000元；多计所得税费用37 500元（=150 000×25%），多计净利润112 500元；多计应交税费37 500元；多提法定盈余公积11 250元（=112 500×10%）和任意盈余公积5 625元（=112 500×5%），多计未分配利润95 625元（=112 500－22 250－5 625）。

（2）会计处理。

① 补提折旧：

借：以前年度损益调整	150 000	
贷：累计折旧		150 000

② 调整应交所得税：

借：应交税费——所得税　　37 500

　贷：以前年度损益调整　　37 500

③ 结转以前年度损益调整至留存收益：

借：盈余公积——法定盈余公积　　11 250

　　　　——任意盈余公积　　5 625

　利润分配——未分配利润　　95 625

　贷：以前年度损益调整　　112 500

(3) 财务报表调整和重述(财务报表格式可参见表5-3、表5-4、表5-5)。

甲公司在列报2017年财务报表时，应调整2016年财务报表相关项目。

① 资产负债表项目的调整：

调增累计折旧150 000元；调减应交税费37 500元；调减盈余公积16 875元；调减未分配利润95 625元。

② 利润表项目的调整：

调增管理费用150 000元；调减所得税费用37 500元；调减净利润112 500元；调减基本每股收益0.062 5元(=112 500÷1 800 000)。

③ 所有者权益变动表项目调整：

调减前期差错更正项目中盈余公积上年金额16 875元，未分配利润上年金额95 625元，所有者权益合计上年金额112 500元。

④ 财务报表附注说明：

本年度发现2016年漏记固定资产折旧150 000元，在编制2017年和2016年比较财务报表时，已对该差错进行了更正。更正后，调减2008年净利润112 500元，调增累计折旧150 000元。

(二) 不重要前期差错的会计处理

对于不重要的前期差错，可以采用未来适用法更正。即不调整会计报表相关项目的期初数，但应调整发现当期与前期相同的相关项目；影响损益的，应直接计入本期与上期相同的净损益项目。

【例5-11】 甲公司在2014年12月31日发现，一台价值9 600元，应计入固定资产，并于2013年2月1日开始计提折旧的管理用设备，在2013年计入了当期费用。该公司固定资产折旧采用直线法，该资产估计使用年限为4年，假设不考虑净残值因素。

则在2014年12月31日更正此差错的会计分录为：

借：固定资产　　9 600

　贷：管理费用　　5 000

　　累计折旧　　4 600

假设该项差错直到2017年2月后才发现，则不需要做任何分录，因为该项差错已经抵消了。

三、前期差错更正的披露

企业应当在附注中披露与前期差错更正有关的下列信息：

(1) 前期差错的性质。

(2) 各个前期财务报表中受影响的项目名称和更正金额。

(3) 无法追溯重述的，说明该事实和原因以及对前期差错开始进行更正的时点、具体更正情况。

【例5-12】 沿用【例5-10】，应在财务报表附注中做如下说明：

本年度发现2016年漏记固定资产折旧150 000元，在编制2016年与2017年比较财务报表时，已对该项差错进行了更正。更正后，调减2016年净利润及留存收益112 500元，调增累计折旧150 000元。

课后练习

一、单项选择题

1. 关于会计估计变更，下列说法中正确的是（　　）。

A. 会计估计变更应采用追溯调整法进行会计处理

B. 会计估计的变更会削弱会计核算的可靠性

C. 如果会计估计的变更既影响变更当期又影响未来期间，当影响金额较大时应进行追溯调整

D. 会计估计变更应采用未来适用法进行会计处理

2. 下列各项中，不属于会计政策变更的是（　　）。

A. 无形资产摊销年限由15年改为9年

B. 将内部研发项目开发阶段的支出由计入当期损益法改为符合规定条件的确认为无形资产

C. 建造合同的收入确认由完成合同法改为完工百分比法

D. 投资性房地产后续计量由成本计量模式改为公允价值计量模式

3. 当很难区分某种会计变更是属于会计政策变更还是会计估计变更的情况下，通常将这种会计变更（　　）。

A. 视为会计政策变更处理　　B. 视为会计估计变更处理

C. 视为会计差错处理　　D. 视为资产负债表日后事项处理

4. 甲企业于2016年12月31日以20 000元购入设备一台，该项设备使用年限为5年，残值为5 000元，采用年限平均法提取折旧。2018年6月30日，甲企业发现该机器包含的经济利益的预期实现方式有重大改变，决定自2018年7月1日起，将折旧方法

改为年数总和法，并已履行相关程序获得批准。甲企业对该设备折旧方法变更的会计处理应当为(　　)。

A. 作为会计政策变更，并进行追溯调整 B. 作为会计政策变更，不进行追溯调整

C. 作为会计估计变更，并进行追溯调整 D. 作为会计估计变更，不进行追溯调整

5. 某上市公司 2017 年 2 月 1 日发现，正在使用的甲设备技术革新和淘汰速度加快，决定从该月起将设备预计折旧年限由原来的 10 年改为 6 年，当时公司 2016 年的年报尚未报出。该经济事项应当属于(　　)。

A. 会计政策变更　　B. 会计估计变更

C. 前期差错更正　　D. 以前年度损益调整事项

6. 某企业原在生产经营过程中使用少量的低值易耗品，并在领用时将其价值一次性计入费用。但该企业近期转产，所需的低值易耗品较多，且价值较大，企业决定将其摊销方法改为分期摊销法，但摊销方法改变以后预计对损益的影响并不大。则该事项的会计处理方法为(　　)。

A. 作为会计政策变更

B. 不作为会计政策变更

C. 使用"以前年度损益调整"科目处理

D. 使用"利润分配——未分配利润"科目处理

7. 下列各项中，不需要在会计报表附注中披露的内容有(　　)。

A. 会计政策变更的内容和理由　　B. 会计估计变更的影响数

C. 非重大前期差错的更正方法　　D. 重大前期差错对净损益的影响金额

8. 在下列事项中，属于会计政策变更的是(　　)。

A. 某一已使用机器设备的使用年限由 6 年改为 4 年

B. 坏账准备的计提比例由应收账款余额的 5%改为 10%

C. 某一固定资产改扩建后将其使用年限由 5 年延长至 8 年

D. 会计准则的变化导致原先按成本法核算的长期股权投资改按权益法核算

9. 以下关于前期差错的处理中，正确的是(　　)。

A. 对于所有的前期差错均应该采用追溯重述法进行调整

B. 对于不重要的前期差错应该采用追溯重述法进行处理

C. 对于重要的前期差错，应该采用追溯重述法进行更正(确定前期差错累积影响数不切实可行的除外)

D. 资产负债表日后期间发现的重要的前期差错，应该调整发现当期的报表相关数据

10. 对本期发现的属于本期的会计差错，应该采取的会计处理方法是(　　)。

A. 不做任何调整　　B. 直接计入当期净损益项目

C. 调整本期相关项目　　D. 调整前期相同的相关项目

二、多项选择题

1. 某企业 2018 年发现 2015 年多计提折旧，且金额较大，则该企业会计处理中正

确的做法有(　　)。

A. 使用“以前年度损益调整”科目做调整分录

B. 2018 年资产负债表的年初数要调整

C. 2018 年度利润表的上年数相关项目要调整

D. 2018 年所有者权益变动表的本年金额和上年金额相关项目要调整

2. 某企业为上市公司,成立于 2017 年。下列各项中,属于会计前期差错的内容有(　　)。

A. 对购入的商标权按 20 年摊销

B. 对交易性金融资产期末计价采用成本与市价孰低法

C. 对坏账损失采用直接转销法核算

D. 对某项固定资产进行更新改造以后,根据实际情况延长了固定资产的使用寿命

3. 某企业 2017 年 3 月 5 日(2016 年年报尚未报出)发现 2016 年 10 月多计提折旧,且金额较大,则该企业会计处理中正确的做法有(　　)。

A. 使用“以前年度损益调整”科目做调整分录

B. 调整 2016 年 12 月 31 日资产负债表的期末数

C. 调整 2016 年度利润表的本年数

D. 调整 2016 年度所有者权益变动表的本年金额相关项目

4. 甲公司 2017 年 10 月 30 日发现,2007 年购买并投入使用的一项固定资产未提取折旧费,金额为 100 万元,2016 年的所得税已完成汇算清缴。此项会计差错发现后,应予调整的会计报表项目是(　　)。

A. 应交税费　　B. 未分配利润　　C. 累计折旧　　D. 盈余公积

5. 下列各项中,属于会计估计变更的事项有(　　)。

A. 变更无形资产的摊销年限

B. 发出存货的计价方法由加权平均法改为先进先出法

C. 因固定资产扩建而重新确定其预计可使用年限

D. 降低坏账准备的计提比例

三、判断题

1. 在坏账损失采用备抵法核算的情况下,计提坏账准备的方法由应收款项余额百分比法改为账龄分析法或其他合理的方法,或者由账龄分析法或其他合理的方法改为应收款项余额百分比法,一般应作为会计政策变更来处理。(　　)

2. 会计政策在具体使用中可以有不同的选择,选择会计政策时应当考虑重要性和谨慎性两个方面,所选会计政策不得超出国家统一的会计准则所允许选用的会计政策范围。(　　)

3. 会计政策变更时,无论采用追溯调整法还是未来适用法,均应当计算累计影响数。(　　)

4. 累计影响数实际是对以前年度累计净利润的影响数,或是对会计政策变更年度

期初留存收益的影响数。 ( )

5. 当会计政策变更和会计估计变更难以区分时,企业应当按照会计估计变更予以处理。 ( )

6. 除法律或者会计制度等行政法规、规章要求外,企业不得自行变更会计政策。 ( )

7. 企业对于本期发现属于以前年度的重大前期差错,只需调整会计报表相关项目的期初数,无须在会计报表附注中披露。 ( )

8. 变更固定资产折旧年限时,只影响变更当期和该资产未来使用期间的折旧费,而不影响变更前已计提的折旧费。 ( )

9. 将经营性租赁的固定资产通过变更合同转为融资租赁固定资产,在会计上应当作为会计政策变更处理。 ( )

10. 更正本期发现的以前年度的前期差错,一定会影响利润分配表中年初未分配利润项目的金额。 ( )

四、计算及账务处理题

1. 甲公司2015年年初开始对某销售部门用固定资产用直线法提取折旧,该设备的原价为200万元,折旧期为5年(税务的摊销口径为10年,计提的减值准备于实际发生损失时作税前抵扣),假定无残值。2015年年末该设备的可收回价值为132万元,2017年1月1日甲公司执行新会计准则,将以前的所得税核算方法由应付税款法(应交所得税与当期所得税费用一致)改为资产负债表债务法。假定会计与税法的收支差异仅限于此固定资产的折旧标准,假设企业所得税税率一直为25%,盈余公积的提取比例为净利润的10%,其中法定盈余公积为净利润的10%。

要求:根据以上资料,做出甲公司的账务处理并调整表5-8、表5-9、表5-10。

提示:先计算会计折旧方法下至2016年年年末固定资产账面价值;再计算按税法规定下2016年末固定资产账面价值(即计税基础)。二者之差乘以所得税税率即为所需调整的期初留存收益。通过递延所得税资产或递延所得税负债账户完成调整。

表5-8 资产负债表

2017年12月31日

单位:元

资 产	年初数	负 债	年初数
递延所得税资产		盈余公积	
		年末未分配利润	
资产合计		负债及所有者权益合计	

表 5-9　利润表

2017 年　　　　　　　　　　　　　　　　　　　　单位:元

项　目	上年数
一、营业收入	
减:营业成本	
税金及附加	
销售费用	
管理费用	
财务费用	
资产减值损失	
加:公允价值变动收益(损失以“—”号填列)	
投资收益(损失以“—”号填列)	
资产处置收益(损失以“—”号填列)	
其他收益	
二、营业利润(亏损以“—”号填列)	
加:营业外收入	
减:营业外支出	
三、利润总额(亏损总额以“—”填列)	
减:所得税费用	
四、净利润(净亏损以“—”填列)	

表 5-10　所有者权益变动表

2017 年度　　　　　　　　　　　　　　　　　　　　单位:元

项　目	本年金额					上年金额				
	……	盈余公积	未分配利润	……	合计	……	盈余公积	未分配利润	……	合　计
一、上年年末余额										
加会计政策变更										
前期会计差错										
二、本年年初余额										
……										

2. 某公司 2018 年 6 月发现 2017 年一项已完工投入使用的在建工程未结转至固定资产,该项固定资产原始价值为 150 万元,2017 年应计提折旧 20 万元,该公司所得

税税率为25%,按净利润的10%提取法定盈余公积。经分析,上述事项属重大会计差错。

要求:写出调整该项会计差错的会计分录。

3. 某公司2014年12月购入一套办公自动化设备系统,原始价值20万元,估计使用9年,预计净残值2万元,使用2年以后,由于技术更新较快,不能按原先估计年限计提折旧,于2017年1月1日将设备的使用年限改为5年,预计净残值为1万元,该企业所得税税率为25%。

要求:(1) 计算会计估计变更之后的折旧额。

(2) 计算会计估计变更当期对所得税费用和净利润的影响金额。

项目六　资产负债表日后事项的核算

知识目标

1. 资产负债表日后事项的概念
2. 资产负债表日后事项的内容

能力目标

1. 正确区分调整事项和非调整事项
2. 理解调整事项的会计处理
3. 了解非调整事项的会计处理

任务一　资产负债表日后事项的认知

一、资产负债表日后事项的概念

资产负债表日后事项是指资产负债表日至财务报告批准报出日之间发生的有利或不利的事项。理解这一定义需要注意以下几个方面：

(1) 资产负债表日是指会计年度末和会计中期期末。中期是指短于一个完整的会计年度的报告期间，包括半年度、季度和月度。按照我国《会计法》规定，我国的会计年度采用公历年度，即1月1日至12月31日。因此，年度资产负债表日是指每年的12月31日，中期资产负债表日是指各会计中期期末，包括月末、季末和半年末。

(2) 财务报告批准报出日是指董事会或类似机构批准财务报告报出的日期。通常是指对财务报告的内容负有法律责任的单位或个人批准财务报告对外公布的日期。

公司制企业财务报告批准报出日是指董事会批准财务报告报出的日期。非公司制企业，财务报告批准报出日是指经理(厂长)会议或类似机构批准财务报告报出的日期。

(3) 资产负债表日后事项包括有利事项和不利事项。即资产负债表日后事项对企业财务状况和经营成果具有一定影响(有利或不利)。如果某些事项发生对企业没有任何影响，则这些事项既不是有利事项也不是不利事项，也就是不是这里所说的资产负债表日后事项。

（4）资产负债表日后事项不是在这个特定期间内发生的全部事项，而是与资产负债表日存在状况有关的事项，或虽然与资产负债表日存在状况无关，但对企业财务状况具有重大影响的事项。

二、资产负债表日后事项涵盖的期间

资产负债表日后事项涵盖的期间是自资产负债表日次日起至财务报告批准报出日止的一段时间。这一期间包括：

（1）报告年度次年的 1 月 1 日或报告期下一期的第一天至董事会或类似权力机构批准财务报告对外公布的日期，即以董事会或类似权力机构批准财务报告对外公布的日期为截止日期。

（2）董事会或类似权力机构批准财务报告对外公布的日期，与实际对外公布日之间发生的与资产负债表日后事项有关的事项，由此影响财务报告对外公布日期的，应以董事会或类似权力机构再次批准财务报告对外公布的日期为截止日期。

如果公司管理层由此修改了财务报表，注册会计师应当根据具体情况实施必要的审计程序，并针对修改后的财务报表出具新的审计报告。①

【例 6-1】 某上市公司 2017 年的年度财务报告于 2018 年 2 月 20 日编制完成，注册会计师完成年度财务报表审计工作并签署审计报告的日期为 2018 年 4 月 10 日，董事会批准财务报告对外公布的日期为 2018 年 4 月 11 日，财务报告实际对外公布的日期为 2018 年 4 月 17 日，股东大会召开的日期为 2018 年 5 月 10 日。

分析：在本例中，该公司 2017 年年报的资产负债表日后事项涵盖期间为 2018 年 1 月 1 日至 2018 年 4 月 11 日。

如果 4 月 11 日至 4 月 17 日之间发生了重大事项，需要调整财务报表数字或需要在财务报表附注中披露，经调整或说明后的财务报告再经董事会批准报出的日期为 2018 年 4 月 25 日，实际报出的日期为 2018 年 4 月 30 日，则资产负债表日后事项涵盖的期间为 2018 年 1 月 1 日至 2018 年 4 月 25 日。

三、资产负债表日后事项的内容

资产负债表日后事项包括资产负债表日后调整事项和资产负债表日后非调整事项两类。

（一）调整事项

资产负债表日后调整事项，是对资产负债表日已经存在的情况提供了新的或进一步证据的事项。

① 根据会计法规定，上市公司的财务报表必须由注册会计师审计并出具审计报告后才能对外报出。

如果资产负债表日及所属会计期间已经存在某种情况，但当时并不知道其存在或者不能知道确切结果，资产负债表日后发生的事项能够证实该情况的存在或确切结果，则该事项属于资产负债表日后事项中的调整事项。即资产负债表日后事项对资产负债表日的情况提供了进一步证据，证据表明的情况与估计和判断不完全一致，则需要对原来的会计处理进行调整。

调整事项的特点有：① 在资产负债表日已经存在，资产负债表日后得以证实的事项；② 对按资产负债表日存在状况编制的财务报表产生重大影响的事项。

企业发生的资产负债表日后调整事项，通常包括下列各项：① 资产负债表日后诉讼案件结案，法院判决证实了企业在资产负债表日已经存在现实义务，需要调整原先确认的与该诉讼案件相关的预计负债，或确认一项新负债；② 资产负债表日后取得确凿证据，表明某项资产在资产负债表日发生了减值或者需要调整该项资产原先确认的减值金额；③ 资产负债表日后进一步确定了资产负债表日前购入资产的成本或售出资产的收入；④ 资产负债表日后发现了财务报表舞弊或差错。

【例 6－2】 甲公司因产品质量问题被消费者起诉。2017 年 12 月 31 日，法院尚未判决。公司咨询律师后确认了 500 万元的预计负债。2018 年 2 月 20 日，法院判决本公司支付赔款 600 万元。本公司报告于 4 月 20 日批准对外报出。

分析：本例中，甲公司按规定于 2017 年 12 月 31 日结账时，确认了 500 万元的预计负债。此时，不知法院判决的确切结果。2018 年 2 月 20 日，法院判决结果为甲公司本笔预计负债提供了进一步证据，知道了确切的结果是赔款 600 万元。此时，按 2017 年 12 月 31 日存在状况编制的财务报表所提供的信息已不能真实反映企业实际情况，应据此对财务报表相关项目数字进行调整。

值得注意的是，在确定存货可变现净值时，应当以资产负债表日取得最可靠的证据估计的售价为基础并考虑持有存货的目的。资产负债表日至财务报告批准报出日之间存货售价发生波动的，如有确凿证据表明其对资产负债表日存货已经存在的情况提供了新的或进一步的证据，应当作为调整事项进行处理；否则，应当作为非调整事项。

（二）非调整事项

资产负债表日后非调整事项，是指表明资产负债表日后发生的情况的事项。非调整事项的发生不影响资产负债表日企业的财务报表数字，只说明资产负债表日后发生了某些情况。对于财务报告使用者而言，非调整事项说明的情况，有的重要，有的不重要。其中重要的非调整事项虽然不影响资产负债表日的存在情况，但可能影响资产负债日以后的财务状况和经营成果，如不加以说明将会影响财务报告使用者做出正确估计和决策，因此需要适当披露。

企业发生的资产负债表日后非调整事项，通常包括下列各项：① 资产负债表日后发生的重大诉讼、仲裁、承诺；② 资产负债表日后资产价格、税收政策、外汇汇率发生重大变化；③ 资产负债表日后因自然灾害导致资产发生重大损失；④ 资产负债表日后发行股票和债券以及其他巨额举债；⑤ 资产负债表日后资本公积转增资本；⑥ 资产负债表日后发生巨额亏损;⑦ 资产负债表日后发生企业合并或处置子公司;⑧ 资产负债表日后,企业利润分配方案中拟分配的以及经审议批准宣告发放的股利或利润。

【例6-3】 甲公司2017年度财务报告于2018年3月20日经董事会批准对外公布。2018年2月25日,甲公司与乙银行签订了80 000 000元的贷款合同,用于生产设备的购置,贷款期限自2018年3月1日起至2019年12月31日止。

分析:2018年2月25日,2017年度财务报告尚未批准对外公布前,甲公司发生了向银行贷款的事项,该事项在2017年12月31日尚未发生,与资产负债表日存在的状况无关,不影响资产负债表日甲公司的财务报表数字。但是,该事项属于重要事项,会影响甲公司以后期间的财务状况和经营成果,因此,需要在附注中予以披露。

(三) 调整事项与非调整事项的区别

调整事项是事项存在于资产负债表日或以前,资产负债表日后提供证据对以前已存在的事项做进一步说明;而非调整事项是在资产负债表日尚未存在,但在财务报告批准报出日之前发生或存在。

【例6-4】 债务人乙公司财务状况恶化导致债权人甲公司发生坏账损失,包括两种情况:① 2017年12月31日甲公司根据掌握的资料判断,乙公司有可能破产清算,故按应收账款的10%计提坏账准备。一周后甲公司接到通知,乙公司已被宣告破产清算,甲公司估计有50%的应收账款无法收回。② 2017年12月31日乙公司财务状况良好,甲公司预计应收账款可能按时收回;一周后乙公司发生重大火灾,导致甲公司50%的应收账款无法收回。

分析:(1) 造成甲公司50%应收账款无法收回的事实是乙公司财务状况恶化,该事实在资产负债表日已经存在,乙公司被宣告破产只是证实了资产负债表日的情况,因此导致甲公司应收乙公司款项发生坏账的事项属于调整事项。

(2) 导致甲公司应收乙公司款项发生坏账的因素是火灾,这一事实在资产负债表日以后才发生,因此乙公司发生火灾导致甲公司应收款项发生坏账的事项属于非调整事项。

任务二　资产负债表日后调整事项的核算

一、调整事项的处理原则

企业发生的资产负债表日后调整事项,应当调整资产负债表日已编制的财务报表。由于资产负债表日后事项发生在次年,上年度的有关账目已经结转,特别损益类科目在结账后已无余额。因此,资产负债表日后发生的调整事项,应具体分别以下情况进行处理:

(1) 涉及损益的事项,通过“以前年度损益调整”科目核算。调整增加以前年度利润或调整减少以前年度亏损的事项，记入“以前年度损益调整”科目的贷方；调整减少以前年度利润或调整增加以前年度亏损的事项，记入“以前年度损益调整”科目的借方。

涉及损益的调整事项，如果发生在该企业资产负债表日所属年度（即报告年度）所得税汇算清缴前的，应调整报告年度应纳税所得额、应纳所得税税额；由于以前年度损益调整增加的所得税费用，记入“以前年度损益调整”科目的借方，同时贷记“应交税费——应交所得税”等科目；由于以前年度损益调整减少的所得税费用，记入“以前年度损益调整”科目的贷方，同时借记“应交税费——应交所得税”等科目。调整完成后，将“以前年度损益调整”科目的贷方或借方余额（净利润或净亏损）结转至“利润分配——未分配利润”科目。

如果发生在该企业资产负债表日所属年度（即报告年度）所得税汇算清缴后的，应调整本年度（即报告年度的次年）应交所得税。

(2) 涉及利润分配调整的事项，直接在“利润分配——未分配利润”科目核算。

(3) 不涉及损益以及利润分配的事项，调整相关科目。

(4) 进行上述账务处理的同时，还应调整财务报表相关项目的数字，包括：

① 资产负债表日编制的财务报表相关项目的期末或本年发生数；

② 当期编制的财务报表相关项目的期初数或上年数；

③ 上述调整如果涉及附注内容的，还应当调整附注相关项目的数字。

二、调整事项的具体会计处理方法

为简化处理，本项目中所有的例子均假定：财务报告批准报出日是次年 3 月 31 日，所得税税率为 25%，按净利润的 10%提取法定盈余公积，其他不再作分配。如无特别说明，调整事项按税法规定可调整应交所得税；涉及递延所得税资产的，均假定未来期间很可能取得用来抵扣暂时性差异的应税所得额。不考虑报表附注中有关现金流量表项目的数字。金额单位以万元表示。

（一）资产负债表日后未决诉讼案件结案

资产负债表日后诉讼案件结案，法院判决证实了企业在资产负债表日已经存在现时义务，需要调整原先确认的与该诉讼案件相关的预计负债，或确认一项新负债。

资产负债表日已确认的某项负债，在资产负债表日至财务报告批准报出日之间获得了新的或进一步的证据，表明需要对已经确认的金额进行调整；或者资产负债表日已经存在的现时义务尚未确认，资产负债表日后至财务报告批准报出日之间获得了新的或进一步的证据，表明符合负债的确认条件，应在财务报告中予以确认，从而需要对财务报表相关项目进行调整。

【例 6-5】 甲公司与乙公司签订了一项供销合同，约定甲公司在 2017 年 11 月份供应给乙公司一批物资，由于甲公司未能按照合同发货，致使乙公司发生重大经济损失。乙公司通过法律程序要求甲公司赔偿经济损失 550 万元，该诉讼案件在 12 月 31 日尚未判决，甲公司确认了 400 万元的预计负债，并将该项赔款反映在 12 月 31 日的财务报表中，乙公司未确认应收赔款。2018 年 2 月 7 日，经法院一审判决，甲公司需要偿付乙公司经济损失 500 万元，甲公司不再上诉，赔款已经支付。假定甲、乙两公司均于 2018 年 2 月 15 日完成了 2017 年度所得税汇算清缴（根据税法规定，上述预计负债产生的损失不允许在税前扣除，只有在实际发生时才允许税前扣除）。公司适用所得税税率为 25%。

分析：本例中，2018 年 2 月 7 日法院的判决证实了甲、乙两公司在资产负债表日分别存在现时义务和获赔权利，因此都应按调整事项的处理原则进行会计处理。（均以万元为单位）

(1) 甲公司会计处理如下：

① 记录支付的赔偿款。

借：以前年度损益调整——营业外支出　　100

　贷：其他应付款——乙公司　　100

借：预计负债——未决诉讼　　400

　贷：其他应付款——乙公司　　400

借：其他应付款——乙公司　　500

　贷：银行存款　　500

注：资产负债表日后事项如涉及现金收支项目，均不应调整报告年度资产负债表的货币资金项目和现金流量表各项目数字（现金流量表正表各项目数字）。本例中，虽然已经支付了赔偿款，但在调整会计报表相关数字时，只需调整上述第一笔和第二笔分录，第三笔分录作为 2018 年的会计事项处理。

② 调整递延所得税资产。

借：以前年度损益调整——所得税费用（400 万元×25%）　　100

　贷：递延所得税资产　　100

2017 年年末因确认预计负债 400 万元时已经确认相应的递延所得税资产，资产负债表日后事项发生后递延所得税资产不复存在，应予转回。

③ 根据实际损失 500 万元计算应交所得税调整。

借：应交税费——应交所得税（500 万元×25%）　　125

　贷：以前年度损益调整——所得税费用　　125

④ 将“以前年度损益调整”科目余额转入未分配利润。

借：利润分配——未分配利润　　75

　贷：以前年度损益调整——本年利润　　75

⑤ 因净利润变动，调整盈余公积。

借：盈余公积——提取法定盈余公积　　7.5

　贷：利润分配——未分配利润　　7.5

⑥ 调整报告年度会计报表。

a. 资产负债表项目调整：

调减应交税费 125 万元，调增其他应付款 500 万元，调减预计负债 400 万元；调减递延所得税资产 100 万元，调减盈余公积 7.5 万元；调减未分配利润 67.5 万元。

b. 利润表项目调整：

调增营业外支出 100 万元，调减所得税费用 25 万元，调减净利润 75 万元。

c. 所有者权益变动表项目本年金额调整：

调减净利润 75 万元，调减提取盈余公积 7.5 万元，调减未分配利润 67.5 万元。

⑦ 调整 2018 年 2 月份资产负债表相关项目的年初数。

甲公司在编制 2018 年 1 月份的资产负债表时，以调整前 2017 年 12 月 31 日的资产负债表的数字作为资产负债表的年初数。由于发生了资产负债表日后调整事项，甲公司除了调整 2017 年度资产负债表相关项目的数字外，还应当调整 2018 年 2 月份资产负债表相关项目的年初数，其年初数按照 2017 年 12 月 31 日调整后的数字填列。

(2) 乙公司会计处理如下：

① 收到赔款。

借：其他应收款　　500

　　贷：以前年度损益调整——营业外收入　　500

借：银行存款　　500

　　贷：其他应收款　　500

② 调整应交所得税。

借：以前年度损益调整——所得税费用　　125

　　贷：应交税费——应交所得税　　125

③ 将“以前年度损益调整”余额转入未分配利润。

借：以前年度损益调整——本年利润　　375

　　贷：利润分配——未分配利润　　375

④ 因净利润变动，调整盈余公积。

借：利润分配——未分配利润　　37.5

　　贷：盈余公积　　37.5

⑤ 调整报告年度财务报表。（略）

⑥ 调整 2018 年 2 月份资产负债表相关项目的年初数。（略）

（二）资产减值的调整

资产负债表日后取得确凿证据，表明某项资产在资产负债表日发生了减值或需要调整该项资产原先确认的减值金额。

这一事项是指在资产负债表日，根据当时的资料判断可能发生了损益或减值，但没有最后确定是否会发生，因而按当时的最佳估计数反映在财务报表中。但在资产负债表日后期间，所取得的确凿证据能证明该事实成立，即某项资产已经发生了损失或减值，则应对资产负债表日所做的估计予以修正。

【例 6-6】 甲公司于 2017 年 8 月销售给乙公司一批产品，价税合计 100 万元。乙公司于 9 月份收到所购货物并验收入库。按合同规定乙公司应于 10 月份付款。但因乙公司财务状况不佳，到2017年年末仍未付款。甲公司在编制2017年财务报表时，为该项应收款项提取了坏账准备10万元（假设税法规定计提的坏账准备均于实际发生损失时税前扣除）。甲公司于2018年2月10日（所得税汇算清缴前）收到法院通知，乙公司已宣告破产清算，应收乙公司100万元货款预计可收回60万元。

分析：本例中，甲公司收到法院通知后，可判断该事项属于资产负债表日后事项。甲公司原先对应收乙公司货款提取了10万元坏账准备，按新证据知道应提取的坏账准备为40万元（=100−60），差额30万元。应当调整2017年度财务报表相关项目。（均以万元为单位）

甲公司账务处理如下：

(1) 补提坏账准备30万元。

借：以前年度损益调整——资产减值损失　　30

　贷：坏账准备　　30

(2) 调整递延所得税资产7.5万元（=30×25%）。

借：递延所得税资产　　7.5

　贷：以前年度损益调整——所得税费用　　7.5

(3) 将“以前年度损益调整”科目的余额转入未分配利润。

借：利润分配——未分配利润　　22.5

　贷：以前年度损益调整——本年利润　　22.5

(4) 调整盈余公积。

借：盈余公积——提取法定盈余公积　　2.25

　贷：利润分配——未分配利润　　2.25

(5) 调整报告年度财务报表相关项目数字。（财务报表略）

① 资产负债表项目年末数：调减应收账款30万元；调增递延所得税资产7.5万元；调减盈余公积2.25万元；调减未分配利润20.25万元。

② 利润表项目本期金额：调增资产减值损失30万元；调减所得税费用7.5万元；调减净利润22.5万元。

③ 所有者权益变动项目本年金额：调减净利润22.5万元，调减提取盈余公积项目中的盈余公积2.25万元，调减未分配利润20.25万元。

(6) 调整2018年2月份资产负债表相关项目的年初数。（略）

（三）购入资产成本的调整或售出资产收入的调整（销售退回）

资产负债表日后进一步确定了资产负债表日前购入资产的成本和售出资产的收入。这类事项包括两方面内容：资产负债表日前购入的资产已经按暂估金额等入账，资产负债表日后获得证据，可以进一步确定该资产的成本，则应对已入账的资产成本进行调整；企业在资产负债表日已根据收入条件确认资产销售收入，但资产负债表日后获得关于资产收入的进一步证据，如发生销售退回、销售折让等，此时也应调整财务报表相关项目的金额。

需要说明的是，资产负债表日后发生的销售退回，既包括报告年度或报告中期销售的商品在资产负债表日后发生的销售退回，也包括以前期间销售的商品在资产负债表日后发生的销售退回。

(1) 销售退回发生于报告年度所得税汇算清缴之前，应调整报告年度利润表的收入、成本等，并相应调整报告年度的应纳税所得额以及报告年度应缴的所得税等。

【例 6－7】 甲公司 2018 年 12 月 15 日销售一批商品给丙企业，取得收入 10 万元(不含税，增值税税率 16%)，甲公司发出商品后，按照正常情况已确认收入，并结转成本 8 万元。此笔货款到年末尚未收到，甲公司未对应收账款计提坏账准备。2019 年 1 月 15 日，由于产品质量问题，本批货物被退回。2019 年 2 月 28 日完成了 2018 年所得税汇算清缴。

分析：本例中，销售退回业务属于资产负债表日后调整事项。

甲公司的调整报告年度的账务处理如下(均以万元为单位)：

① 2019 年 1 月 15 日，调整销售收入。

借：以前年度损益调整——主营业务收入　　10

　应交税费——应交增值税(销项税额)　　1.6

　贷：应收账款　　11.6

② 调整销售成本。

借：库存商品　　8

　贷：以前年度损益调整——主营业务成本　　8

③ 调整应交所得税[(10－8)×25%]。

借：应交税费——应交所得税　　0.5

　贷：以前年度损益调整——所得税费用　　0.5

④ 将“以前年度损益调整”科目余额转入未分配利润。

借：利润分配——未分配利润　　1.5

　贷：以前年度损益调整——本年利润　　1.5

⑤ 调整盈余公积。

借：盈余公积——提取法定盈余公积　　0.15

　贷：利润分配——未分配利润　　0.15

⑥ 调整报告年度会计报表相关项目的数字。(会计报表略)

a. 资产负债表项目的调整：调减应收账款 11.6 万元；调增存货 8 万元；调减应交税费 0.5 万元；调减盈余公积 0.15 万元；调减未分配利润 1.35 万元。

b. 利润表项目的调整：调减主营业务收入 10 万元；调减主营业务成本 8 万元；调减所得税费用 0.5 万元。

c. 所有者权益变动表：调减净利润 1.5 万元；调减提取盈余公积 0.15 万元；调减未分配利润 1.35 元。

⑦ 调整 2019 年 2 月份资产负债表相关项目的年初数。(略)

(2) 销售退回发生于报告年度所得税汇算清缴之后，应调整报告年度利润表的收入、成本等,但涉及的应交所得税,应作为本年度的纳税调整事项。

【例 6-8】 沿用【例 6-7】,假定销售退回的时间改为 2019 年 3 月 1 日。

分析:甲公司调整报告年度的账务处理如下(均以万元为单位)。

① 2019 年 3 月 1 日,调整销售收入。

借:以前年度损益调整——主营业务收入　　10
　应交税费——应交增值税(销项税额)　　1.6
　贷:应收账款　　11.6

② 调整销售成本。

借:库存商品　　8
　贷:以前年度损益调整——主营业务成本　　8

③ 将"以前年度损益调整"科目余额转入未分配利润。

借:利润分配——未分配利润　　2
　贷:以前年度损益调整——本年利润　　2

④ 调整利润分配有关数字。

借:盈余公积——提取法定盈余公积　　0.2
　贷:利润分配——未分配利润　　0.2

⑤ 调整相关财务报表。(略)

另外,甲公司本年度(2019 年度)纳税调整的相关账务处理为:

借:应交税费——应交所得税　　0.5
　贷:所得税费用——当期所得税　　0.5

(四) 资产负债表日后发现了财务报表舞弊或差错

这一事项是指资产负债表日至财务报告批准报出日之间发生的属于资产负债表期间或以前期间存在的财务报表舞弊或差错。这种舞弊或差错应当作为资产负债表日后调整事项,调整报告年度的年度财务报告或中期财务报告相关项目的数字。具体会计处理可以参见本教材项目五的相关内容。

任务三　资产负债表日后非调整事项的核算

一、资产负债表日后非调整事项的处理原则

资产负债表日后发生的非调整事项,是资产负债表日以后才发生或存在的事项,与资产负债表日存在状况无关,不应当调整资产负债表日的财务报表。但有的非调整事项对财务报告使用者具有重大影响,如不加以说明,将不利于财务报告使用者做出正确估计和决策,因此,应在会计报表附注中加以披露。

二、资产负债表日后非调整事项的具体会计处理方法

资产负债表日后发生的非调整事项，应当在报表附注中披露每项重要的资产负债表日后非调整事项的性质、内容及其对财务状况和经营成果的影响。无法做出估计的，应当说明原因。

资产负债表日后发生的非调整事项的例子主要有以下几个。

（一）资产负债表日后发生重大诉讼、仲裁、承诺

资产负债表日后发生重大诉讼等事项，对企业影响较大，为防止误导投资者及其他财务报告使用者，应当在报表附注中披露。

【例 6－9】 甲企业是房地产的销售代理商，在买卖双方同意房地产的销售条款时确认佣金收入，佣金由卖方支付。2017 年，甲企业同意替乙企业的房地产寻找买主。在 2017 年后期，甲企业找到一位有意向的买主丁企业，丁企业以其获得银行融资的能力与乙企业签订购买该房地产的合同。2018 年 1 月，丁企业通知乙企业，其在获得银行贷款方面有困难，资金不足，拒绝履行合同。2018 年 2 月，乙企业通过法律手段起诉丁企业。2018 年 3 月，丁企业同意赔偿给乙企业 500 万元的现金以使其撤回法律诉讼。假定该赔偿额对乙企业和丁企业均存在较大影响。

分析：本例中，乙企业提起诉讼是在 2018 年才发生的，在 2017 年资产负债表日并不存在。但由于资产负债表日后发生的重大诉讼、仲裁、承诺等事项影响较大，为防止误导投资者，应当在报表附注中进行相关披露，即乙企业和丁企业均应在 2017 年度报表附注中披露诉讼事项的信息。

（二）资产负债表日后资产价格、税收政策、外汇汇率发生重大变化

资产负债表日后资产价格、税收政策、外汇汇率发生重大变化，虽然不会影响资产负债表日财务报表相关项目的数据，但对企业资产负债表日后期间的财务状况和经营成果有重大影响，应当在报表附注中予以披露。

【例 6－10】 丁企业有一笔长期美元贷款，在编制 2017 年 12 月 31 日的财务报表时已按 2017 年年末的汇率进行折算（假设 2017 年年末的汇率为 1 美元兑换 7.85 元人民币）。假设国家规定从 2018 年 1 月 1 日起进行外汇管理体制改革，外汇管理体制改革后人民币对美元的汇率发生重大变化。

分析：本例中，丁企业在资产负债表日已经按照当天的资产计量方式进行处理，或按规定的汇率对有关账户进行调整，因此，无论资产负债表日后的资产价格和汇率如何变化，均不应影响资产负债表日的财务状况和经营成果。但是，如果资产负债表日后资产价格、外汇汇率发生重大变化，应对由此产生的影响在报表附注中进行披露。

（三）资产负债表日后因自然灾害导致资产发生重大损失

自然灾害导致资产发生重大损失对企业资产负债表日后财务状况的影响较大，如

果不加以披露，有可能使财务报告使用者做出错误的决策，因此应作为非调整事项在报表附注中进行披露。

【例 6-11】 甲企业拥有某外国企业(乙企业)15%的股权，无重大影响，投资成本 2 000 000 元。乙企业的股票在国外的某家股票交易所上市交易。在编制 2017 年 12 月 31 日的资产负债表时，甲企业对乙企业投资的账面价值按初始投资成本反映。2018 年 2 月，该国发生海啸，造成乙企业的股票市场价值大幅下跌，甲企业对乙企业的股权投资遭受重大损失。

分析：本例中，海啸发生在 2018 年 2 月，是资产负债表日后才发生或存在的事项，但对于公司资产负债表日后财务状况的影响较大，甲公司应当将此事项作为非调整事项在 2017 年度报表附注中进行披露。

（四）资产负债表日后发行股票和债券以及其他巨额举债

企业发行股票和债券以及银行等金融机构举借巨额债务都是较重大的事项，虽然这一事项与企业资产负债表日的存在状况无关，但这一事项的披露能使财务报告的使用者了解与此有关的情况及可能带来的影响，因此应在报表附注中披露。

【例 6-12】 甲企业于 2018 年 1 月 15 日经批准发行 3 年期债券 500 000 万张，每张面值 100 元，年利率 10%，企业按 110 元的价格发行，并于 2018 年 3 月 15 日结束发行。

分析：本例中，甲公司发行债券虽然与公司资产负债表日(2017 年 12 月 31 日)的存在状况无关，但这一事项的披露能使财务报告的使用者了解与此有关的情况及可能带来的影响，甲公司应当将此事项作为非调整事项在 2017 年度财务报表附注中进行披露。

（五）资产负债表日后资本公积转增资本

企业以资本公积转增资本将会改变企业的资本(或股本)结构，影响较大，应当在报表附注中披露。

【例 6-13】 甲公司 2018 年 2 月，经批准将 5 600 万元资本公积转赠资本。

分析：本例中，甲公司 2018 年 2 月将资本公积转增资本，属于资产负债表日后才发生的事项，但对于甲公司资产负债表日后财务状况的影响较大，甲公司应当将此事项作为非调整事项在 2017 年度财务报表附注中进行披露。

（六）资产负债表日后发生巨额亏损

资产负债表日后发生巨额亏损将会对企业报告期后的财务状况和经营成果产生较大影响，应当在报表附注中及时披露该事项，以便为投资者或其他财务报告使用者做出正确决策提供信息。

【例 6-14】 甲企业 2018 年 1 月出现巨额亏损，净利润由 2017 年 12 月的 18 000 万元变为亏损 300 万元。

分析：本例中，甲企业出现巨额亏损发生于2018年1月，虽然属于资产负债表日后才发生的事项，但由盈利转为亏损，会对企业资产负债表日后财务状况和经营成果产生重大影响，甲企业应当将此事项作为非调整事项在2017年度财务报表附注中进行披露。

（七）资产负债表日后发生企业合并或处置子公司

企业合并或处置子公司的行为可以影响股权结构、经营范围等，对企业未来的生产经营活动能产生重大影响，应当在报表附注中披露。

【例6-15】 甲企业2018年1月20日将其全资子公司丙企业出售给乙企业。该信息应在报表附注中披露。

（八）资产负债表日后，企业利润分配方案中拟分配的以及经审核批准宣告发放的股利或利润

该事项所形成的支付义务在资产负债表日尚不存在，所以，不应该调整资产负债表日的财务状况。不过，该事项对企业资产负债表日后的财务状况有较大影响，可能导致现金大规模流出、企业股权结构变动等，企业需要在财务报告中适当披露该信息。

【例6-16】 2018年1月16日，甲上市公司董事会审议通过了2017年利润分配方案，决定以公司2017年年末总股本为基数，分派现金股利1 000 000元，每10股派送1元(含税)，该利润分配方案于2018年4月10日经公司股东大会审议通过。

分析：本例中，甲上市公司制订利润分配方案，拟分配或经审议批准宣告发放股利或利润的行为，并不会使公司在资产负债表日形成现时义务，因此虽然发生该事项可导致公司负有支付股利或利润的义务，但支付义务在资产负债表日尚不存在，不应该调整资产负债表日的财务报告，因此，该事项为非调整事项。但由于该事项对于公司资产负债表日后的财务状况有较大影响，可能导致现金较大规模流出、公司股权结构变动等，为便于财务报告使用者更充分地了解相关信息，甲上市公司需要在2017年度财务报表附注中单独披露该信息。

课后练习

一、单项选择题

1. 甲企业2018年1月20日向乙企业销售一批商品，已进行收入确认的有关账务处理，同年2月1日，乙企业收到货物后验收不合格要求退货，2月10日甲企业收到退货。甲企业年度资产负债表批准报出日是4月30日。甲企业对此业务的处理是(　　)。

A. 作为2017年资产负债表日后事项的调整事项

B. 作为2017年资产负债表日后事项的非调整事项

C. 作为2018年资产负债表日后事项的调整事项

D. 作为2018年当期正常事项

2. 甲公司在年度财务报告批准报出日之前发现了报告年度的重大会计差错,需要做的会计处理是(　　)。

A. 作为发现当期的会计差错更正

B. 在发现当期的报表附注中做出披露

C. 按照资产负债表日后事项调整事项的处理原则做出相应调整

D. 按照资产负债表日后事项非调整事项的处理原则做出说明

3. 在资产负债表日后董事会提出的利润分配方案中,涉及的股票股利属于(　　)。

A. 调整事项　　B. 或有负债　　C. 或有资产　　D. 非调整事项

4. 甲公司2018年1月10日向乙公司销售一批商品并确认收入实现,2018年2月20日,乙公司因产品质量原因将上述商品退货。甲公司2017年度财务会计报告批准报出日为2018年4月30日。甲公司对此项退货业务正确的处理方法是(　　)。

A. 作为2017年资产负债表日后事项中的调整事项处理

B. 作为2017年资产负债表日后事项中的非调整事项处理

C. 冲减2018年1月份相关收入、成本和税金等相关项目

D. 冲减2018年2月份相关收入、成本和税金等相关项目

5. 甲公司2018年2月2日应收B企业账款500万元,双方约定在当年的12月2日偿还,但12月20日B企业宣告破产无法偿付欠款,则在甲公司当年12月31日的资产负债表上,对这笔500万元款项(　　)。

A. 应作为非调整事项处理　　B. 应作为调整事项处理

C. 不需要反映　　D. 作为2018年发生的业务反映

6. "以前年度损益调整"科目用来核算(　　)。

A. 本年度发现的以前年度非重大差错涉及损益调整的事项

B. 资产负债表日后事项中的非调整事项涉及损益调整的事项

C. 本年度发现的以前年度重大差错涉及损益调整的事项

D. 本年度发现的以前年度重大差错涉及利润分配调整的事项

7. 下列(　　)项目,在"以前年度损益调整"科目的借方反映。

A. 调整以前年度损益而需调增的管理费用

B. 调整以前年度损益而相应减少的所得税

C. 调整以前年度损益而相应增加的主营业务收入

D. 调增本期管理费用

8. 下列各项资产负债表日后事项中,属于资产负债表日后调整事项的是(　　)。

A. 日后税收政策发生重大变化

B. 外汇汇率或税收政策发生重大变化

C. 日后发生巨额亏损

D. 了结资产负债表日已发生的诉讼事项

9. 某上市公司在其年度资产负债表日后至财务会计报告批准报出日前发生的下列事项中,属于调整事项的是(　　)。

A. 因税收优惠退回报告年度以前的所得税 200 万元

B. 因报告年度走私而被罚款 200 万元

C. 对报告年度的工程完工进度做了修改,增加主营业务收入 200 万元

D. 以存货归还报告年度形成的负债 200 万元

10. 甲公司年度财务报告批准报出日为 4 月 30 日。2017 年 12 月 27 日甲公司销售一批产品,折扣条件是 10 天内付款折扣 2%,购货方次年 1 月 3 日付款,取得现金折扣 1 000 元。该项业务对甲公司 2017 年度会计报表无重大影响。甲公司正确的处理是(　　)。

A. 作为资产负债表日后事项的“调整事项”

B. 作为资产负债表日后事项的“非调整事项”

C. 直接作为 2018 年当期事项

D. 在 2017 年报表附注中说明

11. 资产负债表日至财务报告批准报出日之间发生的调整事项在进行调整处理时,下列不能调整的项目是(　　)。

A. 涉及损益的事项　　B. 涉及利润分配的事项

C. 涉及应交税金的事项　　D. 涉及现金收支的事项

12. 下列不属于资产负债表日后事项中“调整事项”的是(　　)。

A. 已证实事项资产发生了减损

B. 已确认销售的货物被退回

C. 外汇汇率发生较大变动

D. 已确定将要支付赔偿额大于该赔偿在资产负债表日的估计金额

13. 在资产负债表日后期间,甲公司发现报告年度以前的重大会计差错属于(　　)。

A. 调整事项　　B. 非调整事项　　C. 或有事项　　D. 当期事项

14. 在资产负债表日或以前提出的诉讼,在资产负债表日后以不同于资产负债表金额而结案,属于(　　)。

A. 或有事项　　B. 非调整事项

C. 调整事项　　D. 会计估计变更

15. 甲企业 2017 年 12 月 20 日向乙企业销售一批商品,已进行收入确认的有关账务处理,2018 年 2 月 1 日,乙企业收到货物后验收发现存在质量问题,要求退货,经协商 2 月 10 日甲企业给予折让 300 万元。甲企业年度资产负债表批准报出日是 4 月 30 日。甲企业对此业务的处理是(　　)。

A. 作为 2017 年资产负债表日后事项的调整事项

B. 作为 2017 年资产负债表日后事项的非调整事项

C. 作为 2018 年差错更正事项

D. 作为2018年当期正常事项

16. 某企业因合同违约于2017年10月被一家客户起诉，原告提出索赔800 000元。2018年1月21日法院做出终审判决，判决该企业自判决日起30日内向原告赔偿750 000元。在该企业2018年3月2日公布的2017年度的会计报表中，该赔偿金额应作为（　　）。

A. 2017年度的调整事项处理　　B. 2018年度的管理费用处理

C. 2017年度的非调整事项处理　　D. 2018年度的营业外支出处理

17. 某零售企业在年度资产负债表日至财务报告批准报出日之间发生的下列事项中，不属于资产负债表日后事项的为（　　）。

A. 销售名牌商品　　B. 出售重要的子公司

C. 火灾造成重大损失　　D. 发生重大的诉讼案件

18. 资产负债表日至财务会计报告批准报出日之间发生的调整事项在进行调整会计处理时，不允许调整报告年度的项目有（　　）。

A. 货币资金项目　B. 应收账款项目　C. 所有者权益项目　D. 损益项目

19. 资产负债表日至财务会计报告批准报出日之间发生的下列事项，属于资产负债表日后调整事项的是（　　）。

A. 为子公司的银行借款提供担保

B. 对资产负债表日存在的债务签订债务重组协议

C. 法院判决赔偿的金额与资产负债表日预计的相关负债的金额不一致

D. 债务单位遭受自然灾害导致资产负债表日存在的应收款项无法收回

20. A公司2017年度财务会计报告批准报出日为2018年4月30日。A公司2017年1月6日向乙公司销售一批商品并确认收入。2018年2月20日，乙公司因产品质量原因将上述商品退货。A公司对此项退货业务正确的处理方法是（　　）。

A. 冲减2018年度相关收入、成本和税金等相关项目

B. 冲减2018年2月份相关收入、成本和税金等相关项目

C. 作为2017年资产负债表日后事项中的调整事项处理

D. 作为2017年资产负债表日后事项中的非调整事项处理

二、多项选择题

1. 对于资产负债表日后事项的“非调整事项”，应在会计报表附注中披露的有（　　）。

A. 非调整事项的性质和内容　　B. 非调整事项可能对财务状况的影响

C. 非调整事项可能对经营成果的影响　D. 非调整事项无法估计上述影响的原因

E. 非调整事项在报告年度以后可能的调整

2. 下列于年度资产负债表日至财务会计报告批准报出日之间发生的事项中，属于资产负债表日后事项的有（　　）。

A. 支付生产工人工资　　B. 固定资产和投资发生严重减值

C. 股票和债券的发行　　　　　　　　D. 火灾造成重大损失

3. 甲公司在资产负债表日至财务会计报告批准报出日之间发生的下列事项，属于资产负债表日后非调整事项的有(　　)。

A. 发生重大仲裁

B. 甲公司的股东A公司将持有甲公司51%的股份转让给B公司

C. 外汇汇率发生较大变动

D. 新的证据表明，在资产负债表日对长期合同应计收益的估计存在重大误差

4. 科海股份有限公司2017年度财务会计报告于2018年2月20日批准报出。公司发生的下列事项中，必须在其2017年度会计报表附注中披露的有(　　)。

A. 2017年11月1日，从该公司董事持有51%股份的公司购货800万元

B. 2018年1月20日，公司遭受水灾造成存货重大损失500万元

C. 2018年1月30日，发现上年应计入财务费用的借款利息0.10万元误计入在建工程

D. 2018年2月1日，公司向一家网络公司投资500万元，从而持有该公司50%的股份

5. 股份有限公司自资产负债表日至财务报告批准报出日之间发生的下列事项中，属于非调整事项的有(　　)。

A. 公司与另一公司合并

B. 公司董事会提出现金股利分配方案

C. 公司董事会提出股票股利分配方案

D. 公司与另一企业就报告年度存在的债务达成重组协议

E. 一幢厂房因地震发生倒塌，造成公司重大损失

6. 某上市公司财务报告批准报出日为次年4月30日，该公司在资产负债表日后发生了以下事项，其中属于非调整事项的有(　　)。

A. 接到某债务人1月28日发生一场火灾，导致重大损失，以至于不能偿还货款的通知，该公司已将此货款于资产负债表日计入应收账款

B. 外汇汇率发生较大变动

C. 新证据表明资产负债表日对长期建造合同应计收益的估计存在重大误差

D. 发行债券筹资

E. 已登记为报告年度的销售货物被退回

7. 2017年甲公司为乙公司的500万元债务提供70%的担保，乙公司因到期无力偿还债务被起诉，至12月31日，法院尚未做出判决，甲公司根据有关情况预计很可能承担部分担保责任，2018年2月6日甲公司财务报告批准报出之前法院做出判决，甲公司承担全部担保责任，需为乙公司偿还债务的70%，甲公司已执行，以下事项中属于甲公司正确处理的是(　　)。

A. 2017年12月31日按照很可能承担的担保责任确认预计负债

B. 2017年12月31日对此预计负债做出披露

C. 2017 年 12 月 31 日对此或有负债做出披露

D. 2018 年 2 月 6 日按照资产负债表日后调整事项处理，调整会计报表相关项目

E. 2018 年 2 月 6 日按照资产负债表日后非调整事项处理，做出说明

8. 甲公司因违约于 2017 年 11 月被乙公司起诉，该项诉讼在 2017 年 12 月 31 日尚未判决，甲公司认为有可能败诉并赔偿。2018 年 2 月 15 日财务报告批准报出之前，法院判决甲公司需要偿付乙公司的经济损失，甲公司不再上诉并支付了赔偿款项。作为资产负债表日后调整事项，甲公司应做的会计处理包括(　　)。

A. 按照调整事项处理原则调整以前年度损益和其他相关项目

B. 调整 2017 年 12 月 31 日资产负债表相关项目

C. 调整 2017 年 12 月 31 日利润表及所有者权益变动表相关项目

D. 调整 2017 年 12 月 31 日现金流量表正表相关项目

E. 调整 2018 年 2 月资产负债表期初数的相关项目

9. 资产负债表日后非调整事项的特点为(　　)。

A. 在资产负债表日或以前已经存在　　B. 在资产负债表日并未发生或存在

C. 资产负债表日得以证实　　D. 期后发生的事项

E. 对理解和分析报告年度的财务报告产生重大影响

三、判断题

1. 资产负债表日后期间的非调整事项是指资产负债表日或以前已经存在，但对编制财务报告没有影响的事项。(　　)

2. 企业在资产负债表日后期间发生严重火灾，损失仓库一栋，这一事项属于非调整事项。(　　)

3. 交易性金融资产在资产负债表日后期间市价严重下跌，公司应将其视为资产负债表日后非调整事项。(　　)

4. 资产负债表日后事项中的调整事项，无论是有利事项还是不利事项，均应当调整报告年度会计报表相关项目数字。(　　)

5. 对资产负债表日后事项中的非调整事项，只进行账务处理，不需要披露。(　　)

6. 资产负债表日后事项的调整事项，虽然已经调整了报表项目的相关数字，但是也要在会计报表附注中进行披露。(　　)

7. 资产负债表日后发生的调整事项如涉及现金收支项目，不需要调整报告年度现金流量表正表，但需调整报告年度资产负债表的货币资金项目。(　　)

8. 对资产负债表日后事项中的调整事项，涉及损益的事项，通过“以前年度损益调整”科目核算，然后将“以前年度损益调整”的余额转入“本年利润”科目。(　　)

9. 2017 年度财务会计报告批准报出前，该公司董事会于 2017 年 2 月 25 日提出分派股票股利方案。该公司对该事项在会计报表附注中做了相关披露，并调整会计报表相关项目的金额。(　　)

10. 资产负债表日后事项中的调整事项，涉及损益调整的事项，直接在“利润分配——未分配利润”科目核算。（　　）

四、计算及账务处理题

1. 乙股份有限公司于2017年5月1日销售一批商品给A公司，取得收入1 000万元，增值税170万元，款项未收；该批商品的成本为730万元。2017年9月经催收收回170万元，至年末尚有1 000万元货款未收回。经了解，A公司的财务状况已发生恶化，估计有20%的余款无法收回。2018年3月乙公司接到A公司的通知，A公司已进行破产清算，乙公司预计有80%的货款无法收回。乙公司2017年度报表于2018年4月5日经董事会批准报出，乙公司按净利润的10%提取法定盈余公积。假定税法规定，应收款项计提的坏账准备不得税前抵扣，待实际发生时准予抵扣。所得税税率为25%。

要求：

(1) 对乙公司2017年有关销售商品、计提坏账准备的业务进行账务处理；

(2) 对乙公司资产负债表日后事项进行处理。

2. A公司涉及的诉讼案，在2017年12月31日，法院尚未判决，A公司认为支付货款延付期间的利息和承担诉讼费的可能性为51%，金额在8万元至10万元之间(含诉讼费2万元)。2018年3月10日(2017年度财务会计报告批准报出之前)，一审判决A公司应向B公司支付货款延付期间的利息10万元，此外，还应承担诉讼费2万元。A公司不再上诉，但款项尚未支付。假定A公司适用的所得税税率为25%，资产负债表日计算的税前会计利润等于按税法规定计算的应纳税所得额。A公司按净利润的10%提取法定盈余公积，提取法定盈余公积之后，不再做其他分配。假定不考虑纳税调整事项。

要求：

(1) 编制A公司2017年12月31日将或有事项确认负债的会计分录；

(2) 编制A公司2018年3月10日相关业务的会计分录，并说明对2017年度会计报表相关项目调整数。

3. A公司于2017年11月销售给B公司一批产品，销售价格为40 000元(不含应向购买方收取的增值税税额)，销售成本为30 000元。货款于当年12月31日尚未收到。12月25日接到B公司通知，在验收物资时发现该批产品存在严重的质量问题需要退货。A公司希望协商解决问题，并与B公司协商解决办法。A公司在12月31日编制资产负债表时，将该应收账款46 800元(包括向购买方收取的增值税税额)列示于资产负债表的“应收账款”项目内，公司按应收账款年末余额的5%计提坏账准备(假定税法规定均不得税前扣除)。2018年1月10日双方协商未成，A公司收到B公司通知，该批产品已经全部退回。A公司于2018年1月15日收到退回的产品，以及购货方退回的增值税专用发票的发票联和税款抵扣联，该物资增值税税率为17%。假定商品的退回，发生于报告年度所得税汇算清缴之后，所得税税率为25%，按净利润10%提取法定盈余公积。

要求：进行调整事项的会计处理。

项目七　租赁的核算

1. 最低租赁付款额、最低租赁收款额、租赁内涵利率等概念的含义
2. 租赁的分类

1. 租赁类型的判断以及融资租赁的认定标准
2. 掌握经营租赁的核算
3. 理解融资租赁的核算

任务一　租赁的认知

一、租赁的定义及特点

在市场经济条件下，租赁业务作为企业融资的重要形式，其需求日益增长，越来越多的企业通过租赁的形式获得相关资产的使用权。

租赁是指在约定的期间内，出租人将资产使用权让与承租人，以获取租金的协议。租赁的主要特点是转移资产的使用权，而不是资产的所有权，并且这种转移是有偿的，取得使用权以支付租金为代价。租赁有别于资产购置和不把资产的使用权从合同的一方转移给另一方的服务性合同，如劳务合同、运输合同、保管合同、仓储合同等以及无偿提供使用权的借用合同。

二、租赁的分类

租赁可按照不同的标准进行分类，对租赁的正确分类，有助于加深对租赁性质的理解，以有效地利用各种租赁形式，充分发挥租赁的作用。目前，中外会计准则对租赁业务所做的分类有相同之处，即根据与租赁资产所有权有关的风险和报酬的归属对租赁进行分类。例如，IAS17 根据"与租赁资产所有权相关的风险与报酬归属于出租人和承租人的程度"，将租赁分为融资租赁和经营租赁，并指出"如果一项租赁实质上转移了与资产所有权相关的全部风险与报酬，那么该项租赁应归类为融资租赁"，否则应归类为经营租赁。IAS17 的这一分类标准被许多国家和地区所采用，如美国、英国、德国等。我国的租赁会计准则也采用了与国际租赁会计准则一致的分类方法。但有些国家，如法国和巴西，将所有租赁都归类为经营租赁；美国和加拿大虽然采用这一标准，但它们对租赁的分类较之其他国家更复杂，它们将出租人的融资租赁进一步分为销售型租赁、直接融资租赁和杠杆型租赁(美国)。

(一) 租赁的基本分类

根据与租赁资产所有权相关的风险与报酬是否从出租人转移给承租人，可以将租赁分为融资租赁和经营租赁两大类。

融资租赁，也称为资本租赁，是指出租人实质上将与资产所有权相关的风险与报酬全部转移给了承租人的一种租赁，其所有权最终可能转移，也可能不转移。所谓与资产所有权相关的风险是指由于资产闲置或工艺技术陈旧等可能造成的损失，以及由于经营情况变化造成相关收益的变动。所谓与资产所有权相关的报酬是指在资产的有效使用年限内直接使用租赁资产可能获得的经济利益，以及资产增值或处置资产所实现的收益。

判断一项租赁是融资租赁还是经营租赁，应根据交易的实质，而不是合同的形式，即根据与租赁资产所有权相关的风险与报酬是否转移来判断。具体来说，满足下列标准之一的，应认定为融资租赁：

(1) 租赁期满时，租赁资产的所有权转移给承租人。即如果在租赁协议中已经约定，或者根据其他条件在租赁开始日就可以合理地判断，租赁期届满时出租人会将资产的所有权转移给承租人，那么该项租赁应当认定为融资租赁。

(2) 承租人有购买租赁资产的选择权。所订立的购买价预计远低于行使选择权时租赁资产的公允价值，因而在租赁开始日就可以合理确定承租人将会行使这种选择权。

(3) 租赁期占租赁资产尚可使用年限的大部分。这里"大部分"通常情况下是租赁期占租赁开始日租赁资产尚可使用年限的 75%以上(含 75%)。需要注意的是，如果租赁资产在开始租赁前已使用年限超过该资产全新时可使用年限的 75%以上时，则该条标准不适用。

(4) 就承租人而言，在租赁开始日的最低租赁付款额的现值，几乎相当于租赁开始日租赁资产的公允价值；就出租人而言，在租赁开始日的最低租赁收款额现值，几乎相当于租赁开始日租赁资产公允价值。其中，"几乎相当于"通常掌握在 90%以上(含 90%)。这里的量化标准只是指导性标准，企业在具体运用时，必须以租赁准则规定的相关条件判断。

(5) 租赁资产性质特殊，如果不作较大改制，只有承租人才能使用。这条标准是指租赁资产是出租人根据承租人对资产型号、规格等方面的特殊要求专门购买或建造的，具有专购、专用性质。这些租赁资产如果不作较大的改制，其他企业通常难以使用。这种情况下，该项租赁也应当认定为融资租赁。

不满足以上任何一条标准的租赁就是经营租赁。

（二）租赁的其他分类

按出租人取得租赁资产的来源和方式分，租赁还可以分为销售型租赁、直接融资租赁、售后回租、杠杆租赁和转租赁等。

(1) 销售型租赁，是指销售性质的租赁，它是厂商或经销商销售商品的一种方式，即厂商或经销商作为出租人，将其制造或经销的商品收取一定租金提供给承租人使用。出租人获取的收益不仅含有融资收益，还包括商品产销差价或进销差价。这种租赁与分期收款销售方式比较接近，主要区别是前者的所有权没有发生转移，而后者的所有权发生了转移。

(2) 直接融资租赁，是指出租人将自行购入的资产租给承租人并收取租金的租赁业务。它在形式上与销售租赁十分类似，主要区别是在直接融资租赁中，出租人赚取的主要是融资收益。

(3) 售后回租，它是一项特殊的租赁业务，是将自制或外购的资产出售，然后向买方租回使用的业务。资产销售方同时又是承租人，一方面企业通过销售业务实现资产销售，取得销售收入，另一方面又作为承租方向对方租入资产用于生产过程，从而实现资产价值和交换价值，具有经济业务的双重身份。其二，资产购买者同时又是出租方，企业通过购买对方单位的资产取得资产所有权，同时又作为出租方转移资产使用权，取得资产使用权转让收入，实现资产的使用价值的再循环，具有业务上的双重性，是融资产销售和资产租赁为一体的特殊交易行为。

(4) 杠杆租赁，又称为第三者权益租赁，租赁协议是介于承租人、出租人及贷款人间的三边协定；是由出租人（租赁公司或商业银行）本身拿出部分资金，然后加上贷款人提供的资金，以便购买承租人所欲使用的资产，并交由承租人使用；而承租人使用租赁资产后，应定期支付租赁费用。通常出租人仅提供其中20%～40%的资金，贷款人则提供60%～80%的资金。租赁公司既是出租人又是借资人，既要收取租金又要支付债务。这种融资租赁形式由于租赁收益一般大于借款成本支出，出租人借款购物出租可获得财务杠杆利益，故被称为杠杆租赁。

(5) 转租赁，是指承租人在租赁期内将租入资产出租给第三方的行为，简称转租。

三、租赁的相关概念

租赁业务作为企业融资的重要形式，需求日益增长，越来越多的企业通过租赁的形式获得相关资产的使用权。

（一）租赁期

租赁期是指租赁协议规定的不可撤销的租赁期间。如果承租人有权选择续租该资产，并且在租赁开始日就可以合理确定承租人将会行使这种选择权，不论是否再支付租金，续租期也包括在租赁期之内。

（二）租赁开始日

租赁开始日是指租赁协议日与租赁各方就主要条款做出承诺日中的较早者。在租赁开始日，承租人和出租人应当将租赁认定为融资租赁或经营租赁，并确定在租赁期开始日应确认的最低租赁付款额及其现值和最低租赁收款额及其现值、租赁资产的公允价值、资产余值、担保余值等款项的金额。

（三）租赁期开始日

租赁期开始日是指承租人有权行使其使用租赁资产权利的日期，表明租赁行为的开始。在租赁期开始日，承租人应当对租入资产、最低租赁付款额和未确认融资费用进行初始确认；出租人应当对应收租赁款、未担保余值和未实现融资收益进行初始确认。严格来说，在租赁期开始日，才真正进行租赁业务的会计处理。因此，这一时间概念与前述的租赁开始日是有区别的，在租赁开始日租赁双方只是对租赁业务进行分类，并确定相关款项的金额，而在租赁期开始日，租赁双方在会计上才开始对租赁业务进行初始确认。

（四）资产余值

资产余值是指在租赁开始日估计的租赁期届满时租赁资产的公允价值。为了促使承租人谨慎地使用租赁资产，尽量减少出租人作为资产所有者应承担的风险和可能发生的损失，租赁协议有时要求承租人、与承租人有关的第三方或与承租人和出租人都无关的第三方对租赁资产的余值进行担保。资产余值按照有无担保分为担保余值和未担保余值。

（五）担保余值

就承租人而言，担保余值是指由承租人或与其有关的第三方担保的资产余值；就出租人而言，担保余值是指就承租人而言的担保余值加上与承租人和出租人均无关，但在财务上有能力担保的第三方担保的资产余值。其中，资产余值是指在租赁开始日估计的租赁期届满时租赁资产的公允价值。

为了促使承租人谨慎地使用租赁资产，尽量减少出租人自身的风险和损失，租赁协议有时要求承租人或与其有关的第三方对租赁资产的余值进行担保，此时的担保余值就是针对承租人而言的。除此以外，担保人还可能是与承租人和出租人均无关，但在财务上有能力担保的第三方，如担保公司，此时的担保余值是针对出租人而言的。

（六）未担保余值

未担保余值是指租赁资产余值中扣除就出租人而言的担保余值后的资产余值。

对出租人而言，如果租赁资产余值中包含未担保余值，表明这部分余值产生的风险和报酬并没有转移，其风险由出租人承担，因此，未担保余值不能作为应收融资租赁款的一部分。

（七）最低租赁付款额

最低租赁付款额，是指租赁期内，承租人应支付或可能被要求支付的款项（不包括或有租金和履约成本），加上由承租人或与其有关的第三方担保的资产余值，但是出租人支付但可退还的税金不包含在内。

承租人有购买租赁资产选择权，所订立的购买价款预计将远低于行使选择权时租赁资产的公允价值，因而在租赁开始日就可以合理确定承租人将会行使这种选择权的，购买价款应当计入最低租赁付款额。

（八）最低租赁收款额

最低租赁收款额，是指最低租赁付款额加上独立于承租人和出租人的第三方对出租人担保的资产余值。

通过比较最低租赁收款额和付款额的概念，可以看出租赁双方处理的范围和差异所在，这样更容易掌握租赁的实质。其实从租赁各方实际需要支出的款项上来看，可能混淆的就是这两部分第三方担保余值：如果是和租赁双方都没有关系的独立的第三方，那么应该是出租方收取的款项，也就是租赁资产未来应该至少值多少钱；如果是承租方及相关第三方支付的担保余值，就是承租人需要确认的支出款项。之所以把这个支出纳入最低租赁付款额是从谨慎角度出发计算租赁的实际利率。从财务上说，租赁的实际利率是筹资的重要参照，因此对于未来的支出或者是很可能的现金流出都是要进行计算的。

（九）或有租金

或有租金是指金额不固定，以时间长短以外的其他因素（如销售量、使用量、物价指数等）为依据计算的租金。这样的租金可能发生，也可能不发生，即使发生，其金额也难以在租赁开始日准确确定。因此，从谨慎性原则出发，或有租金不包括在最低租赁付款额之中。或有租金在实际发生时，计入当期损益。

（十）履约成本

履约成本是指租赁期内为租赁资产支付各种费用，如技术咨询和服务费、人员培训费、维修费、保险费等。承租人发生履约成本通常应计入当期损益。

（十一）初始直接费用

初始直接费用，是指在租赁谈判和签订租赁协议的过程中发生的可直接归属于租赁项目的费用。承租人发生的初始直接费用，通常有印花税、佣金、律师费、差旅费、谈判费等。承租人发生的初始直接费用，应当计入租入资产价值。

（十二）租赁内含利率

租赁内含利率，是指在租赁开始日，使最低租赁收款额的现值与未担保余值的现值之和等于租赁资产公允价值与出租人的初始直接费用之和的折现率。其计算公式为：

最低租赁收款额的现值＋未担保余值的现值＝租赁资产公允价值＋初始直接费用

租赁内含利率既反映了出租人在融资租赁中获取的融资收益率，也反映了承租人在融资租赁中实际承担的融资费用率。

（十三）未确认融资费用

未确认融资费用是指在融资租赁中，承租人通常应当将租赁开始日租赁资产原账面价值与最低租赁付款额的现值两者中较低者作为租入资产的入账价值，将最低租赁付款额作为长期应付款的入账价值，并将两者的差额记为未确认融资费用，其本质是承租人在融资租赁中所支付的融资利息。

（十四）未实现融资收益

未实现融资收益是指在融资租赁中，最低租赁收款额及未担保余值与租赁资产公允价值和初始直接费用之间的差额，其本质是出租人在融资租赁中所获得的利息收入。

任务二　经营租赁的核算

一、承租人对经营租赁的会计处理

在经营租赁下，与租赁资产所有权有关的风险和报酬并没有实质上转移给承租人，承租人不承担租赁资产的主要风险，承租人对经营租赁的会计处理比较简单，不需要将所取得的租入资产的使用权资本化，相应地也不必将所承担的付款义务列作负债。其主要问题是解决应支付的租金与计入当期费用的关系。承租人在经营租赁下发生的租金，应当在租赁期内的各个期间按直线法确认为费用；如果其他方法更合理，也可以采用其他方法。对于承租人在租赁谈判和签订租赁合同过程中发生的初始直接费用，如手续费印花税、佣金、律师费、差旅费等直接计入当期损益（管理费用等）。

确认各期租金费用时，借记“长期待摊费用”等科目，贷记“其他应付款”等科目。实际支付租金时，借记“其他应付款”等科目，贷记“银行存款”等科目。

承租人在经营租赁中实际发生或有租金时，应当计入当期损益，借记“销售费用”等科目，贷记“银行存款”等科目。

此外，为了保证租赁资产的安全和有效使用，承租人应设置“经营租赁资产”备查簿作备查登记，以反映和监督租赁资产的使用、归还和结存的情况。

【例7-1】 甲公司从2017年1月1日起,以经营租赁方式租入管理用办公设备一批,价值1 000 000元,预计使时用年限10年。租赁合同规定,租期3年,租金总额为750 000元。租赁开始日(2017年1月1日)一次性预付租金150 000元,第一年年末支付租金150 000元,第二年年末支付租金200 000元,第三年年末支付租金250 000元。租赁期满对方收回该批设备。(假定于年末确认租金费用)

分析:此项租赁未满足融资租赁任何一条标准,应作为经营租赁处理。确认租金费用时,不能依据各期实际支付的租金确定,而应采用直线法分摊确认各期的租金费用。租金总额750 000元,在3年的租期内分摊,每年租金费用250 000元。

甲公司的有关会计处理如下:

(1) 第一年年初支付租金时:

借:长期待摊费用　　150 000

　　贷:银行存款　　150 000

(2) 第一年年末确认租金费用250 000元:

借:管理费用　　250 000

　　贷:银行存款　　150 000

　　　　长期待摊费用　　100 000

(3) 第二年年末确认租金费用250 000元:

借:管理费用　　250 000

　　贷:银行存款　　200 000

　　　　长期待摊费用　　50 000

(4) 第三年年末确认租金费用250 000元:

借:管理费用　　250 000

　　贷:银行存款　　250 000

如果第一年支付的租金总额在250 000元以内,则第一年年初预付租金时可计入其他应付款。

若对经营租赁的固定资产进行改良支出,则应先通过"长期待摊费用"账户核算,并在剩余租赁期与租赁资产尚可使用年限两者中较短的期间内,采用合理的方法进行摊销。

【例7-2】 2017年4月1日,丙公司对其以经营租赁方式新租入的办公楼进行装修,发生以下有关支出:领用生产用材料500 000元,购进该批原材料时支付的增值税进项税额为85 000元;辅助生产车间为该装修工程提供的劳务支出为280 000元;有关人员的工资等职工薪酬420 000元。2017年12月1日,该办公楼装修完工,达到预定可使用状态并交付使用,并按租赁期10年开始进行摊销。

假定不考虑其他因素,丙公司应做如下会计处理:

(1) 装修领用原材料时:

借:长期待摊费用　　500 000

　　贷:原材料　　500 000

(2) 辅助生产车间为装修工程提供劳务时：

借：长期待摊费用 280 000

　　贷：生产成本——辅助生产成本 280 000

(3) 确认工程人员职工薪酬：

借：长期待摊费用 420 000

　　贷：应付职工薪酬 420 000

(4) 2007 年 12 月摊销装修支出：

借：管理费用 10 000

　　贷：长期待摊费用 10 000

(500 000＋280 000＋420 000)÷10÷12＝10 000(元)

对于重大的经营租赁，承租人应当在附注中披露下列信息：① 资产负债表日后连续三个会计年度每年将支付的不可撤销经营租赁的最低租赁付款额。② 以后年度支付的不可撤销经营租赁的最低租赁付款额总额。

二、出租人对经营租赁的会计处理

在经营租赁下，租赁资产的所有权始终归出租人所有，因此出租人仍应按自有资产的处理方法，将租赁资产反映在资产负债表上。如果经营租赁资产属于固定资产，应当对其计提折旧。出租人在经营租赁下收取的租金应当在租赁期内的各个期间按直线法确认为收入；如果其他方法更合理，也可以采用其他方法。

在经营租赁方式下，出租人也会发生初始直接费用。在会计处理上目前将其确认为当期费用。

其会计处理为确认各期租金收入时，借记"其他应收款"等科目，贷记"其他业务收入"等科目。实际收到租金时，借记"银行存款"等科目，贷记"其他应收款"等科目。

【例 7-3】 沿用【例 7-1】，出租方的会计处理如下：

(1) 第一年年初收到预付租金时：

借：银行存款 150 000

　　贷：其他应收款 150 000

(2) 第一年年末确认租金收入：

借：银行存款 150 000

　　其他应收款 100 000

　　贷：其他业务收入 250 000

(3) 第二年年末确认租金收入：

借：银行存款 200 000

　　其他应收款 50 000

　　贷：其他业务收入 250 000

(4) 第三年年末确认租金收入:

借:银行存款　　250 000

　贷:其他业务收入　　250 000

任务三　融资租赁的核算

从法律形式上看,在融资租赁有效期内,租赁资产仍是出租人所有,承租人只享有使用资产的权利,但从租赁交易的实质看,承租人在租赁资产有效使用期限的大部分时间内,已承担了与租赁资产所有权相关的风险和报酬,所以,承租人实质上已取得了该项租赁资产。因此要将其视同本企业的资产进行管理,为与企业自有固定资产相区别,企业应对融资租赁固定资产单设"融资租赁固定资产"明细科目进行核算。

下面仅介绍承租人融资租赁固定资产的主要会计处理。

一、融资租赁资产入账价值的确定

企业采用融资租赁方式租入的固定资产,应在租赁期开始日,将租赁开始日租赁资产公允价值与最低租赁付款额现值两者中较低者,加上初始直接费用,作为租入资产的入账价值,借"固定资产——融资租赁固定资产"等科目,按最低租赁付款额,贷记"长期应付款——应付融资租赁款"科目,按发生的初始直接费用,贷记"银行存款""库存现金"等科目,按其差额,借记"未确认融资费用"科目。

初始直接费用,是指在租赁谈判和签订租赁协议的过程中发生的可直接归属于租赁项目的费用。承租人发生的初始直接费用,通常有印花税、佣金、律师费、差旅费、谈判费等。承租人发生的初始直接费用,应当计入租赁资产价值。

承租人在计算最低租赁付款额的现值时,能够取得出租人租赁内含利率的,应当采用租赁内含利率作为折现率;否则,应当采用租赁合同规定的利率作为折现率。企业无法取得出租人的租赁内含利率且租赁合同没有规定利率的,应当采用同期银行贷款利率作为折现率。

每期支付租金费用时,借记"长期应付款"科目,贷记"银行存款"科目。如果支付的租金中包括履约成本,按履约成本金额,根据受益原则,借记"制造费用""管理费用"等相关科目,贷记"银行存款"科目。

每期采用实际利率法分摊未确认融资费用时,按当期应分摊的未确认融资费用金额,借记"财务费用"科目,贷记"未确认融资费用"科目。

二、融资租赁固定资产折旧的计提

融资租赁在每个会计期间会产生租赁资产的折旧费。融资租赁资产的折旧政策应采用与企业自有固定资产相一致的折旧政策。

（一）折旧期的确定

如果可以合理确定承租人在租赁期满后将取得资产的所有权，则应当在租赁资产使用寿命期内计提折旧。如果不能合理确定承租人在租赁期满后将取得资产的所有权，则资产应在租赁期与使用寿命两者孰短的期限内计提完折旧。其会计处理为借记"制造费用"等科目，贷记"累计折旧"科目。

（二）折旧总额的确定

如果承租人或与其有关的第三方对租赁资产余值提供了担保，则应计提的折旧总额为融资租入固定资产的入账价值扣除担保余值后的余额。如果承租人或与其有关的第三方未对租赁资产余值提供担保，则应计提的折旧总额为租赁开始日固定资产的入账价值。

三、未确认融资费用的分摊

在融资租赁下，承租人向出租人支付的租金中，包含了本金和利息两部分。承租人支付租金时，一方面应减少长期应付款，另一方面应同时将未确认的融资费用按一定的方法确认为当期融资费用。

在分摊未确认的融资费用时，根据租赁准则的规定，承租人采用实际利率法在租赁期内各个期间进行分摊。存在优惠购买选择权时，在租赁期届满时，未确认的融资费用应全部摊销完毕，租赁负债应当减少为优惠购买金额。在承租人或与其有关的第三方对租赁资产提供了担保或由于在租赁期届满时没有续租而支付违约金的情况下，在租赁期届满时，未确认的融资费用应当全部摊销完毕，租赁负债还应当减少至担保余值。

四、租赁期届满时的会计处理

租赁期届满时，承租人通常对租赁资产的处理有三种情况，即返还、优惠续租和留购。

租赁期届满，承租人向出租人返还租赁资产的，通常借记"长期应付款——应付融资租赁款""累计折旧"科目，贷记"固定资产——融资租入固定资产"科目。

如果承租人行使优惠续租选择权，则应视同该租赁一直存在而做出相应的会计处理。如果承租人在租赁期届满时没有续租，根据租赁协议规定向出租人支付违约金时，应当借记"营业外支出"科目，贷记"银行存款"等科目。

在承租人享有优惠购买选择权的情况下，支付购买价款时，借记"长期应付款——应付融资租赁款"，贷记"银行存款"等科目；同时将固定资产从"融资租入固定资产"明细科目转入有关明细科目。

【例7-4】 2016年12月1日，甲公司与乙租赁公司签订了一份矿泉水生产线融资租赁合同。租赁合同规定：租赁期开始日为2017年1月1日；租赁期为3年，每年年末支付租金 2 000 000 元；租赁期届满，矿泉水生产线的估计残余价值为 400 000 元，其中甲公司担保余值为 300 000 元，未担保余值为 100 000 元。

该矿泉水生产线于 2016 年 12 月 31 日运抵甲公司，当日投入使用；甲公司采用年限平均法计提固定资产折旧，于每年年末一次确认融资费用并计提折旧。假定该矿泉水生产线为全新生产线，租赁开始日的公允价值为 6 000 000 元；租赁内含利率为 6%。2019 年 12 月 31 日，甲公司将该矿泉水生产线归还给乙公司。

甲公司的账务处理：

(1) 2016 年 12 月 31 日，租入固定资产。

最低租赁付款额现值＝2 000 000×2.673 0＋300 000×0.839 6

＝5 597 880(元)

而租赁开始日的公允价值为 6 000 000 元，因此应以 5 597 880 元作为固定资产的入账价值。

未确认融资费用＝6 300 000－5 597 880＝702 120(元)

借：固定资产——融资租入固定资产　　5 597 880

　未确认融资费用　　702 120

　贷：长期应付款——应付融资租赁款　　6 300 000

(2) 2017 年 12 月 31 日，支付租金，分摊融资费用并计提折旧。未确认融资费用分摊表见表 7－1。

表 7－1　未确认融资费用分摊表

单位：元

日 期	租 金 (1)	确认的融资费用 (2)＝期初(4)×6%	应付本金减少额 (3)＝(1)－(2)	摊余成本 (4)＝期初(4)－(3)
2017 年年初				5 597 880
2017 年年末	2 000 000	335 872.80	1 664 127.20	3 933 752.80
2018 年年末	2 000 000	236 025.17	1 763 974.83	2 169 777.97
2019 年年末	2 000 000	130 222.03*	1 869 777.97	300 000
合 计	6 000 000	702 120	5 297 880	

*为尾数调整

借：长期应付款——应付融资租赁款　　2 000 000

　贷：银行存款　　2 000 000

借：财务费用　　335 827.8

　贷：未确认融资费用　　335 827.8

应计提折旧＝(5 597 880－300 000)÷3＝1 765 960(元)

借：制造费用　　1 765 960

　贷：累计折旧　　1 765 960

2018 年及 2019 年支付租金，分摊融资费用并计提折旧的账务处理，比照 2017 年相关账务处理。

2019 年 12 月 31 日,归还矿泉水生产线

借:长期应付款——应付融资租赁款　　300 000

　累计折旧　　5 297 880

　贷:固定资产——融资租入固定资产　　5 597 880

承租人应当在资产负债表中,将与融资租赁相关的长期应付款减去未确认融资费用的差额,分别长期负债和一年内到期的长期负债列示。

承租人应当在附注中披露与融资租赁有关的下列信息:① 各类租入固定资产的期初和期末原价、累计折旧额;② 资产负债表日后连续三个会计年度每年将支付的最低租赁付款额以及以后年度将支付的最低租赁付款额总额;③ 未确认融资费用的余额以及分摊未确认融资费用所采用的方法。

课后练习

一、单项选择题

1. 在经营租赁方式下,承租人在租赁期需(　　)。

A. 将租入资产记入固定资产账户　　B. 对租入资产计提折旧

C. 对租入资产支付租金　　D. 对租入资产支付保费

2. 在融资租赁情况下,与租赁资产所有权有关的风险和报酬由(　　)承担。

A. 出租人　　B. 担保人　　C. 承租人　　D. 借款人

3. 租赁内含利率是指在租赁开始日,使(　　)的现值与未担保余值的现值之和等于租赁资产公允价值与出租人的初始直接费用之和的折现率。

A. 最低租赁收款额　　B. 最低租赁付款额

C. 各期租金　　D. 担保余值

4. 出租人将最低租赁收款额、初始直接费用与未担保余值之和同它们的现值之和的差额记为(　　)。

A. 未确认融资费用　　B. 递延费用

C. 未实现融资收益　　D. 递延收益

5. 就出租人而言,担保余值是指(　　)。

A. 租赁开始日估计的租赁期届满时租赁资产的公允价值

B. 租赁资产的最终残值

C. 由承租人或与其有关的第三方担保的资产余值

D. 由承租人或与其有关的第三方担保的资产余值加上与承租人和出租人均无关,但在财务上有能力担保的第三方担保的资产余值

6. 下列各项中,不属于初始直接费用的是(　　)。

A. 租赁合同的印花税　　B. 履约成本

C. 租赁谈判人员的差旅费　　D. 佣金

7. 某项融资租赁合同,租赁期为8年,承租人每年年末支付租金100万元,承租人担保的资产余值为50万元,与承租人有关的A公司担保余值为20万元,租赁期间,履约成本共50万元,或有租金20万元。就承租人而言,最低租赁付款额为(　　)万元。

A. 870　　B. 940　　C. 850　　D. 920

二、多项选择题

1. 承租人在计算最低租赁付款额的现值选择折现率时,应考虑的因素有(　　)。

A. 出租人租赁内含利率　　B. 租赁合同规定的利率

C. 同期银行贷款利率　　D. 同期银行存款利率

2. 租赁业务中,下列应于实际发生时计入当期损益的有(　　)。

A. 融资租赁中的未确认融资费用

B. 融资租赁中承租人发生的初始直接费用

C. 经营租赁中承租人发生的初始直接费用

D. 经营租赁中出租人发生的初始直接费用

3. 以下构成承租方融资租入固定资产的入账价值基础的有(　　)。

A. 租金　　B. 或有租金

C. 初始直接费用　　D. 履约成本

4. 关于融资租入的固定资产计提折旧说法正确的有(　　)。

A. 计提租赁资产折旧时,承租人应采取与自有应折旧资产相一致的折旧政策

B. 如果承租人或与其有关的第三方对租赁资产余值提供担保,则应计的折旧总额为融资租入固定资产的入账价值扣除担保余值后的余额

C. 如果承租人或与其有关的第三方未对租赁资产余值提供担保,则应计的折旧总额为融资租入固定资产的入账价值

D. 如果能够合理确定租赁期满时承租人将会取得租赁资产所有权,则应以租赁开始日租赁资产的尚可使用年限作为折旧期间

三、判断题

1. 最低租赁付款额是指在租赁期内,承租人应支付或可能被要求支付的款项(不包括或有租金和履约成本),加上由承租人或与其有关的第三方担保的资产余值。(　　)

2. 承租人和出租人应当在租赁开始日将租赁分为融资租赁和经营租赁。(　　)

3. 当融资租赁业务的基本租期结束时,承租人唯一的选择是将租赁的标的退还给出租人,以免再发生其他费用。(　　)

4. 在租赁期开始日,承租人应当对租入资产、最低租赁付款额和未确认融资费用

进行初始确认；出租人应当对应收融资租赁款、未担保余值和未实现融资收益进行初始确认。　（　　）

5. 在租赁期届满时资产的所有权转移给承租人，则该租赁是融资租赁。　（　　）

四、计算及账务处理题

1. 甲股份有限公司(以下简称甲公司)于2016年1月1日从乙租赁公司(以下简称乙公司)租入一台全新设备，用于行政管理。租赁合同的主要条款如下：

(1) 租赁起租日:2016年1月1日。

(2) 租赁期限:2016年1月1日至2017年12月31日。甲公司应在租赁期满后将设备归还给乙公司。

(3) 租金总额:240万元。

(4) 租金支付方式:起租日预付租金160万元，2016年年末支付租金40万元，租赁期满时支付租金40万元。起租日该设备在乙公司的账面价值为1 000万元，公允价值为1 000万元。该设备预计使用年限为10年。甲公司在2016年1月1日的资产总额为2 400万元。甲公司对于租赁业务所采用的会计政策是:对于融资租赁，采用实际利率法分摊未确认融资费用；对于经营租赁，采用直线法确认租金费用。甲公司按期支付租金，并在每年年末确认与租金有关的费用。乙公司在每年年末确认与租金有关的收入。同期银行贷款年利率为6%。假定不考虑在租赁过程中发生的其他相关税费。

要求：

(1) 判断此项租赁的类型，并简要说明理由；

(2) 编制甲公司与租金支付和确认租金费用有关的会计分录；

(3) 编制乙公司与租金收取和确认租金收入有关的会计分录。

(答案中的金额单位用万元表示)

2. 2015年12月1日，甲公司与乙公司签订了一份租赁合同。合同主要条款及其他有关资料如下：

(1) 租赁标的物:某大型机器生产设备。

(2) 租赁期开始日:2015年12月31日。

(3) 租赁期:2015年12月31日至2018年12月31日，共计36个月。

(4) 租金支付方式:自承租日起每6个月于月末支付租金225 000元。

(5) 该设备在租赁开始日的公允价值与账面价值均为1 050 000元。

(6) 租赁合同规定年利率为14%。

(7) 该设备的估计使用年限为9年，已使用4年，期满无残值，承租人采用平均法计提折旧。

(8) 租赁期满时，甲公司享有优惠购买选择权，购买价150元。估计期满时的公允价值300 000元。

(9) 承租人在租赁谈判和签订租赁合同过程中发生的，可归属于租赁项目的手续费、律师费、差旅费、印花税等初始直接费用共计10 000元，以银行存款支付。出租人在租赁谈判和签订租赁合同过程中发生的直接费用共计15 000元，以银行存款支付。

提示：$(P/A,7\%,6)=4.7665$；

$(P/F,7\%,6)=0.6663$；

$225\,000\times(P/A,7.7\%,6)+150\times(P/F,7.7\%,6)=1\,050\,000$

要求：

(1) 判断租赁类型；

(2) 确定租赁资产入账价值并编制会计分录；

(3) 编制2016年6月30日、12月31日未确认融资费用分摊的会计分录；

(4) 编制2016年12月31日按年计提折旧的会计分录。

项目八　外币折算

知识目标

1. 外币的基本概念
2. 记账本位币的确定

能力目标

1. 掌握外币交易的会计处理
2. 掌握外币报表折算的一般原则

任务一　外币的认知

在经济日益全球化的趋势下，国与国之间的商品交易及其经济往来必然会引起货币收付，这种国际间的支付必然以一定的货币、按一定的汇率进行，这样就产生了外汇与汇率的问题。

一、外币和外汇

外币是指本国货币以外的其他国家和地区的货币。外汇是国际汇兑的简称，指外国货币或以外国货币表示的能用于国际结算的支付手段和资产，主要包括信用票据、支付凭证、有价证券及外汇现钞等。外汇的概念要比外币广泛，我国 1996 年颁布的《外汇管理条例》第三条对外汇的具体内容做出规定：外汇是指下列以外币表示的可以用作国际清偿的支付手段和资产。

（1）外国货币。包括纸币、铸币。

（2）外币支付凭证。包括票据、银行的付款凭证、邮政储蓄凭证等。

（3）外币有价证券。包括政府债券、公司债券、股票等。

（4）其他外币计值的资产。

二、汇率

汇率,又称汇价,指一国货币以另一国货币表示的价格,或者说是两国货币间的比价,通常用两种货币之间的兑换比例来表示。比如:USD/JPY=120.40,表示一美元等于120.40日元,在这里美元称为单位货币,日元称为计价货币。

(一) 汇率的标价方式

1. 直接标价法

直接标价法又叫应付标价法,是指一定单位(1个或100、1 000、10 000个单位)的外币可兑换的本国货币金额,如1美元兑6.80元人民币。在直接标价法下,若一定单位的外币折合的本币数额多于前期,则说明外币币值上升或本币币值下跌,通常称之为外汇汇率上升;反之,若用比原来较少的本币即能兑换到原定数额的外币,这说明外币币值下跌或本币币值上升,通常称之为外汇汇率下跌。目前除美元、欧元、英镑、澳元等外,包括中国在内的世界上绝大多数国家都采用直接标价法。

2. 间接标价法

间接标价法又叫应收标价法,是指一定单位(1个或100、1 000、10 000个单位)的本国货币可兑换的外币金额,如1元人民币兑0.147 1美元。在间接标价法下,如果一定数额的本币能兑换的外币数额比前期少,这表明外币币值上升,本币币值下降,外汇汇率上升;反之,如果一定数额的本币能兑换的外币数额比前期多,则说明外币币值下降,本币币值上升,外汇汇率下跌。

直接标价与间接标价是互为倒数的关系,即直接标价法的倒数就是间接标价法,反之亦然。

(二) 汇率分类

1. 固定汇率和浮动汇率

固定汇率是指一国货币与另一国货币的汇率基本固定,汇率的波动被限制在一定幅度内。而浮动汇率是指一国货币与另一国货币的汇率由外汇市场的供求情况而自由波动的汇率。

2. 买入汇率、卖出汇率和中间汇率

买入汇率是指银行向同业或客户买入外币时采用的汇率。卖出汇率是指银行向同业或客户卖出时采用的汇率。买入汇率和卖出汇率的平均数是中间汇率。

3. 即期汇率、远期汇率

按外汇买卖的交割期限来划分,汇率可分为即期汇率与远期汇率。所谓交割,是指买卖双方履行交易契约,进行钱货两清的授受行为。外汇买卖的交割是指购买外汇者付出本国货币,出售外汇者付出外汇的行为。由于交割日期不同,汇率就有差异。

即期汇率又称现汇汇率,是买卖双方成交后,在两个营业日之内办理外汇交割时所用的汇率。远期汇率又称期汇汇率,是买卖双方事先约定的,据以在未来的一定日期进行外汇交割的汇率。

4. 记账汇率和账面汇率

记账汇率是指企业确定的在记账时所采用的汇率。账面汇率则指企业已经登记入账的汇率。

三、外币交易

外币交易，是指以外币计价或者结算的交易，包括买入或者卖出以外币计价的商品或者劳务；借入或者借出外币资金和其他以外币计价或者结算的交易。

需要注意的是，企业外币交易核算中所讲的外币，既不是通常所说的外币，也不是外汇，这里的外币是企业记账本位币以外的货币。

四、汇兑损益

（一）汇兑损益的含义

汇兑损益是指企业发生的外币交易，在将外币折算为记账本位币时，由于汇率的变动而产生的记账本位币的折算差额，以及已入账的外币资产和负债由于汇率变动发生的折算记账本位币的差额，又称汇兑差额。

（二）汇兑损益的核算原则

汇兑损益按以下原则进行处理：企业筹建期间发生的，计入管理费用；生产经营期间发生的，计入财务费用；对于与购建固定资产直接相关的，在资产达到预定可使用状态前发生的，计入在建工程。

任务二　外币交易的会计处理

外币交易的会计处理涉及的主要问题有：记账本位币的确定；外币交易发生日折算汇率的选择及相应的外币交易初始确认的会计处理；资产负债表日及结算日折算汇率的选择及所产生汇兑差额的会计处理。

一、记账本位币的确定

（一）记账本位币的概念

记账本位币，是指企业经营所处的主要经济环境中的货币。它通常是企业主要收、支现金的经济环境中的货币，因为使用这一货币最能反映企业主要交易业务的经济结果。例如，我国企业一般选择人民币作为记账本位币。

（二）企业记账本位币的确定

我国《会计法》规定，企业通常应选择人民币作为记账本位币。业务收支以人民币以外的货币为主的企业，可以按规定选定其中一种货币作为记账本位币。但是，编报的财务报表应当折算为人民币。

企业选定记账本位币应当考虑的因素：

(1) 该货币主要影响商品和劳务的销售价格，通常以该货币进行商品和劳务的计价和结算；

(2) 该货币主要影响商品和劳务所需人工、材料和其他费用，通常以该货币进行上述费用的计价和结算；

(3) 融资活动获得的货币以及保存从经营活动中收取款项所使用的货币。

在确定企业的记账本位币时，上述因素的重要程度因企业具体情况不同而不同，需要企业管理层根据实际情况进行判断。一般情况下，综合考虑前两项因素即可确定企业的记账本位币，但有些情况下，仅根据收支情况难以确定记账本位币的，企业需要进一步结合第三项因素进行综合分析后做出选择。

（三）境外经营记账本位币的确定

境外经营有两方面的含义：一是指企业在境外的子公司、合营企业、联营企业、分支机构；二是指企业在境内的子公司、合营企业、联营企业、分支机构，采用不同于本企业记账本位币的，也视同境外经营。确定境外经营，不是以位置是否在境外为判定标准，而是要看其选定的记账本位币是否与企业的记账本位币相同。

确定境外经营的记账本位币时，除考虑上述因素外，还应当考虑下列因素。

1. 境外经营对其所从事的活动是否拥有很强的自主性

也就是说，境外经营没有自主性，选择与境内企业相同的记账本位币；否则，选择不同的货币作为记账本位币。

2. 境外经营活动中与企业的交易是否在境外经营活动中占有较大比重

境外经营活动中与企业的交易在境外经营活动中占较大比重的，选择与境内企业相同的记账本位币，否则，选择不同的货币作为记账本位币。

3. 境外经营活动产生的现金流量是否直接影响企业的现金流量，是否可以随时汇回

境外经营活动产生的现金流量直接影响且可随时汇回的应选择与境内企业相同的记账本位币；否则，选择不同的货币作为记账本位币。

4. 境外经营活动产生的现金流量是否足以偿还其现有债务和可预期的债务

境外经营活动产生的现金流量不足以偿还的，应选择与境内企业相同的记账本位币；否则，选择不同的货币作为记账本位币。

（四）企业记账本位币的变更

企业记账本位币一经确定，不得随意变更，除非企业经营所处的主要经济环境发生

重大变化。

企业因经营所处的主要经济环境发生重大变化，确需变更记账本位币的，应当采用变更当日的即期汇率将所有项目折算为变更后的记账本位币，折算后的金额作为以新的记账本位币计量的历史成本，由于采用同一即期汇率进行折算，不会产生汇兑差额。

二、外币交易发生日的初始确认

（一）外币交易发生日折算汇率的选择

企业发生外币交易的，应当采用交易发生日的即期汇率或即期汇率的近似汇率将外币金额折算为记账本位币金额，按照折算后的记账本位币金额登记有关账户；在登记有关记账本位币账户的同时，按照外币金额登记相应的外币账户。

企业通常应当采用即期汇率进行折算。即期汇率，通常是指中国人民银行公布的当日人民币外汇牌价的中间价。企业发生的外币兑换业务或涉及外币兑换的交易事项，应当按照交易实际采用的汇率（即银行买入价或卖出价）折算。

当汇率变动不大时，也可以采用即期汇率的近似汇率进行折算。即期汇率的近似汇率，是指按照系统合理的方法确定的、与交易发生日即期汇率近似的汇率，通常采用当期平均汇率或加权平均汇率等。

企业收到投资者以外币投入的资本，应当采用交易发生日即期汇率折算，不得采用合同约定汇率和即期汇率的近似汇率折算，外币投入资本与相应的货币性项目的记账本位币金额之间不产生外币资本折算差额。

（二）外币交易初始确认的会计处理

为了核算外币业务，除设置记账本位币账户外，企业应设置相应的外币账户，分别核算。外币账户包括外币现金、外币银行存款、以外币结算的债权（如应收账款、应收票据、预付账款等）和债务（如应付账款、应付票据、短期借款、预收账款、长期借款等）。在外币交易发生时，既要登记有关记账本位币账户，又要按外币金额登记相应的外币账户。

1. 外币购销业务的账务处理

企业从国外或境外购进原材料、商品或引进设备，按照交易发生日的即期汇率将支付的外币或应支付的外币折算为人民币记账，以确定购入原材料等货物及债务的入账价值，同时按照外币的金额登记有关外币账户。

【例 8-1】 乙股份有限公司外币交易采用交易发生日的即期汇率折算。2017 年 3 月 1 日从境外购入不需要安装的设备一台，设备价款为 250 000 美元，交易发生日的即期汇率为 1 美元＝6.35 元人民币，款项尚未支付。

会计分录如下：

借：固定资产——机器设备　　1 587 500

　　贷：应付账款——美元户（250 000×6.35）　　1 587 500

【例 8-2】 甲股份有限公司外币交易采用交易发生日的即期汇率折算。2017 年

2月13日销售商品12 000件，销售合同规定的销售价格为每件250美元，交易发生日的即期汇率为1美元=6.25元人民币。假设不考虑相关税费，货款尚未收到。

会计分录如下：

借：应收账款——美元户（3 000 000×6.25）　　18 750 000

　贷：主营业务收入　　18 750 000

2. 外币借款业务的账务处理

企业借入或归还外币，均按照交易发生日的即期汇率折算为记账本位币入账，同时按照借入外币的金额登记相关的外币账户。

【例8-3】 乙股份有限公司外币交易采用交易发生日的即期汇率折算。2017年3月1日从中国银行借入港币1 500 000元，期限为6个月，借入的外币暂存银行。借入时的即期汇率为1港元=0.82元人民币。

会计分录如下：

借：银行存款——港币户（1 500 000×0.82）　　1 230 000

　贷：短期借款——港币户（1 500 000×0.82）　　1 230 000

6个月后，乙股份有限公司按期向中国银行归还借入的港币1 500 000元。归还借款时的市场汇率为1港元=0.80元人民币。

会计分录如下：

借：短期借款——港币户（1 500 000×0.80）　　1 200 000

　贷：银行存款——港币户（1 500 000×0.80）　　1 200 000

3. 外币兑换业务的账务处理

外币兑换业务是指企业从银行等金融机构购入外币（对于银行来说，则是卖出外币）或向银行等金融机构售出外币（对于银行来说，则是买入外币）。

（1）企业把外币卖给银行。

企业向银行卖出外币一般是按照买入汇率成交的。在核算时，按照卖出当日的即期汇率将卖出的外币折算为记账本位币的数额入账，同时，将实际收取的记账本位币（按照外币买入价折算的记账本位币金额）登记入账，二者之间的差额作为汇兑损益处理。

【例8-4】 乙股份有限公司外币交易采用交易发生日的即期汇率折算。2017年3月5日将50 000美元到银行兑换为人民币，银行当日的美元买入价为1美元=6.25元人民币，卖出价为1美元=6.45元人民币，当日市场汇率为1美元=6.35元人民币。

有关会计分录如下：

借：银行存款——人民币户（50 000×6.25）　　312 500

　财务费用　　5 000

　贷：银行存款——美元户（50 000美元）（50 000×6.35）　　317 500

（2）企业向银行购入外币。

企业向银行买入外币一般是按照卖出汇率成交的。在核算时，按照买入当日的即期汇率将买入的外币折算为记账本位币的数额入账，同时，将实际付出的记账本位币

(按照外币卖出价折算的记账本位币金额)登记入账,二者之间的差额作为汇兑损益处理。

【例8-5】 甲股份有限公司外币交易采用交易发生日的即期汇率折算。2017年3月10日因外币支付需要,从银行购入10 000美元,银行当日的美元买入价为1美元=6.20元人民币,卖出价为1美元=6.40元人民币,当日市场汇率为1美元=6.30元人民币。

会计分录如下:

借:银行存款——美元户(10 000美元)(10 000×6.30)　　63 000

　　财务费用　　1 000

　　贷:银行存款——人民币户(10 000×6.40)　　64 000

4. 接受外币资本投资的账务处理

外商投资企业接受外币投资时,收到的外币款项和外币资本,应当采用交易发生日即期汇率折算,不得采用合同约定汇率和即期汇率的近似汇率折算,外币投入资本与相应的货币性项目的记账本位币金额之间不产生外币资本折算差额。

【例8-6】 2017年3月14日甲股份有限公司收到外方投资200 000美元,收到外币款项时的即期汇率为1美元=6.25元人民币。

会计分录如下:

借:银行存款——美元户(200 000美元)(200 000×6.25)　　1 250 000

　　贷:股本(200 000×6.25)　　1 250 000

三、资产负债表日或结算日的会计处理

资产负债表日,企业应当分别外币货币性项目和外币非货币性项目进行处理。

(一) 外币货币性项目

货币性项目,是指企业持有的货币资金和将以固定或可确定的金额收取的资产或者偿付的负债。货币性项目分为货币性资产和货币性负债。货币性资产包括库存现金、银行存款、应收账款、其他应收款、长期应收款等;货币性负债包括短期借款、应付账款、其他应付款、长期借款、应付债券、长期应付款等。

资产负债表日或结算货币性项目时,企业应当采用资产负债表日或结算当日即期汇率折算外币货币性项目,该项目因当日即期汇率不同于该项目初始确认时或者前一资产负债表日即期汇率而产生的汇兑差额计入当期损益,作为财务费用处理,同时调增或调减外币货币性项目的记账本位币金额。

【例8-7】 沿用【例8-1】,2017年3月31日,乙公司尚未支付设备,当日即期汇率为1美元=6.30元人民币。则对该笔交易产生的外币货币性项目“应付账款”采用期末即期汇率进行折算,折算为记账本位币1 575 000元人民币(=250 000×6.30),与其原记账本位币之差额12 500元人民币计入当期损益。

乙公司账务处理为:

借：应付账款——×公司（美元）[250 000×(6.35－6.30)]　　12 500
　贷：财务费用——汇兑差额　　12 500

【例 8－8】 沿用【例 8－2】，2017 年 2 月 28 日，甲公司仍未收到销售货款 3 000 000美元，当日的即期汇率为 1 美元＝6.30 元人民币。则对该笔交易产生的外币货币性项目“应收账款”采用期末即期汇率进行折算，折算为记账本位币 18 900 000元人民币（＝3 000 000×6.30），与其原记账本位币之差额 150 000 元人民币元计入当期损益。

甲公司账务处理为：

借：应收账款——×公司（美元）[3 000 000×(6.30－6.25)]　　150 000
　贷：财务费用——汇兑差额　　150 000

（二）外币非货币性项目

非货币性项目，是指货币性项目以外的项目，包括存货、长期股权投资、以公允价值计量且其变动计入当期损益的金融资产（股票、基金等）、固定资产、无形资产等。

(1) 对于以历史成本计量的外币非货币性项目，已在交易发生日按当日即期汇率折算，资产负债表日不应改变其原记账本位币金额，不产生汇兑差额。

【例 8－9】 甲公司的记账本位币为人民币，其外币交易采用交易日即期汇率折算。2017 年 3 月 2 日进口一台机器设备，支付价款 1 000 000 美元，已按当日即期汇率 1 美元＝6.83 元人民币折算为人民币并记入“固定资产”账户。

分析：“固定资产”属于非货币性项目，因此，资产负债表日也不需要再按照当日即期汇率进行调整。

(2) 对于以成本与可变现净值孰低计量的存货，在以外币购入存货并且该存货在资产负债表日的可变现净值以外币反映的情况下，确定资产负债表日存货价值时应当考虑汇率变动的影响。即先将可变现净值按资产负债表日即期汇率折算为记账本位币金额，再与以记账本位币反映的存货成本进行比较，从而确定该项存货的期末价值。

(3) 对于以公允价值计量的外币非货币性项目，期末公允价值以外币反映的，应当先将该外币金额按照公允价值确定当日的即期汇率折算为记账本位币金额，再与原记账本位币金额进行比较。属于以公允价值计量且变动计入当期损益的金融资产（股票、基金）的，折算后的记账本位币金额与原记账本位币金额之间的差额作为公允价值变动损益（含汇率变动），计入当期损益。

(4) 以公允价值计量且其变动计入其他综合收益的外币货币性金融资产形成的汇兑差额，应当计入当期损益；外币非货币性金融资产形成的汇兑差额，与其公允价值变动一并计入其他综合收益。但是，采用实际利率法计算的金融资产的外币利息产生的汇兑差额，应当计入当期损益，非交易性权益工具投资的外币现金股利产生的汇兑差额，应当计入当期损益。

(三) 汇兑差额的计算过程

(1) 计算外币账户的期末外币余额。

$$\frac{\text{外币账户的}}{\text{期末外币余额}} = \frac{\text{期初外币}}{\text{余额}} + \frac{\text{本期增加的}}{\text{外币发生额}} - \frac{\text{本期减少的}}{\text{外币发生额}}$$

(2) 计算调整后记账本位币余额。

调整后记账本位币余额＝期末外币余额(第一步结果)×期末即期汇率

(3) 计算汇兑差额。

汇兑差额＝调整后记账本位币余额－调整前记账本位币余额

其中，

$$\frac{\text{调整前记账}}{\text{本位币余额}} = \frac{\text{期初外币账户记账}}{\text{本位币余额}} + \frac{\text{本期外币账户记账}}{\text{本位币增加额}} - \frac{\text{本期外币账户记账}}{\text{本位币减少额}}$$

计算期末外币账户的汇兑损益时，需要注意的是：

(1) 对于外币资产账户的汇兑损益，折算金额减去账面金额后的差额＞0，产生汇兑收益；差额＜0，产生汇兑损失。

(2) 对于外币负债账户的汇兑损益，折算金额减去账面金额后的差额＞0，产生汇兑损失；差额＜0，产生汇兑收益。

(四) 根据计算结果编制调整会计分录

【例 8-10】 甲公司系增值税一般纳税人，开设有外汇账户，会计核算以人民币作为记账本位币，外币交易采用交易发生日的即期汇率折算。

要求：

(1) 根据资料①～⑥，编制甲公司与外币业务相关的会计分录，期初汇率 1 美元＝6.25 元人民币。

(2) 根据资料①，计算甲公司 2017 年 12 月 31 日确认的汇兑差额，并编制相应的会计分录。

① 5 日，从国外乙公司进口原料一批，货款 200 000 欧元，当日即期汇率为 1 欧元＝8.50 元人民币，按规定应交进口关税人民币 170 000 元，应交进口增值税人民币 317 900 元。货款尚未支付，进口关税及增值税当日以银行存款支付，并取得海关完税凭证。

借：原材料(200 000×8.50＋170 000)　　1 870 000

　　应交税费——应交增值税(进项税额)　　317 900

　　贷：应付账款——欧元户(200 000×8.50)　　1 700 000

　　　　银行存款——人民币户(170 000＋317 900)　　487 900

② 14 日，向国外丙公司出口销售商品一批(不考虑增值税)，货款 40 000 美元，当日即期汇率为 1 美元＝6.34 元人民币，商品已经发出，货款尚未收到，但满足收入确认条件。

借：应收账款——美元户(40 000×6.34)　　253 600

　　贷：主营业务收入　　253 600

③ 16 日，以人民币从银行购入 200 000 欧元并存入银行，当日欧元的卖出价为 1 欧元＝8.30 元人民币，中间价为 1 欧元＝8.26 元人民币。

借：银行存款——欧元户(200 000×8.26)　　1 652 000

　　财务费用——汇兑差额　　8 000

　　贷：银行存款——人民币户(200 000×8.30)　　1 660 000

④ 20 日，因增资扩股收到境外投资者投入的 1 000 000 欧元，当日即期汇率为 1 欧元＝8.24 元人民币，其中，人民币 8 000 000 元作为注册资本入账。

借：银行存款——欧元户(1 000 000×8.24)　　8 240 000

　　贷：实收资本　　8 000 000

　　　　资本公积——资本溢价　　240 000

⑤ 25 日，向乙公司支付部分前欠进口原材料款 180 000 欧元，当日即期汇率为 1 欧元＝8.51 元人民币。

借：应付账款——欧元户(180 000×8.50)　　1 530 000

　　财务费用——汇兑差额　　1 800

　　贷：银行存款——欧元户(180 000×8.51)　　1 531 800

⑥ 28 日，收到丙公司汇来的货款 40 000 美元，当日即期汇率为：1 美元＝6.31 元人民币。

借：银行存款——美元户(40 000×6.31)　　252 400

　　财务费用——汇兑差额　　1 200

　　贷：应收账款——美元户(40 000×6.34)　　253 600

⑦ 31 日，根据当日即期汇率对有关外币货币性项目进行调整并确认汇兑差额，当日有关外币的即期汇率为：1 欧元＝8.16 元人民币；1 美元＝6.30 元人民币。有关项目的余额见表 8－1。

表 8－1　有关项目的余额

项　目	外币金额	调整前人民币金额
银行存款(美元)	40 000 美元(借方)	252 400 元(借方)
银行存款(欧元)	1 020 000 欧元(借方)	8 360 200 元(借方)
应付账款(欧元)	20 000 欧元(贷方)	170 000 元(贷方)
应收账款(美元)	0	0

期末计算汇兑差额：

期末银行存款美元账户汇兑差额＝40 000×6.30－252 400＝－400(元人民币)

具体内容见表 8－2。

表 8-2　银行存款——美元户

日期	摘要	借方			贷方			余额		
		原币	汇率	人民币	原币	汇率	人民币	原币	汇率	人民币
12.01	期初							0	6.25	0
12.28	收到货款	40 000	6.31	252 400				40 000	6.31	252 400
12.31	调整汇兑损益						400	40 000	6.30	252 000

期末银行存款欧元账户汇兑差额＝1 020 000×8.16－8 360 200＝－37 000(元人民币)

具体内容见表 8-3。

表 8-3　银行存款——欧元户

日期	摘要	借方			贷方			余额		
		原币	汇率	人民币	原币	汇率	人民币	原币	汇率	人民币
12.01	期初							0	8.00	0
12.16	购外汇	200 000	8.26	1 652 000				200 000		1 652 000
12.20	收到投资	1 000 000	8.24	8 240 000				1 200 000		9 892 000
12.25	付款				180 000	8.51	1 531 800	1 020 000		8 360 200
12.31	调整汇兑损益						37 000	1 020 000	8.16	8 323 200

期末应付账款账户汇兑差额＝20 000×8.16－170 000＝－6 800(元人民币)

具体内容见表 8-4。

表 8-4　应付账款——欧元户

日期	摘要	借方			贷方			余额		
		原币	汇率	人民币	原币	汇率	人民币	原币	汇率	人民币
12.01	期初							0	8.00	0
12.05	购材料				200 000	8.50	1 700 000	200 000		1 700 000
12.25	还款	180 000	8.50	1 530 000				20 000		170 000
12.31	调整汇兑损益			6 800				20 000	8.16	163 200

期末应收账款账户汇兑差额＝0(元人民币)

具体内容见表 8－5。

表 8－5　应收账款——美元户

日期	摘要	借方			贷方			余额		
		原币	汇率	人民币	原币	汇率	人民币	原币	汇率	人民币
12.01	期初							0	6.25	0
12.14	销售商品	40 000	6.34	253 600				40 000		253 600
12.28	收货款				40 000	6.34	253 600	0		0
12.31	调整汇兑损益							0	6.30	0

会计分录：

借：应付账款——欧元户　　6 800

　　财务费用——汇兑差额　　30 600

　　贷：银行存款——美元户　　400

　　　　　　　　——欧元户　　37 000

任务三　外币财务报表折算

一、境外经营财务报表的折算

（一）对外币报表的折算

企业的境外经营如果采用与企业相同的记账本位币，则境外经营的财务报表不存在折算问题。如果企业境外经营的记账本位币不同于企业的记账本位币，在将企业的境外经营通过合并、权益法核算等纳入企业的财务报表中时，需要将企业境外经营的财务报表折算为以企业记账本位币反映的财务报表，这一过程就是外币财务报表的折算。

对外币报表的折算，常见的方法一般有四种：流动与非流动项目法、货币性与非货币性法、时态法和现时汇率法。

(1) 流动与非流动项目法，是将资产负债表的项目按照其流动性质，划分为流动项目与非流动项目两大类，然后对各项目分别采用不同的汇率进行折算：对于流动项目类的资产与负债项目，按照资产负债表日的现时汇率折算；对于非流动项目类的资产和负债以及实收资本等项目，按取得时历史汇率折算；留存收益项目为依资产负债表的平衡原理轧差计算而得。对于损益表中各项目，除固定资产折旧和摊销费用等按照相关资产入账时的历史汇率折算外，其他收入和费用各项目均按照当期的平均汇率进行折算。

采用这一方法，由于对流动资产和流动负债项目按照现行汇率折算，有利于对子公司营运资产的分析。但这一方法的缺点是流动性与非流动性的划分与汇率的变动无关；对折算结果的处理，掩盖了汇率变动对合并净收益的影响，平滑了各期收益，与实际情况不符。

(2) 货币性与非货币性项目法，是将资产负债表的项目按照其性质，划分为货币性项目与非货币性项目两大类，然后对各项目分别采用不同的汇率进行折算：对于资产负债表上的货币性项目，按照资产负债表日的期末现行汇率折算；对于非货币性项目和所有者权益项目，按照原入账时的历史汇率折算。

采用这一方法，以货币性与非货币性作为资产、负债项目选择折算汇率的依据，其理由是：外币应收、应付款项等货币性资产与负债代表在以后期间要收回或付出的一笔固定的外币债权或债务。这些外币债权债务的价值，随着市场汇率的变动而增减变化，因而将其按照现行汇率折算是合理的。但这一方法也存在着一定的缺陷，它同样没有超越对资产和负债项目进行某种分类组合的框框，没有涉及外币会计报表的折算实质，即未涉及外币会计计量的问题。

(3) 时态法，是一种以资产、负债项目的计量属性作为选择折算汇率依据的一种外币财务报表折算方法。时态法和货币与非货币项目法相比较，绝大部分内容相同，不同之处表现在资产负债表上按现行市价计价的非货币性资产项目(如按市价计价的存货、投资等)应按资产负债表日的现行汇率折算。

时态法的理论依据是，外币的折算实际上是将外币财务报表按一种新的货币单位重新表述的一个过程，其改变的只是被计量项目的计量单位，而不是计量属性。因此，各个外币财务报表项目应按其计量日期的实际利率折算，这样才能保证不改变各外币财务报表项目的计量基础。其主要缺点在于由于不同的资产、负债项目采用不同的汇率进行折算，因而会改变原资产负债表的结构和比例关系。

(4) 现行汇率法，是将外币报表中所有资产、负债项目按统一的期末现行汇率折算，所有者权益项目中除未分配利润项目外，均按历史汇率折算，未分配利润属于平衡数，通过倒挤计算获得；利润表上的收入和费用项目，按现行汇率折算，或者按编表期内的平均汇率折算。

现行汇率法由于采用单一的汇率对资产、负债进行折算，因此，折算后报表各项目能够与原外币报表各项目之间的比例关系保持一致，不会改变原报表的结构与比例关系。这一方法的缺点在于，对资产、负债项目折算汇率的选择缺乏足够的理论依据，如对以历史成本计量的资产项目，按照现行汇率折算的结果，既不代表资产的历史成本，也不代表资产的现行市价，没有意义。

(二)我国会计准则采用的折算方法

尽管现行汇率法存在缺陷,但仍是实务中广为应用的一种折算方法。我国外币财务报表折算实务采用的就是现行汇率法。

在对企业境外经营财务报表进行折算前,应当调整境外经营的会计期间和会计政策,使之与企业会计期间和会计政策一致,根据调整后的会计政策和会计期间编制相应货币(记账本位币以外的货币)的财务报表,然后再按照以下规定进行折算。

(1) 资产负债表中的资产和负债项目,采用资产负债表日的即期汇率折算,所有者权益项目除"未分配利润"项目外,其他项目采用发生时的即期汇率折算。

(2) 利润表中的收入和费用项目,采用交易发生日的即期汇率折算;也可以采用按照系统合理的方法确定的、与交易发生日即期汇率近似的汇率折算。

(3) 按照上述规定折算产生的外币财务报表折算差额,在资产负债表中所有者权益项目"其他综合收益"单独列示。

需要注意的是,企业编制合并财务报表涉及境外经营的,如有实质上构成对境外经营净投资的外币货币性项目,因汇率变动而产生的汇兑差额,也应列入所有者权益"其他综合收益"项目。

比较财务报表的折算比照上述规定处理。

【例 8-11】 国内甲公司的记账本位币为人民币,该公司在境外有一子公司乙公司,乙公司确定的记账本位币为美元。根据合同约定,甲公司拥有乙公司 70%的股权,并能够控制乙公司。甲公司采用当期平均汇率折算乙公司利润表项目。乙公司的有关资料如下:

2016 年 12 月 31 日的汇率为 1 美元=6.2 元人民币,2016 年的平均汇率为 1 美元=6.4 元人民币,实收资本、资本公积发生日的即期汇率为 1 美元=7 元人民币,2016 年 12 月 31 日的股本为 500 万美元,折算为人民币 3 500 万元;累计盈余公积为 50 万美元,折算为人民币 345 万元,累计未分配利润 120 万美元,折算为人民币 835 万元,甲、乙公司均在年末提取盈余公积,乙公司当年提取的盈余公积为 70 万美元。

报表折算见表 8-6、表 8-7 和表 8-8。

表 8-6 利润表

2016 年度

单位:万元

项 目	期末数(美元)	折算汇率	折算为人民币金额
一、营业收入	2 000	6.4	12 800
减:营业成本	1 500	6.4	9 600
税金及附加	40	6.4	256
管理费用	100	6.4	640
财务费用	10	6.4	64

续　表

项　目	期末数(美元)	折算汇率	折算为人民币金额
加:投资收益	30	6.4	192
二、营业利润	380	—	2 432
加:营业外收入	40	6.4	256
减:营业外支出	20	6.4	128
三、利润总额	400	—	2 560
减:所得税费用	120	6.4	768
四、净利润	280	—	1 792
五、每股收益			
六、其他综合收益			
七、综合收益总额			

表 8-7　所有者权益变动表

2016 年度　　　　单位:万元

项　目	实收资本			盈余公积			未分配利润		其他综合收益	股东权益合计
	美元	折算汇率	人民币	美元	折算汇率	人民币	美元	人民币		人民币
一、本年年初余额	500	7	3 500	50		345	120	835		4 680
二、本年增减变动金额										
(一) 净利润							280	1 792		1 792
(二) 其他综合收益										−582
其中:外币报表折算差额									−582	−582
(三) 利润分配										
提取盈余公积				70	6.4	448	−70	−448		0
三、本年年末余额	500	7	3 500	120		793	330	2 179	−582	5 890

当期计提的盈余公积采用当期平均汇率折算,期初盈余公积为以前年度计提的盈余公积按相应年度平均汇率折算后金额的累计,期初未分配利润记账本位币金额为以前年度未分配利润记账本位币金额的累计。

表 8-8　资产负债表

2016 年 12 月 31 日

单位：万元

资　产	期末数（美元）	折算汇率	折算为人民币金额	负债和所有者权益（或股东权益）	期末数（美元）	折算汇率	折算为人民币金额
流动资产：				流动负债：			
货币资金	190	6.2	1 178	短期借款	45	6.2	279
应收账款	190	6.2	1 178	应付账款	285	6.2	1 767
存货	240	6.2	1 488	其他流动负债	110	6.2	682
其他流动资产	200	6.2	1 240	流动负债合计	440	—	2 728
流动资产合计	820	—	5 084	非流动负债：			
非流动资产：				长期借款	140	6.2	868
长期应收款	120	6.2	744	应付债券	80	6.2	496
固定资产	550	6.2	3 410	其他非流动负债	90	6.2	558
在建工程	80	6.2	496	非流动负债合计	310	—	1 922
无形资产	100	6.2	620	负债合计	750		4 650
其他非流动资产	30	6.2	186	股东权益：			
非流动资产合计	880	—	5 456	股本	500	7	3 500
				盈余公积	120		793
				未分配利润	330		2 179
				其他综合收益			−582
				股东权益合计	950		5 890
资产总计	1 700		10 540	负债和股东权益总计	1 700		10 540

外币报表折算差额为以记账本位币反映的净资产减去以记账本位币反映的股本、资本公积、累计盈余公积及累计未分配利润后的余额。

（三）包含境外经营的合并财务报表编制的特别处理

(1) 在企业境外经营为其子公司的情况下，企业在编制合并财务报表时，对于境外经营财务报表折算差额，需要在母公司与子公司少数股东之间按照各自在境外经营所有者权益中所享有的份额进行分摊，其中归属于母公司应分担的部分在合并资产负债表和合并所有者权益变动表中所有者权益项目下单独作为“其他综合收益”项目列示，属于子公司少数股东应分担的外币报表折算差额，并入“少数股东权益”列示于合并资产负债表。

(2) 母公司存在实质上构成对子公司(境外经营)净投资的外币货币性项目的情况下，在编制合并财务报表时，应分别以下两种情况编制抵消分录：

① 实质上构成对子公司净投资的外币货币性项目以母公司或子公司的记账本位

币反映，则应在抵消长期应收应付项目的同时，将其产生的汇兑差额转入“其他综合收益”项目。

② 实质上构成对子公司净投资的外币货币性项目以母、子公司的记账本位币以外的货币反映，则应将母、子公司此项外币货币性项目产生的汇兑差额相互抵消，差额转入“其他综合收益”项目。

如果合并财务报表中各子公司之间也存在实质上构成对另一子公司（境外经营）净投资的外币货币性项目，在编制合并财务报表时应比照上述编制相应的抵消分录。

二、境外经营的处置

企业在处置境外经营时，应当将资产负债表中所有者权益项目下列示的、与该境外经营相关的其他综合收益，自所有者权益项目转入处置当期损益；部分处置境外经营的，应当按处置的比例计算处置部分的其他综合收益，转入处置当期损益。

课后练习

一、单项选择题

1. 下列各项中，企业应选择人民币作为记账本位币的是(　　)。

A. 甲公司为外贸自营出口企业，超过80%的营业收入来自对美国的出口，其商品销售价格主要受美元的影响，以美元计价

B. 乙公司除厂房设施、30%的人工成本在国内以人民币采购或支付外，生产所需原材料、机器设备及70%以上的人工成本都以美元采购或支付

C. 丙公司95%以上的人工成本、原材料及相应的厂房设施、机器设备等在国内采购并以人民币计价，甲公司取得的美元营业收入在汇回国内时直接兑换成了人民币存款

D. 丁公司为国内某大型企业在美国的子公司，以美元核算，丁公司在境外产生的现金流量在该大型企业不提供资金的情况下，可以偿还现有债务和正常情况下可预期的债务

2. 长江公司的记账本位币为美元，对外币交易采用交易发生日的即期汇率折算。2016年3月10日出售公允价值为300万美元的存货，当日的即期汇率为1美元＝7.1元人民币。2016年3月25日实际收到货款，当日的即期汇率为1美元＝7.2元人民币。假定不考虑增值税等其他因素的影响，下列说法中不正确的是(　　)。

A. 2016年3月10日应收账款的初始入账金额是2 130万元人民币

B. 2016年3月10日应收账款的初始入账金额是300万美元

C. 2016年3月25日实际收到款项时，银行存款的入账金额是300万美元

D. 2016 年 3 月 25 日实际收到款项时，应当计入财务费用的金额是 0

3. 下列各项关于企业记账本位币的表述中，不正确的是（　　）。

A. 企业因经营所处的主要经济环境发生重大变化，确需变更记账本位币的，应当采用变更当日的即期汇率将所有项目折算为变更后的记账本位币，折算后的金额作为新的记账本位币计量的历史成本

B. 企业的记账本位币发生变更的，应当将变更所产生的汇兑差额计入当期损益

C. 企业变更记账本位币时需要在附注中进行披露

D. 企业记账本位币发生变更的，其比较财务报表应当以可比当日的即期汇率折算所有资产负债表和利润表项目

4. A 公司以人民币为记账本位币，对外币交易采用交易日的即期汇率折算，按月计算汇兑损益。2015 年 6 月 1 日，将 1 000 万美元到银行兑换为人民币，银行当日的美元买入价为 1 美元＝6.15 元人民币，中间价为 1 美元＝6.20 元人民币，卖出价为 1 美元＝6.25 元人民币。则 A 公司因外币兑换业务计入当日财务费用的金额为（　　）万元人民币。

A. 50　　B. 100　　C. －50　　D. 80

5. 甲公司为增值税一般纳税人，适用的增值税税率为 17%。甲公司的记账本位币为人民币，其外币交易采用交易发生日的即期汇率折算。2016 年 6 月 2 日，甲公司对外出口一批商品，价款为 1 000 万美元，款项尚未收到，当日的即期汇率为 1 美元＝6.83元人民币。2016 年 6 月 30 日的即期汇率为 1 美元＝6.76 元人民币。不考虑其他因素，甲公司 6 月份因为该项销售业务而确认的汇兑收益为（　　）万元人民币。

A. －70　　B. 70　　C. －81.9　　D. 81.9

二、多项选择题

1. 下列各项关于我国企业记账本位币的说法中，正确的有（　　）。

A. 记账本位币是指企业经营所处的主要经济环境中的货币

B. 企业在编制财务报表时可以采用人民币以外的货币

C. 我国企业一般以人民币作为记账本位币

D. 企业的记账本位币一经确定，不得随意变更

2. 下列可以认定为境外经营的有（　　）。

A. 企业在境外的子公司

B. 企业在境外的合营企业

C. 企业在境外的联营企业

D. 采用相同记账本位币的境内子公司

3. 下列外币交易中，在交易发生日进行初始确认时可能会产生汇兑差额的有（　　）。

A. 企业将外币出售给银行

B. 企业从银行买入外币

C. 收到投资者投入的外币资本

D. 从银行借入外币借款

4. 关于外币业务的处理，下列说法中不正确的有（　　）。

A. 外币货币性项目，资产负债表日不改变其原记账本位币金额，不产生汇兑差额

B. 债权债务结算时应按结算当日即期汇率折算转出债权债务金额，结算当日不计算汇兑损益

C. 对于以历史成本计量的外币非货币性项目，资产负债表日不应改变其原记账本位币金额，不产生汇兑差额

D. 期末计算存货的可变现净值时，应采用购入存货时的即期汇率计算确定

5. 企业在资产负债表日，应当按照准则规定对外币货币性项目和外币非货币性项目进行处理，下列说法中正确的有（　　）。

A. 外币货币性项目，采用资产负债表日即期汇率折算，因当日即期汇率与初始确认时或者前一资产负债表日即期汇率不同而产生的汇兑差额，计入当期损益

B. 以公允价值计量的外币非货币性项目，属于交易性金融资产的，应将外币公允价值按照当日的即期汇率折算为记账本位币金额，再与原记账本位币金额进行比较，之间的差额不区分公允价值变动和汇率变动，一并计入公允价值变动损益

C. 以成本与可变现净值孰低计量且可变现净值以外币表示的存货，需要按照期末汇率将可变现净值折算成记账本位币，再与以记账本位币反映的存货成本进行比较，从而确定该项存货的期末价值

D. 以历史成本计量的外币非货币性项目，仍采用交易发生日的即期汇率折算，不改变其记账本位币金额

三、判断题

1. 记账本位币通常是企业主要收、支现金的经济环境中的货币。（　　）

2. 在对企业境外经营财务报表进行折算前，应当调整境外经营的会计期间及会计政策，使之与企业会计期间和会计政策相一致。（　　）

3. 企业发生外币交易时，可以直接按照外币金额登记相应的外币账户，无须进行折算。（　　）

4. 企业因经营所处的主要经济环境发生重大变化，确需变更记账本位币的，应当采用变更当日的即期汇率将所有项目折算为变更后的记账本位币，折算后的金额作为以新的记账本位币计量的历史成本，将汇兑差额计入当期损益。（　　）

5. 以成本与可变现净值孰低计量的存货，在以外币购入存货并且该存货在资产负债表日的可变现净值以外币反映的情况下，先将可变现净值与存货成本进行比较，然后按照资产负债表日即期汇率折算为记账本位币的金额作为存货跌价准备。（　　）

四、计算及账务处理题

A有限责任公司(以下简称A公司)外币业务采用与交易发生日即期汇率近似的汇率折算,假定每月月初的市场汇率即为与交易发生日即期汇率的近似汇率,按月计算汇兑差额。

(1) 2017年1月1日的市场汇率为1美元=6.3元人民币。各外币账户的年初余额如下:

应收账款400万美元,人民币金额为2 520万元;

银行存款700万美元,人民币金额为4 410万元;

应付账款160万美元,人民币金额为1 008万元;

长期借款500万美元,人民币金额为3 150万元(仅为购建甲固定资产而借入)。

(2) 公司2017年1月有关外币业务如下:

① 本月发生应收账款200万美元。

② 本月收回应收账款100万美元,款项已存入银行。

③ 以外币银行存款偿还为购建甲固定资产的外币借款120万美元。该项固定资产正在建造中。

④ 接受投资者投入的外币资本1 000万美元,作为实收资本,收到外币当日的市场汇率为1美元=6.10元人民币,外币已存入银行。

(3) 1月31日的市场汇率为1美元=6.40元人民币。

要求:

(1) 编制A公司接受外币资本投资的会计分录。

(2) 分别计算2017年1月31日各外币账户的汇兑收益或损失金额。

(3) 计算当月应计入损益的汇兑收益或损失金额。

(4) 编制月末与汇兑差额有关的会计分录。

(答案中的金额单位用万元表示)

项目九　借款费用的核算

知识目标

1. 借款费用的定义与范围
2. 借款费用的确认与计量

能力目标

1. 掌握借款费用的范围和确认原则
2. 掌握借款费用资本化期间和资本化金额的确定
3. 熟悉借款费用应予资本化的借款范围

任务一　借款费用的认知

一、借款费用的定义

借款费用，是指企业因借款而发生的利息及其他相关成本，也就是企业因借入资金所付出的代价。

二、借款费用的范围

借款费用包括借款利息、折价或者溢价的摊销、辅助费用以及因外币借款而发生的汇兑差额等。承租人确认的融资租赁发生的融资费用属于借款费用。

因借款而发生的利息包括企业向银行或者其他金融机构等借入资金发生的利息、发行公司债券或企业债券发生的利息，以及为购建或者生产符合资本化条件的资产而发生的带息债务所承担的利息等。

因借款而发生的溢价或者折价主要是指发行债券等发生的折价或者溢价，发行债券中的溢价或者折价，其实质是对债券票面利息的调整(即将债券票面利率调整为实际利率)，属于借款费用的范畴。

因借款而发生的辅助费用，是指企业在借款过程中发生的诸如手续费、佣金等费用，由于这部分费用是因安排借款而发生的，也属于借款费用的范畴。

因外币借款而发生的汇兑差额，是指由于汇率变动导致市场汇率与账面汇率出现差异，从而对外币借款本金及其利息的记账本位币金额所产生的影响金额。

对于企业发生的权益性融资费用，不应包括在借款费用中。

【例 9-1】 下列各项中，属于借款费用的有（　　）。

A. 银行借款的利息

B. 债券溢价的摊销

C. 债券折价的摊销

D. 发行股票的手续费

分析：借款费用是企业因借入资金所付出的代价，包括借款利息、折价或者溢价的摊销、辅助费用以及因外币借款而发生的汇兑差额等。选项 D，发行股票的手续费，是权益性融资费用，不属于借款费用。所以正确答案为 ABC。

任务二　借款费用的确认和计量任务

一、借款费用的确认

（一）确认原则

借款费用的确认主要解决的是将每期发生的借款费用资本化、计入相关资产的成本，还是将有关借款费用费用化、计入当期损益的问题。借款费用确认的基本原则是：企业发生的借款费用可直接归属于符合资本化条件的资产购建或者生产的，应当予以资本化，计入符合资本化条件的相关资产成本；其他借款费用，应当在发生时根据其发生额确认为财务费用，计入当期损益。

符合资本化条件的资产，是指需要经过相当长时间（≥1 年）的购建或者生产活动才能达到预定可使用或者可销售状态的固定资产、投资性房地产和存货等资产。

【例 9-2】 甲企业向银行借入资金分别用于生产 A 产品和 B 产品，其中，A 产品的生产时间较短，为 1 个月；B 产品属于大型发电设备，生产周期较长，为 1 年零 3 个月。

分析：本例中，为存货生产而借入的借款费用在符合资本化条件的情况下应当予以资本化。本例中，由于 A 产品的生产时间较短，不属于需要经过相当长时间的生产才能达到预定可销售状态的资产，因此，为 A 产品的生产而借入资金所发生的借款费用不应计入 A 产品的生产成本，而应当计入当期财务费用。而 B 产品的生产时间比较长，属于需要经过相当长时间的生产才能达到预定可销售状态的资产，因此，为 B 产品的生产而借入资金所发生的借款费用符合资本化的条件，应计入 B 产品的成本中。

(二) 借款费用应予资本化的借款范围

借款包括专门借款和一般借款。专门借款是指为购建或者生产符合资本化条件的资产而专门借入的款项。通常情况下，专门借款应当有明确的用途。一般借款是指除专门借款之外的借款。相对于专门借款而言，一般借款在借入时，其用途通常没有特指用于符合资本化条件的资产的购建或者生产。

借款费用应予资本化的借款范围，既包括专门借款，也可以包括一般借款。只有在购建或者生产符合资本化条件的资产占用了一般借款时，才应将与一般借款相关的借款费用资本化；否则，所发生的借款费用应当计入当期损益。

(三) 借款费用资本化期间的确定

资本化期间的确定是借款费用确认和计量的重要前提。借款费用资本化期间是指从借款费用开始资本化时点到停止资本化时点的期间，不包括借款费用暂停资本化的期间。

1. 借款费用开始资本化的时点

同时满足下列三个条件的，借款费用才能开始资本化：

(1) 资产支出已经发生。

① 支付货币资金，即用货币资金支付符合资本化条件的资产的购建或者生产支出。

② 转移非现金资产，指企业将自己的非现金资产直接用于符合资本化条件的资产的购建或者生产。

③ 承担带息债务。

(2) 借款费用已经发生。

(3) 为使资产达到预定可使用或者可销售状态所必要的购建或者生产活动已经开始。例如，主体设备的安装工作开始了，厂房已经实际开工建造了。

企业只有在上述三个条件同时满足的情况下，有关借款费用才可开始资本化，只要其中有一个条件没有满足，借款费用就不能开始资本化。

【例 9 - 3】 2017 年 4 月 20 日，甲公司以当月 1 日自银行取得的专门借款支付了建造办公楼的首期工程物资款，5 月 10 日开始施工，5 月 20 日因发现文物需要发掘保护而暂停施工，7 月 15 日复工兴建。甲公司该笔借款费用开始资本化的时点为(　　)。

A. 2017 年 4 月 1 日

B. 2017 年 4 月 20 日

C. 2017 年 5 月 10 日

D. 2017 年 7 月 15 日

分析：借款费用开始资本化必须同时满足以下三个条件：资产支出已经发生；借款费用已经发生；为使资产达到预定可使用或者可销售状态所必要的构建或者生产活动已经开始。所以开始资本化时点为 2017 年 5 月 10 日。所以正确答案为 C。

【例 9-4】 某企业专门借入款项建造某符合资本化条件的固定资产，相关借款费用已经发生，同时固定资产的实体建造工作也已开始，但为固定资产建造所需物资等都是赊购或者客户垫付的(且所形成的负债均为不带息负债)，发生的相关薪酬等费用也尚未形成现金流出。

分析：在这种情况下，固定资产建造本身并没有占用借款资金，没有发生资产支出，该事项只满足借款费用开始资本化的第二个和第三个条件，但是没有满足第一个条件，所以，所发生的借款费用不应予以资本化。

【例 9-5】 某企业为了建造一项符合资本化条件的固定资产，使用自有资金购置了工程物资，该固定资产也已经开始动工兴建，但专门借款资金尚未到位，也没有占用一般借款资金。

分析：在这种情况下，企业尽管满足了借款费用开始资本化的第一个和第三个条件，但是不符合借款费用开始资本化的第二个条件，因此不允许开始借款费用的资本化。

【例 9-6】 某企业为了建造某一项符合资本化条件的厂房，已经使用银行存款购置了水泥、钢材等，发生了资产支出，相关借款也已开始计息，但是厂房因各种原因迟迟未能开工兴建。

分析：在这种情况下，企业尽管符合了借款费用开始资本化的第一个和第二个条件，但不符合借款费用开始资本化的第三个条件，因此，所发生的借款费用不允许资本化。

2. 借款费用暂停资本化时点的确定

符合资本化条件的资产在购建或者生产过程中发生非正常中断且中断时间连续超过3个月的，应当暂停借款费用的资本化。属于正常中断的，相关借款费用仍然可以资本化。

非正常中断，通常是由于企业管理决策上的原因或者其他不可预见的原因等所导致的中断。例如，企业与施工方发生了质量纠纷、工程或生产用料没有及时供应、资金周转发生了困难、生产或施工过程中发生了安全事故，或者发生了与资产购建有关的劳动纠纷等原因，导致资产购建或者生产活动发生中断，均属于非正常中断。

正常中断通常仅限于购建或者生产符合资本化条件的资产达到预定可使用或者可销售状态所必要的程序，或者事先可预见的不可抗力因素导致的中断。例如，某些工程建造到一定阶段必须暂停下来进行质量或者安全检查，检查通过了才可以继续下一阶段的建造活动，这类中断是在施工前可以预见的，是建造活动必经的程序，属于正常中断。

【例 9-7】 某企业在北方某地建造某工程期间，遇上冰冻季节(通常为6个月)，工程施工因此中断，待冰冻季节过后方能继续施工。

分析：由于该地区在施工期间出现较长时间的冰冻为正常情况，由此导致的施工中断是可预见的不可抗力因素导致的中断，属于正常中断。在正常中断期间所发生的借款费用可以继续资本化，计入相关资产的成本。

3. 借款费用停止资本化时点的确定

购建或者生产符合资本化条件的资产达到预定可使用或者可销售状态时，借款费用应当停止资本化。在符合资本化条件的资产达到预定可使用或者可销售状态之后所发生的借款费用,应当在发生时根据其发生额确认为费用,计入当期损益。

购建或者生产符合资本化条件的资产达到预定可使用或者可销售状态的判断标准为:

(1) 符合资本化条件的资产的实体建造(包括安装)或者生产工作已经全部完成或者实质上已经完成。

(2) 所购建或者生产的符合资本化条件的资产与设计要求、合同规定或者生产要求相符或者基本相符,即使有极个别与设计、合同或者生产要求不相符的地方,也不影响其正常使用或者销售。

(3) 继续发生在所购建或生产的符合资本化条件的资产上的支出金额很少或者几乎不再发生。

购建或者生产符合资本化条件的资产需要试生产或者试运行的,在试生产结果表明资产能够正常生产出合格产品或者试运行结果表明资产能够正常运转或者营业时,应当认为该资产已经达到预定可使用或者可销售状态。

【例 9-8】 某企业借入一笔款项,于 2016 年 2 月 1 日采用出包方式开工兴建一幢厂房。2017 年 10 月 10 日工程全部完工,达到合同要求。10 月 30 日工程验收合格,11 月 15 日办理工程竣工结算,11 月 20 日完成全部资产移交手续,12 月 1 日厂房正式投入使用。

分析:在本例中,企业应当将 2017 年 10 月 10 日确定为工程达到预定可使用状态的时点,作为借款费用停止资本化的时点。后续的工程验收日、竣工结算日、资产移交日和投入使用日均不应作为借款费用停止资本化的时点,否则会导致资产价值和利润的高估。

(4) 购建或者生产的符合资本化条件的资产的各部分分别完工,且每部分在其他部分继续建造过程中可供使用或者可对外销售,且为使该部分资产达到预定可使用或可销售状态所必要的购建或者生产活动实质上已经完成的,应当停止与该部分资产相关的借款费用的资本化。

(5) 购建或者生产的资产的各部分分别完工,但必须等到整体完工后才可使用或者可对外销售的,应当在该资产整体完工时停止借款费用的资本化。

二、借款费用的计量

(一) 借款利息资本化金额的确定

在借款费用资本化期间内,每一会计期间的利息(包括折价或溢价的摊销)资本化金额,应当按照下列方法确定:

(1) 为购建或者生产符合资本化条件的资产而借入专门借款的,应当以专门借款当期实际发生的利息费用,减去将尚未动用的借款资金存入银行取得的利息收入或进行暂时性投资取得的投资收益后的金额确定。即:

$$\text{利息资本化金额} = \text{发生在资本化期间的专门借款全部利息费用} - \text{闲置专门借款的利息收益或投资收益}$$

会计分录为：

长期借款筹资时：

借：财务费用　　　　　　　　　　　　　　（费用化）

　　在建工程　　　　　　　　　　　　　　（满足资本化）

　　应收利息等　　　　　　　　　　　　　（闲置资金创造的收益）

　　贷：长期借款——应计利息　　　　　　　（到期一次还本付息）

　　　　或应付利息　　　　　　　　　　　　（分期付息到期还本）

公司债券筹资时：

借：财务费用　　　　　　　　　　　　　　（费用化）

　　在建工程　　　　　　　　　　　　　　（满足资本化）

　　应收利息等　　　　　　　　　　　　　（闲置资金创造的收益）

　　贷：应付债券——利息调整　　　　　　　（或借方）

　　　　应付债券——应计利息　　　　　　　（到期一次还本付息）

　　　　或应付利息　　　　　　　　　　　　（分期付息到期还本）

【例 9-9】 甲公司 2014 年 7 月 1 日借入专门借款 5 000 万元，期限 3 年，年利率为 6%，借款利息按年支付。2014 年 7 月 1 日工程开工，当日支付工程款 3 000 万元，2014 年 10 月 1 日支付工程款 500 万元，2015 年 1 月 1 日支付工程款 500 万元，2015 年 7 月 1 日支付工程款 500 万元，2015 年 12 月 1 日支付工程款 500 万元。工程于 2016 年 1 月 31 日完工，到达预定可使用状态。闲置资金月收益率为 0.5%。

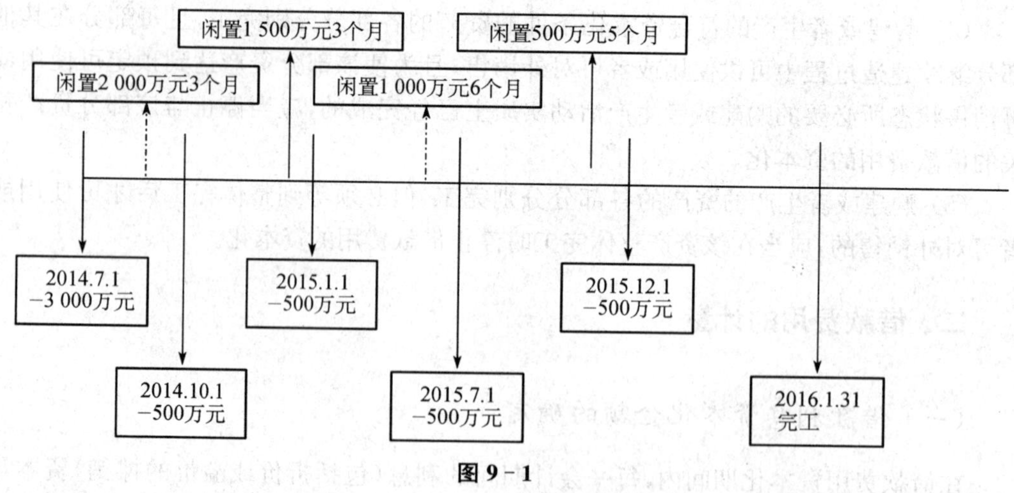

图 9-1

分析：

2014 年专门借款利息费用＝5 000×6%÷2＝150(万元)

闲置资金收益＝2 000×0.5%×3＋1 500×0.5%×3＝52.5(万元)

应资本化的金额＝150－52.5＝97.5(万元)

借:在建工程　　975 000

　应收利息(或银行存款)　　525 000

　　贷:应付利息　　1 500 000

2015 年专门借款利息费用＝5 000×6%＝300(万元)

闲置资金收益＝1 000×0.5%×6＋500×0.5%×5＝42.5(万元)

应资本化的金额＝300－42.5＝257.5(万元)

借:在建工程　　2 575 000

　应收利息(或银行存款)　　425 000

　　贷:应付利息　　3 000 000

2016 年专门借款利息费用＝5 000×6%÷12×1＝25(万元)

闲置资金收益为 0。

应资本化的金额＝25(万元)

借:在建工程　　250 000

　财务费用　　2 750 000

　　贷:应付利息　　3 000 000

(2) 为购建或者生产符合资本化条件的资产而占用了一般借款的,企业应当根据累计资产支出超过专门借款部分的资产支出加权平均数乘以所占用一般借款的资本化率,计算确定一般借款应予资本化的利息金额。

$$\text{一般借款利息费用资本化金额}=\text{累计资产支出超过专门借款部分的资产支出加权平均数}\times\text{所占用一般借款的资本化率}$$

$$\text{资产支出加权平均数}=\sum\frac{\text{每笔资产支出金额}\times\text{每笔资产支出在当期所占用的天数}}{\text{当期天数}}$$

$$\text{所占用一般借款的资本化率}=\text{所占用一般借款加权平均利率}=\frac{\text{所占用一般借款当期实际发生的利息之和}}{\text{所占用一般借款本金加权平均数}}$$

$$\text{所占用一般借款本金加权平均数}=\sum\frac{\text{所占用每笔一般借款本金}\times\text{每笔一般借款在当期所占用的天数}}{\text{当期天数}}$$

一般借款利息费用化金额＝全部利息费用－资本化金额

(3) 每一会计期间的利息资本化金额,不应当超过当期相关借款实际发生的利息金额。

(二) 借款辅助费用资本化金额的确定

对于企业发生的专门借款辅助费用,在所购建或者生产的符合资本化条件的资产达到预定可使用或者可销售状态之前发生的,应当在发生时根据其发生额予以资本化;在所购建或者生产的符合资本化条件的资产达到预定可使用或者可销售状态之后发生的,应当在发生时根据其发生额确认为费用,计入当期损益。

按《企业会计准则第 22 号——金融工具确认和计量》执行,除以公允价值计量且其变动计入当期损益的金融负债以外，将其他的金融负债发生的辅助费用计入负债的初始确认金额，在以后期间进行摊销，资本化期间摊销资本化，费用化期间摊销费用化。

（三）外币专门借款而发生的汇兑差额资本化金额的确定

在资本化期间内，外币专门借款本金及其利息的汇兑差额应当予以资本化，计入符合资本化条件的资产的成本。除外币专门借款之外的其他外币借款本金及其利息所产生的汇兑差额，应当作为财务费用计入当期损益。

任务三　借款费用核算的应用

借款费用的核算主要是解决每期发生的借款费用到底是资本化还是费用化的问题。其核算主要归纳为下面两点：

(1) 要明确和掌握借款费用开始资本化的时点、暂停资本化的时点以及停止资本化的时点。

(2) 在资本化期间，对于专门借款与一般借款如何分别按不同原则确定资本化金额。

下面用实例说明借款费用核算的过程。

【例 9－10】 甲公司拟在厂区内建造一幢新办公楼，有关资料如下：

(1) 2016 年 1 月 1 日向银行专门借款 60 000 000 元，期限为 3 年，年利率为 6%，每年 1 月 1 日付息。

(2) 除专门借款外，公司只有一笔其他借款，为公司于 2015 年 12 月 1 日借入的长期借款 72 000 000 元，期限为 5 年，年利率为 8%，每年 12 月 1 日付息，假设甲公司在 2016 年和 2017 年年底均未支付当年利息。

(3) 由于审批、办手续等原因，办公楼于 2016 年 4 月 1 日才开始动工兴建，当日支付工程款 24 000 000 元。工程建设期间的支出情况如表 9－1 所示。

表 9－1　工程建设期间的支出情况

日　期	每期资产支出金额	累计资产支出金额	闲置借款资金用于短期投资金额
2016 年 4 月 1 日	24 000 000	24 000 000	36 000 000
2016 年 6 月 1 日	12 000 000	36 000 000	24 000 000
2016 年 7 月 1 日	36 000 000	72 000 000	占用一般借款
2017 年 1 月 1 日	12 000 000	84 000 000	
2017 年 4 月 1 日	6 000 000	90 000 000	
2017 年 7 月 1 日	6 000 000	96 000 000	
总　计	96 000 000	—	—

工程于2017年9月30日完工,达到预定可使用状态。其中,由于施工质量问题,工程于2016年9月1日至12月31日停工4个月。

(4) 专门借款中未支出部分全部存入银行,假定月利率为0.25%。假定全年按照360天计算,每月按照30天计算。

根据上述资料,有关利息资本化金额的计算和账务处理如下:

(1) 计算2016年、2017年全年发生的专门借款和一般借款利息费用。

2016年专门借款发生的利息金额=60 000 000×6%=3 600 000(元)

2016年一般借款发生的利息金额=72 000 000×8%=5 760 000(元)

2017年专门借款发生的利息金额=60 000 000×6%=3 600 000(元)

2017年一般借款发生的利息金额=72 000 000×8%=5 760 000(元)

(2) 在本例中,尽管专门借款于2016年1月1日借入,但是办公楼建设于4月1日方才开工。因此,借款利息费用只有在4月1日起才符合开始资本化的条件,计入在建工程成本。同时,由于办公楼建设在2016年9月1日至12月31日期间发生非正常中断4个月,该期间发生的利息费用应当暂停资本化,计入当期损益。

(3) 计算2016年借款利息资本化金额和应计入当期损益金额及其账务处理。

① 2016年应予资本化的专门借款利息金额(4～8月)=60 000 000×6%×5/12－(36 000 000×0.25%×2＋24 000 000×0.25%×1)=1 260 000(元)

2016年应当计入财务费用的专门借款利息金额(1～3月,9～12月)=60 000 000×6%×7/12－60 000 000×0.25%×3=1 650 000(元)

② 公司在2016年占用了一般借款资金的资产支出加权平均数=(24 000 000＋12 000 000＋36 000 000－60 000 000)×60÷360=2 000 000(元)

公司在2016年一般借款应予资本化的利息金额=2 000 000×8%=160 000(元)

公司在2016年应当计入当期损益的一般借款利息金额=5 760 000－160 000=5 600 000(元)

③ 计算2016年应予资本化和应计入当期损益的利息金额。

公司在2016年应予资本化的借款利息金额=1 260 000＋160 000=1 420 000(元)

公司在2016年应当计入财务费用的借款利息金额=1 650 000＋5 600 000=7 250 000(元)

④ 2016年有关会计分录:

借:在建工程——××办公楼　　1 420 000

　　财务费用　　7 250 000

　　应收利息或银行存款　　690 000

　　贷:应付利息——××银行　　9 360 000

(4) 计算2017年借款利息资本化金额和应计入当期损益金额及其账务处理。

① 计算2017年专门借款应予资本化的利息金额。

公司在2017年应予资本化的专门借款利息金额=60 000 000×6%×270÷360=2 700 000(元)

公司在2017年应当计入当期损益的专门借款利息金额＝3 600 000－2 700 000＝900 000(元)

② 计算2017年一般借款应予资本化的利息金额。

公司在2017年占用了一般借款资金的资产支出加权平均数＝24 000 000×270÷360＋6 000 000×180÷360＋6 000 000×90÷360＝22 500 000(元)

公司在2017年一般借款应予资本化的利息金额＝22 500 000×8%＝1 800 000(元)

公司在2017年应当计入当期损益的一般借款利息金额＝5 760 000－1 800 000＝3 960 000(元)

③ 计算2017年应予资本化和应计入当期损益的利息金额。

公司在2017年应予资本化的借款利息金额＝2 700 000＋1 800 000＝4 500 000(元)

公司在2017年应当计入当期损益的借款利息金额＝900 000＋3 960 000＝4 860 000(元)

④ 2017年有关会计分录：

借:在建工程——××办公楼　　4 500 000
　财务费用　　4 860 000
　贷:应付利息——××银行　　9 360 000

课后练习

一、单项选择题

1. 下列导致固定资产建造中断时间连续超过3个月的事项,不应暂停借款费用资本化的是(　　)。

A. 劳务纠纷　　B. 安全事故
C. 资金周转困难　　D. 可预测的气候影响

2. 2017年3月1日,南方公司为建造办公楼从银行借入两年期专门借款500万元,办公楼于2017年3月6日开工;2017年3月11日赊购一批材料款,并开出无息商业汇票,3个月后进行承兑;2017年4月1日支付银行存款购入一批工程物资;2017年11月12日,工程全部完工,达到合同设计的要求;2017年11月28日,所建办公楼验收合格;2017年12月1日,办理工程竣工结算;2017年12月12日,正式投入使用。南方公司专门借款利息费用开始资本化时点和停止资本化时点分别是(　　)。

A. 2017年3月1日和2017年12月12日

B. 2017年3月6日和2017年11月28日

C. 2017年3月11日和2017年12月1日

D. 2017年4月1日和2017年11月12日

3. 2016 年 2 月 1 日，甲公司为建造一栋厂房向银行取得一笔专门借款。2016 年 3 月 5 日，以该借款支付前期订购的工程物资款。因征地拆迁发生纠纷，该厂房延迟至 2016 年 7 月 1 日才开工兴建，开始支付其他工程款。2017 年 2 月 28 日，该厂房建造完成，达到预定可使用状态。2017 年 4 月 30 日，甲公司办理工程竣工决算。不考虑其他因素，甲公司该笔借款费用的资本化期间为(　　)。

A. 2016 年 2 月 1 日至 2017 年 4 月 30 日

B. 2016 年 3 月 5 日至 2017 年 2 月 28 日

C. 2016 年 7 月 1 日至 2017 年 2 月 28 日

D. 2016 年 7 月 1 日至 2017 年 4 月 30 日

4. 2015 年 1 月 1 日，甲公司从银行取得 3 年期专门借款开工兴建一栋厂房。2017 年 6 月 30 日该厂房达到预定可使用状态并投入使用，7 月 31 日验收合格，8 月 5 日办理竣工决算，8 月 31 日完成资产移交手续。甲公司该专门借款费用在 2017 年停止资本化的时点为(　　)。

A. 6 月 30 日　　B. 7 月 31 日　　C. 8 月 5 日　　D. 8 月 31 日

5. 甲公司 2016 年 1 月 1 日发行面值总额为 10 000 万元的一般公司债券，取得的款项专门用于建造厂房。该债券系分期付息、到期还本债券，期限为 4 年，票面年利率为 10%，每年 12 月 31 日支付当年利息。该债券实际年利率为 8%。债券发行价格总额为 10 662.10 万元，款项已存入银行。厂房于 2016 年 1 月 1 日开工建造，2016 年度累计发生建造工程支出 4 600 万元。经批准，当年甲公司将尚未使用的债券资金投资于国债，取得投资收益 760 万元。至 2016 年 12 月 31 日工程尚未完工，该在建工程 2016 年年末账面余额为(　　)万元。

A. 4 692.97　　B. 4 906.21　　C. 5 452.97　　D. 5 600

6. A 公司 2016 年 7 月 1 日向银行借入 5 000 万元专门用于某工程，该借款期限为 5 年，年利率为 6%，分期付息(每年 12 月 31 日支付)到期还本。2016 年 8 月 1 日 A 公司支付甲公司备料款 2 000 万元，2016 年 9 月 1 日工程经批准正式开工建设。2016 年 10 月 1 日 A 公司支付工程进度款 2 000 万元。截至 2016 年 12 月 31 日工程尚未完工，闲置资金用于购入保本收益理财产品，月收益率为 0.2%。则 A 公司当年计入财务费用科目的金额为(　　)万元。

A. 30　　B. 50　　C. 100　　D. 0

二、多项选择题

1. 在确定借款费用暂停资本化的期间时，应当区别正常中断和非正常中断。下列各项中，属于非正常中断的有(　　)。

A. 质量纠纷导致的中断　　B. 安全事故导致的中断

C. 劳动纠纷导致的中断　　D. 资金周转困难导致的中断

2. 下列各项中，属于应资本化的借款费用的有(　　)。

A. 2016 年 11 月开工 2017 年 6 月完工的工程项目

B. 生产周期超过1年的存货

C. 建造期间为2年的固定资产

D. 经过相当长时间的购建达到预定可使用状态的投资性房地产

3. 借款费用资本化必须同时满足的条件有(　　)。

A. 资产支出已经发生

B. 借款费用已经发生

C. 为使资产达到预定可使用或者可销售状态所必要的购建或者生产活动已经开始

D. 资产支出将要发生

4. 甲企业正在建造一幢办公楼,下列应计入办公楼成本的有(　　)。

A. 领用外购原材料,与原材料相关的增值税

B. 专门借款资本化利息

C. 资本化期间内外币专门借款本金和利息的汇兑差额

D. 资本化期间内外币一般借款本金汇兑差额

5. 借款费用准则中的资产支出包括(　　)。

A. 为购建符合资本化条件的资产而支付现金

B. 为购建符合资本化条件的资产而转移非现金资产

C. 为购建符合资本化条件的资产而以承担带息债务形式发生的支出

D. 支付在建工程人员工资

6. 下列生产活动发生的中断中,属于非正常中断的有(　　)。

A. 企业因与施工方发生了质量纠纷导致的中断

B. 资金周转发生了困难导致的中断

C. 发生了与资产购建、生产有关的劳动纠纷等导致的中断

D. 工程建造到一定阶段必须暂停下来进行质量或者安全检查导致的中断

三、判断题

1. 资本化期间,是指从借款费用开始资本化时点到停止资本化时点的期间,借款费用暂停资本化的期间也包括在内。(　　)

2. 企业以赊购方式购买工程所需物资而承担了债务,表明资本化时点中资产支出已经发生。(　　)

3. 在资本化期间内,除外币专门借款之外的其他外币借款本金及其利息所产生的汇兑差额,应当作为财务费用计入当期损益。(　　)

4. 企业每一会计期间的利息资本化金额可以超过当期相关借款实际发生的利息金额。(　　)

四、计算及账务处理题

A公司2017年1月1日决定采用出包方式建造一栋厂房。为建造该栋厂房,A公

司 2017 年 4 月 1 日从银行借入 5 000 万元专门借款，借款期限为 2 年，年利率为 7%，不考虑手续费。该项专门借款在银行的存款年利率为 2%。2017 年 7 月 1 日，支付工程备料款 2 000 万元，工程实体开始建造；2017 年 8 月 1 日又借入一般借款 500 万元，年利率为 8%，借款期限为 3 年。因发生劳务纠纷，2017 年 8 月 1 日至 9 月 30 日发生工程中断；10 月 1 日，恢复正常施工，并支付工程进度款 3 200 万元；12 月 1 日又借入一般借款 100 万元，借款期限为 1 年，年利率为 5%，当日支付工程进度款 200 万元，至 2017 年年末工程尚未完工，预计 2018 年年末工程完工并达到预定可使用状态。假定 A 公司按年计提并支付借款利息，专门借款利息收入于每年 12 月 31 日收存银行。

要求：

(1) 计算 2017 年专门借款利息资本化金额、费用化金额。

(2) 计算 2017 年一般借款利息资本化金额、费用化金额。

(3) 编制 2017 年度与借款利息相关的会计分录。

(答案中的金额单位用万元表示)

项目十　企业合并的核算

知识目标

1. 企业合并的定义
2. 企业合并的类型
3. 企业合并的会计处理方法

能力目标

1. 能够正确识别企业合并的类型
2. 掌握同一控制下的企业合并的会计处理
3. 掌握非同一控制下的企业合并的会计处理

任务一　企业合并的认知

一、企业合并的概念

我国《企业会计准则第 20 号——企业合并》中"企业合并",是指将两个或两个以上单独的企业合并形成一个报告主体的交易或事项。在《国际财务报告准则第 3 号——企业合并》中对企业合并的定义是:将单独的主体或业务集合为一个报告主体。可见,从会计的角度理解企业合并,强调了参与合并的企业在合并之前的独立性和合并后形成单一的报告主体两个方面。

根据以上关于企业合并定义,可以认为构成企业合并至少包括两层含义:一是取得对另一个或多个企业(或业务)的控制权;二是被合并的企业必须构成业务。

(一) 控制权

控制,是指投资方拥有对被投资方的权力,通过参与被投资方的相关活动而享有可变回报,并且有能力运用对被投资方的权力影响其回报金额。判断企业是否取得被投资企业的控制权,通常关注以下几点。

1. 投资企业在被投资企业中取得的表决权

当对被投资企业的控制是通过持有一定比例表决权或者潜在表决权的方式时，在不存在其他改变决策的安排的情况下，主要根据通过行使其表决权来决定被投资方的财务和经营政策的情况判断控制。一般情况下，如果不存在其他因素，通常持有半数以上表决权的投资方控制被投资方；但是，当章程或者其他协议存在某项特殊约定，如被投资方相关活动的决策需要 2/3 以上表决权比例通过时，拥有半数以上但未达到约定比例的并不意味着能够控制被投资方。

2. 投资企业在被投资企业中取得的可变回报

可变回报，是不固定且可能随着被投资方业绩而变化的回报，可以是正回报，也可以是负回报。值得注意的是，只有一个投资方能够控制被控制方，但可能存在多个投资方分享被投资方的回报，如少数股东权益的持有者可以分享被投资方的利润。

3. 投资企业在被投资企业中拥有权力，并能够运用此权力影响可变回报的金额

这里的权力，是指能够主导被投资方相关活动的权力。对于权力应理解以下几点：① 权力是表明投资方主导被投资方相关活动的现时能力，并不要求投资方实际行使其权力。② 权力是一种实质性权利，而不是保护性权利。实质性权利，是指持有人在对相关活动进行决策时，有实际能力行使的可执行权力；保护性权利旨在保护持有这些权利的当事方的权益，而不赋予当事方对这些权利所涉及的主体的权力。③ 权力是为自己行使的，而不是代其他方行使的。④ 权力通常表现为表决权，但有时也可能表现为其他合同安排。

（二）业务

业务，是指企业内部某些生产经营活动或资产负债的组合，该组合具有投入、加工处理过程和产出能力，能够独立计算其成本费用或所产生的收入，但一般不构成一个企业、不具有独立的法人资格，如企业的分公司、独立的生产车间、不具有独立法人资格的分部等。

思考：合营企业、购买子公司的少数股权是否属于企业合并？

根据《企业会计准则第 20 号——企业合并》相关规定，以下两种情况不属于企业合并：

(1) 两方或两方以上形成合营企业，不属于企业合并。

合营企业，是指作为合营方将其拥有的资产、负债等投入所成立的合营企业，按照合营企业的章程或合营合同、协议的规定，在合营企业成立以后，由合营各方对其生产经营活动实施共同控制的情况。由于合营企业的合营各方不存在占有主导地位的控制方，因此不属于准则中界定的企业合并。

(2) 购买子公司的少数股权，不属于企业合并。

购买子公司的少数股权，是指企业在取得对子公司的控制权已形成企业合并后，购买少数股东拥有的对该子公司全部或部分的权益，该交易实质上是股东之间的权益性交易，考虑到该交易发生前后，不涉及控制权的转移，报告主体未发生变化，因此不属于企业合并。

知识链接

股权投资

股权投资，又称权益性投资，是指通过付出现金或非现金资产等取得被投资单位的股份或股权，享有一定比例的权益份额代表的资产，并承担相应比例份额的负债。投资企业取得被投资单位的股权，即相应地享有被投资单位净资产有关份额，通过自被投资单位分得现金股利或利润以及待被投资单位增值后出售等获利。股权投资基于投资合同、协议等约定，会形成投资方的金融资产，而对被投资单位，其所接受的来自投资方的出资会形成所有者权益。

根据投资方在投资后对被投资单位能够施加影响的程度，企业会计准则将股权投资区分为应当按照金融工具确认和计量准则进行核算和应当按照长期股权投资准则进行核算两种情况。

（一）应当按照金融工具确认和计量准则进行核算的股权投资

应当按照金融工具确认和计量准则进行核算的股权投资，是指投资方对被投资不具控制、共同控制或者重大影响的股权投资。在投资方企业资产中一般划分为：

(1) 以公允价值计量且其变动计入当期损益的金融资产；

(2) 其他权益工具投资。

（二）应当按照长期股权投资准则进行核算的股权投资

属于长期股权投资准则规范的股权投资，是根据投资方在获得投资后能够对被投资单位施加影响的程度来划分的，而不是一定要求持有投资的期限长短。会计意义的长期股权投资包括投资方持有的对联营企业、合营企业以及子公司的投资。

1. 联营企业投资

联营企业投资，是指投资方能够对被投资方单位施加重大影响的股权投资。重大影响是指投资方对被投资方单位的财务和生产经营决策有参与决策的权利，但并不能控制或与其他方一起共同控制这些政策的制定。

实务中，较为常见的重大影响体现为投资单位在被投资单位的董事会或类似权力机构中派有代表，在被投资单位财务和经营决策制定过程中实施重大影响。从股权比例来看，投资方直接或通过子公司间接持有被投资单位20%以上但低于50%的表决权股份时，一般认为对投资单位具有重大影响，除非有明确的证据表明该种情况下不能参与被投资单位的生产经营决策，不形成重大影响。

2. 合营企业投资

合营企业投资，是指投资方持有的对构成合营企业的合营安排的投资。投资方判断持有的对合营企业的投资，应当首先看是否构成合营安排，其次再看有关合营安排是否构成合营企业。

合营安排，是指一项由两个或两个以上的参与方共同控制的安排。一项合营安排的所有投资者群体中只要其中部分投资者能够对该合营安排实施共同控制即可，构成合营安排的前提条件不是要求所有投资者均具有共同控制能力。共同控制，是指按照相关约定所有参与方或参与方组合能够集体控制该安排，即对某项安排所共有的控制，并且该安排的相关活动必须经过分享控制权的参与方一致同意后才能决策。如果存在两个或两个以上的参与方组合能够集体控制某项安排的，不构成共同控制。

假定一项安排涉及三方：A 公司、B 公司、C 公司，在该安排中拥有的表决权分别为 50%、30%和 20%。A 公司、B 公司、C 公司之间的相关约定规定，75%以上的表决权即可对安排的相关活动做出决策。

问题：该安排是否属于共同控制？

分析：本例中 A 公司和 B 公司是能够集体控制该安排的唯一组合，当且仅当 A 公司、B 公司一致同意时，该安排的相关活动决策方能表决通过。因此，A 公司、B 公司对安排具有共同控制权。

共同控制不同于控制，共同控制是由两个或两个以上的参与方实施，而控制由单一参与方实施。共同控制也不同于重大影响，享有重大影响的参与方只拥有参与安排的财务和经营政策的决策权力，但并不能够控制或者与其他方一起共同控制这些政策的制定。

根据合营方应当在合营安排的正常经营中享有的权利和承担的义务，合营安排分为共同经营和合营企业。共同经营，是指合营方享有该安排相关资产且承担该安排相关负责的合营安排。合营企业，是指合营方仅对该安排的净资产享有权利的合营安排。

3. 对子公司投资

对子公司投资，是指投资方持有的能够对被投资单位施加控制的股权投资。控制，是指投资方拥有对被投资方的权力，通过参与被投资方的相关活动而享有可变回报，并且有能力运用对被投资方的权力影响其回报金额。其中，可变回报是指不固定且可能随着被投资方业绩而变化的回报，可以是正回报，也可以是负回报。

因此，投资方要实现控制，必须具备以下基本要素：一是应涉入被投资方而享有可变回报；二是拥有对被投资方的权力，并且有能力运用对被投资方的权力影响其回报金额。投资方只有同时具备上述两个要素时，才能控制被投资方。

对子公司投资的取得一般是通过企业合并方式。

表 10－1　股权投资按投资方对被投资单位能够施加的影响程度的分类

<table>
<tr><td colspan="3"></td><td>影响程度</td></tr>
<tr><td rowspan="5">股权投资</td><td rowspan="2">应当按照金融工具确认和计量准则进行核算</td><td>以公允价值计量且其变动计入当期损益的金融资产</td><td rowspan="2">不具控制、共同控制或者重大影响</td></tr>
<tr><td>其他权益工具投资</td></tr>
<tr><td rowspan="3">应当按照长期股权投资准则进行核算</td><td>联营企业</td><td>重大影响</td></tr>
<tr><td>合营企业</td><td>共同控制</td></tr>
<tr><td>对子公司的投资</td><td>控制</td></tr>
</table>

二、企业合并的方式

企业合并按照合并后合并主体法律形式是否发生变化，可以分为吸收合并、新设合并、控股合并三种。

（一）吸收合并

吸收合并，是指一家企业通过支付现金、发行证券或转让其他非货币性资产等方式取得另一家或几家企业的全部净资产，并将有关资产、负债并入投资方自身生产经营中。参与合并的企业在合并后，只有合并方继续保留原有的法人地位，被合并方在吸收合并后丧失其法人地位。

例如，A 公司将 B 公司收购合并，接受 B 公司所有资产的同时承担 B 公司所有的负债，B 公司被 A 公司吸收，丧失其法人资格，而 A 公司由此扩大了业务和经营规模，且继续保留原有的法人资格。即：

A 公司＋B 公司＝A 公司

（二）新设合并

新设合并，是指两家或两家以上的企业联合成立一个新的企业，用新企业的股份交换原来各企业的股份。合并后，新企业作为一个法人机构存在，原来各企业均失去法人资格，新企业在接受已解散的原企业资产的同时，也承担所有的负债。

例如，A 公司与 B 公司以新设合并的方式成立了 C 公司，A、B 公司的法人资格均消失，而 C 公司取得 A、B 公司的全部净资产，也就是 C 公司取得 A、B 公司的全部资产，并同时承担全部负债。即：

A 公司＋B 公司＝C 公司

（三）控股合并

控股合并，是指一家企业通过支付现金、发行证券或转让其他非货币性资产等方式取得另一家企业部分或全部有表决权的股份，从而达到能够对被投资企业实施控制的企业合并形式。合并后，参与合并的两家企业仍然保持其独立的法人地位，但投资方与被投资方之间形成了母子公司关系，投资方（母公司）需要编制合并财务报表，而被投资方应当纳入母公司合并财务报表的编制范围。

例如，A 公司以现金购买了 B 公司 70％有表决权的股份，并能够决定 B 公司的财务和经营政策，则 A 公司就成为 B 公司的母公司，B 公司作为 A 公司的子公司，仍然保留其法人资格。即：

A 公司＋B 公司＝以 A 公司为母公司、B 公司为子公司的企业集团

表 10－2　企业合并方式

	合并方式		合并后
企业合并	吸收合并	A公司＋B公司＝A公司	形成一个企业
	新设合并	A公司＋B公司＝C公司	
	控股合并	A公司＋B公司＝以A公司为母公司、B公司为子公司的企业集团	仍然是两个企业，但形成一个报告主体

三、企业合并的类型

我国的企业合并准则中将企业合并按照参与合并的各方在合并前后是否受同一方或相同多方最终控制，划分为两大基本类型：同一控制下的企业合并、非同一控制下的企业合并。企业合并的类型划分不同，所遵循的会计处理原则也不同。

（一）同一控制下的企业合并

同一控制下的企业合并，是指参与合并的企业在合并前后均受同一方或相同的多方最终控制且该控制并非暂时性的。判断某一企业合并是否属于同一控制下的企业合并，应当把握以下要点：

(1) 能够对参与合并各方在合并前后均实施最终控制的一方通常指企业集团的母公司。同一控制下的企业合并一般发生于企业集团内部，如集团内母子公司之间、子公司与子公司之间等。该类型的合并本质上是集团内部企业之间的资产或权益的转移。

(2) 能够对参与合并的企业在合并前后均实施最终控制的相同多方，是指根据合同或协议的约定，拥有最终决定参与合并企业的财务和经营政策，并从中获取利益的投资者群体。

(3) 能够对参与合并的企业在合并前后均实施控制且该控制并非暂时性的，是指参与合并各方在合并前后较长时间内为最终控制方所控制，具体是指在企业合并日之前，参与合并各方在最终控制方的控制时间一般在一年以上(含一年)，企业合并后形成的报告主体在最终控制方的控制时间也应达到一年以上(含一年)。

(4) 在判断企业合并是否属于同一控制下的企业合并时，应综合参与各方的多方面情况，遵循实质重于形式的原则进行判断。值得注意的是，同受国家控制的企业之间发生的合并，不应仅仅因参与合并各方在合并前后均受国家控制而将其作为同一控制下的企业合并。

通常情况下，对于同一控制下的企业合并是指发生在同一企业集团内部企业之间的合并，则从最终控制方的角度来看，其所能够实施的净资产没有发生变化，其实质是集团内部资产或权益的转移，故同一控制下企业合并的相关交易不按公允价值进行核算，而是按账面价值转移。

（二）非同一控制下的企业合并

非同一控制下的企业合并，是指参与合并各方在合并前后不受同一方或相同多方最终控制的合并交易，即排除判断属于同一控制下的企业合并的情况以外的其他的企业合并。这种类型的企业合并大多数是企业自愿交易行为，交易过程中各方出于自身利益考虑会进行激烈讨价还价，故非同一控制下的企业合并相关交易以公允价值为基础进行核算。

四、企业合并业务的会计处理方法

（一）权益结合法

权益结合法，也称股权结合法、权益联营法，该方法下视为参与企业合并的各方通过股权的交换形成所有者权益的联合，而非资产的交易。在权益结合法中，原所有者权益继续存在，以前会计基础保持不变，即参与合并的各企业的资产和负债继续按其原来的账面价值记录，合并后企业的利润包括合并日之前本年度已实现的利润，以前年度累积的留存利润也应予合并。也就是说，权益结合法下，企业合并业务所涉及的资产、负债转移，应当按照在合并日该资产、负债的原账面价值计量。

根据我国现行会计准则的相关规定，权益结合法一般运用于同一控制下的企业合并。因为，对于同一控制下的企业合并，合并前后的最终控制人未发生变化，由最终控制人控制全部或实际上全部的净资产和经营权，这种合并更多的是一种集团内部的资源整合而非商业合并。

（二）购买法

购买法下，将企业合并视为投资方以一定的价款购进被投资方的机器设备、存货等资产项目，同时承担该企业的所有负债行为。因此，该方法下企业合并业务所涉及的资产、负债转移，应当按照在合并日该资产、负债的公允价值计量。

根据我国现行会计准则的相关规定，购买法一般运用于非同一控制下的企业合并。因为对于非同一控制下的企业合并，参与合并的各方在合并前后不受同一方或相同多方的最终控制，这种类型的企业合并多为正常的商业合并，是正常的市场交易行为。

表 10－3　企业合并的会计处理方法运用

会计处理方法	企业合并类型	企业合并方式
权益结合法	同一控制下的企业合并	吸收合并
		新设合并
		控股合并

续　表

会计处理方法	企业合并类型	企业合并方式
购买法	非同一控制下的企业合并	吸收合并
		新设合并
		控股合并

五、企业合并相关要素的确认

由于同一控制下的企业合并和非同一控制下的企业合并二者实质不同，前者是参与合并各方资产、负债进行重新组合的经济事项，后者是合并各方自愿进行的购买交易，因此二者参与合并各方的称谓也有所不同。同一控制下的企业合并，在合并日取得对其他参与合并企业控制权的一方称为合并方，参与合并的其他企业为被合并方；非同一控制下的企业合并，在购买日取得对其他参与合并企业控制权的一方称为购买方，参与合并的其他企业为被购买方。

（一）合并方（或购买方）的确定

对于合并方（购买方）的确定应该遵循实质重于形式的原则，以“控制”为基础，即能够控制其他企业的为合并方（或购买方），其他企业为被合并方（被购买方）。

一般情况下，投资企业通过直接或间接持有被投资企业半数以上表决权而拥有权力，但公司章程另有规定的除外。投资方持有被投资方半数以上表决权的情况如下：

第一种，直接拥有半数以上：A公司直接拥有B公司60%的股份。

第二种，间接拥有半数以上：A公司直接拥有S公司70%的股份，而S公司直接拥有B公司60%的股份，则A公司间接拥有B公司60%的股份，如图10－1所示。

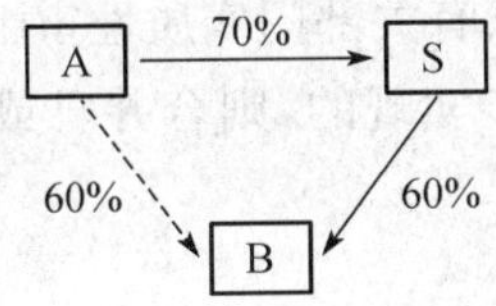

图10－1　A公司间接拥有半数以上表决权

第三种，直接和间接合计拥有半数以上：A公司直接拥有S公司70%的股份，A公司直接拥有B公司30%的股份，S公司直接拥有B公司30%的股份，则A公司直接和间接拥有B公司60%（＝30%＋30%）的股份，如图10－2所示。

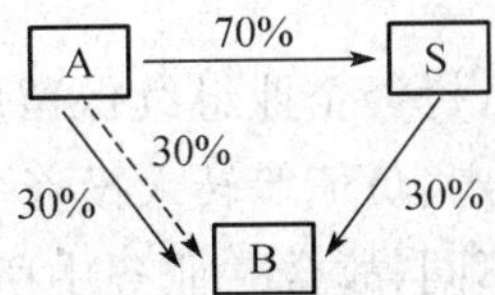

图10－2　A公司直接和间接拥有半数以上表决权

值得注意的是，在进行控制分析时，投资方不仅需要考虑直接表决权，还需要考虑其持有的潜在表决权以及其他方持有的潜在表决权的影响，进行综合考量，以确定其对被投资方是否拥有权力。潜在表决权是获得被投资方表决权的权利，如可转换工具、认股权证、远期股权购买合同或期权所产生的权利等。

【例 10－1】 即使一个参与合并的主体未获得另一参与合并主体一半以上的表决权，它也仍有可能获得对另一主体的控制权，条件是（　　）。

A. 通过与其他投资者之间的协议，获得对另一主体一半以上表决权的权力

B. 通过法律或协议，获得另一主体的财务和经营政策的权力

C. 获得任命或解除另一主体董事会或类似治理机构大多数成员的权力

D. 获得在另一主体董事会会议或类似治理机构中投多数票的权力

正确答案：ABCD。

（二）合并日（购买日）的确定

合并日或购买日，是指投资企业取得被投资企业控制权的日期，即确定的基本原则为控制权的转移时点。在企业合并实务中，应该结合合并合同或协议的约定及其他有关的影响因素，按照实质重于形式的原则进行判断。

一般情况下，同时满足以下条件时，可认为实现了控制权的转移：

（1）企业合并或购买协议已获股东大会等内部权力机构批准；

（2）参与合并各方已办理了相关资产的转移手续；

（3）合并方或购买方已经支付对价的大部分（一般应超过 50%），并且有能力有计划支付剩余款项；

（4）合并方或购买方实际上已经控制了被合并方或被购买方的财务和经营政策，并享有相应的利益及承担风险；

（5）企业合并事项需要经国家有关部门实质性审批的，已取得有关部门的批准。

如果企业合并是多次投资分步实现的，则合并日或购买日应是合并方或购买方实际取得控制权的当天。

任务二　企业合并业务的会计处理

一、吸收合并的会计处理

吸收合并后，被投资企业解散，投资企业继续保留原有的法人地位，以一个单一的会计主体存在，即被投资企业的资产、负债等转入投资企业。由于同一控制下和非同一控制下吸收合并业务的实质含义不同，故合并业务中所涉及的资产和负债的计价基础不同。

（一）同一控制下吸收合并的会计处理

根据我国《企业会计准则第20号——企业合并》的规定，对同一控制下的企业合并采用权益结合法进行会计处理。在运用权益结合法对同一控制下的吸收合并进行核算时，应遵循以下原则：

（1）在同一控制下的吸收合并中所涉及的资产、负债应采用账面价值进行计量。

（2）若以发行权益性证券方式进行合并的，在进行合并处理时应按其发行的权益性证券的面值贷记“股本”，并将被合并方在合并日以前实现的留存收益按账面价值转入，差额调整资本公积。

（3）在合并过程中发生的各项相关费用，如进行合并业务而支付的审计费用、评估费用、法律服务费用等，应当在发生时计入合并企业的当期损益；以发行权益性证券作为合并对价的，与发行权益性证券有关的佣金、手续费等，应当抵减权益性证券的溢价收入，不足冲减的，应当冲减留存收益；以发行债券进行企业合并的，与发行债券相关的佣金、手续费等，应计入发行债券的初始计量金额，即构成债券入账价值的组成部分。

值得注意的是，若合并方与被合并方在企业合并前采用的会计政策不同，首先应基于重要性原则，统一被合并方的会计政策，并应当按照合并方的会计政策对被合并方有关资产、负债的账面价值进行调整，以调整后的账面价值确认。

【例10-2】 A公司和B公司均为P公司的子公司，2017年1月1日，A公司对B公司进行了吸收合并，经双方协商，A公司发行普通股2 000 000股以取得B公司的全部资产，同时承担B公司的全部负债，A公司股票面值每股1元，经调整确定的公允市价为每股9元。同时，A公司还支付与合并审计、评估、法律等相关费用400 000元。A公司与B公司在合并业务发生前所采用的会计政策一致。B公司在合并日的资产负债情况如表10-4所示。

表10-4　B公司在合并日的资产负债情况

项　目	账面价值	公允价值	项　目	账面价值	公允价值
资产：			负债：		
银行存款	4 000 000	4 000 000	短期借款	3 000 000	3 000 000
应收账款	4 000 000	3 8000 000	应付账款	4 000 000	4 000 000
存货	7 000 000	6 200 000	其他应付款	1 000 000	1 000 000
长期股权投资	1 000 000	1 000 000	长期借款	5 000 000	5 000 000
固定资产	12 000 000	10 000 000	负债合计	13 000 000	13 000 000
无形资产	3 000 000	4 000 000	所有者权益：		
			股本	10 000 000	10 000 000
			资本公积	4 000 000	2 000 000

续 表

项　目	账面价值	公允价值	项　目	账面价值	公允价值
			盈余公积	2 500 000	2 500 000
			未分配利润	1 500 000	1 500 000
			股权权益合计	18 000 000	16 000 000
资产合计	31 000 000	29 000 000	负债和股东权益总计	31 000 000	29 000 000

分析：

(1) 确认各项资产、负债的入账价值。

由于A公司和B公司均为P公司的子公司，即为同一控制下的企业合并，该合并业务中所涉及的资产、负债应按其账面价值进行计量。

(2) 确认所有者权益项目。

A公司以发行权益性证券的方式吸收合并B公司，应按其发行的权益性证券的面值贷记"股本"，并将B公司在合并日以前实现的留存收益按其账面价值转入，剩余所有者权益账面差额调整资本公积，即确认股本2 000 000元，盈余公积2 500 000元，未分配利润1 500 000元，资本公积12 000 000元。

则A公司吸收合并B公司时应编制会计分录如下：

(1) A公司发行股票取得B公司全部资产并承担全部负债：

借：银行存款　4 000 000
　应收账款　4 000 000
　存货　7 000 000
　长期股权投资　1 000 000
　固定资产　12 000 000
　无形资产　3 000 000
　贷：短期借款　3 000 000
　　应付账款　4 000 000
　　其他应付款　1 000 000
　　长期借款　5 000 000
　　股本　2 000 000
　　盈余公积　2 500 000
　　未分配利润　1 500 000
　　资本公积　12 000 000

(2) A公司支付与合并相关的直接费用时：

借：管理费用　400 000
　贷：银行存款　400 000

(二) 非同一控制下吸收合并的会计处理

根据我国《企业会计准则第 20 号——企业合并》的规定，对非同一控制下的企业合并采用购买法进行会计处理。在运用购买法对非同一控制下的吸收合并进行核算时，应遵循以下原则：

(1) 在非同一控制下的吸收合并中，合并业务所涉及的资产、负债应采用公允价值进行计量。

(2) 在非同一控制下的企业合并中，购买者应以其合并业务中的支付对价的公允价值来确定购买成本。

(3) 该购买成本与其取得的被投资者可辨认净资产公允价值之间存在差额，则购买成本大于被投资方可辨认净资产公允价值的差额确认为商誉，购买成本小于被投资方可辨认净资产公允价值的差额确认为营业外收入。

(4) 若投资方以发行权益性证券方式进行合并的，在进行合并处理时应按其发行的权益性证券面值贷记“股本”，面值与权益性证券公允价值的差额调整资本公积。

(5) 在合并过程中发生的各项相关费用，如进行合并业务而支付的审计费用、评估费用、法律服务费用等，应当在发生时计入合并企业的当期损益。如果以发行权益性证券作为合并对价的，与发行权益性证券有关的佣金、手续费等，应当抵减权益性证券的溢价收入，不足冲减的，应当冲减留存收益；如果以发行债券进行企业合并的，与发行债券相关的佣金、手续费等，应计入发行债券的初始计量金额，即构成债券入账价值的组成部分。

【例 10-3】 A 公司和 B 公司不受相同一方或多方的控制，2017 年 1 月 1 日，A 公司对 B 公司进行了吸收合并，经双方协商，A 公司发行普通股 2 000 000 股以取得 B 公司的全部资产，同时承担 B 公司的全部负债，A 公司股票面值每股 1 元，经调整确定的公允市价为每股 9 元。同时，A 公司还支付与合并审计、评估、法律等相关费用 400 000 元。B 公司在合并日的资产负债情况如表 10-5 所示。

表 10-5　B 公司在合并日的资产情况

项　目	账面价值	公允价值	项　目	账面价值	公允价值
资产：			负债：		
银行存款	4 000 000	4 000 000	短期借款	3 000 000	3 000 000
应收账款	4 000 000	3 8000 000	应付账款	4 000 000	4 000 000
存货	7 000 000	6 200 000	其他应付款	1 000 000	1 000 000
长期股权投资	1 000 000	1 000 000	长期借款	5 000 000	5 000 000
固定资产	12 000 000	10 000 000	负债合计	13 000 000	13 000 000
无形资产	3 000 000	4 000 000	所有者权益：		
			股本	10 000 000	10 000 000

续 表

项 目	账面价值	公允价值	项 目	账面价值	公允价值
			资本公积	4 000 000	2 000 000
			盈余公积	2 500 000	2 500 000
			未分配利润	1 500 000	1 500 000
			股权权益合计	18 000 000	16 000 000
资产合计	31 000 000	29 000 000	负债和股东权益总计	31 000 000	29 000 000

分析：

(1) 确认各项资产、负债的入账价值。

由于A公司和B公司不受相同一方或多方的控制，故该企业合并为非同一控制下的企业合并，该合并业务中所涉及的资产、负债应按其公允价值进行计量。

(2) 确认购买成本。

A公司以发行权益性证券的方式吸收合并B公司，应按其发行的权益性证券的公允价值来确定其购买成本，则购买成本为18 000 000元（=9元/股×2 000 000股）。

(3) 比较购买成本与其取得的可辨认净资产公允价值。

根据表10－5可知，B公司可辨认净资产公允价值为16 000 000元，而购买成本为18 000 000元，故应确认商誉2 000 000元。

(4) 确认所有者权益项目。

A公司以发行权益性证券的方式吸收合并B公司，应按其发行的权益性证券的面值贷记“股本”，面值与权益性证券公允价值的差额调整资本公积，即确认股本2 000 000元，资本公积16 000 000元。

则A公司吸收合并B公司时应编制会计分录如下：

(1) A公司发行股票取得B公司全部资产并承担全部负债：

借：银行存款　4 000 000
　　应收账款　3 800 000
　　存货　6 200 000
　　长期股权投资　1 000 000
　　固定资产　10 000 000
　　无形资产　4 000 000
　　商誉　2 000 000
　贷：短期借款　3 000 000
　　　应付账款　4 000 000
　　　其他应付款　1 000 000
　　　长期借款　5 000 000
　　　股本　2 000 000
　　　资本公积　16 000 000

(2) A公司支付与合并相关的直接费用时：

借：管理费用　　400 000

　贷：银行存款　　400 000

二、新设合并的会计处理

新设合并，是指两家或两家以上的企业联合成立一个新的企业，用新企业的股份交换原来各企业的股份。合并后，新企业作为一个法人机构存在，原来各企业均失去法人资格，新企业在接受已解散的原企业资产的同时，也承担所有的负债。

吸收合并，是指一家企业通过支付现金、发行证券或转让其他非货币性资产等方式取得另一家或几家企业资产的同时，也承担所有的负债。合并业务发生后，被合并方丧失其法人地位，只有合并方继续保留原有的法人地位。

由于新设合并和吸收合并都是两个或两个以上企业合并成为一个企业，故新设合并的业务会计处理原则参照吸收合并的业务会计处理原则。

三、控股合并的会计处理

控股合并，是指一家企业通过支付现金、发行证券或转让其他非货币性资产等方式取得另一家企业部分或全部有表决权的股份，从而达到能够对被投资企业实施控制的企业合并形式。合并后，参与合并的两家企业仍然保持其独立的法人地位，但投资方与被投资方之间形成了母子公司关系，即投资方在控股合并业务中形成对被投资方的长期股权投资。

（一）同一控制下控股合并的会计处理

根据我国《企业会计准则第20号——企业合并》的规定，对同一控制下的企业合并采用权益结合法进行会计处理。在运用权益结合法对同一控制下的控股合并进行核算时，应遵循以下原则：

(1) 在同一控制下的控股合并中，合并方应按合并日被合并方所有者权益在最终控制方合并财务报表中的账面价值的份额作为长期股权投资的初始投资成本。

(2) 在同一控制下的控股合并中，合并方的支付对价中所涉及的资产、负债应按其账面价值进行计量。若以发行权益性证券方式进行合并的，在进行合并处理时应按其发行的权益性证券的面值贷记“股本”。

(3) 在同一控制下的控股合并中，合并方确认的长期股权投资的初始投资成本与支付对价（现金、非现金资产）的账面价值或与其发行的权益性证券的面值之间存在差额的，应调整资本公积（资本溢价或股本溢价），如果资本公积不足冲减的，依次冲减盈余公积和未分配利润。

(4) 在合并过程中发生的各项相关费用，如进行合并业务而支付的审计费用、评估费用、法律服务费用等，应当在发生时计入合并企业的当期损益；如果以发行权益性证券作为合并对价的，与发行权益性证券有关的佣金、手续费等，应当抵减权益性证券的溢价收入，不足冲减的，应当冲减留存收益；如果以发行债券进行企业合并的，与发行债券相关的佣金、手续费等，应计入发行债券的初始计量金额，即构成债券入账价值的组成部分。

值得注意的是，若合并方与被合并方在企业合并前采用的会计政策不同，首先应基于重要性原则，统一被合并方的会计政策，并应当按照合并方的会计政策对被合并方有关资产、负债的账面价值进行调整，以调整后的账面价值确认。

【例 10－4】 A公司和B公司均为P公司的子公司，经双方协商，2017年1月1日，A公司对B公司发行普通股2 000 000股以取得B公司的90%表决权的股份。A公司股票面值每股1元，经调整确定的公允市价为每股9元。同时，A公司还支付与合并审计、评估、法律等相关费用400 000元。A公司与B公司在合并业务发生前所采用的会计政策一致。B公司在合并日的资产负债情况如表10－6所示。

表 10－6　B公司在合并日的资产负债情况

项　目	账面价值	公允价值	项　目	账面价值	公允价值
资产：			负债：		
银行存款	4 000 000	4 000 000	短期借款	3 000 000	3 000 000
应收账款	4 000 000	3 8000 000	应付账款	4 000 000	4 000 000
存货	7 000 000	6 200 000	其他应付款	1 000 000	1 000 000
长期股权投资	1 000 000	1 000 000	长期借款	5 000 000	5 000 000
固定资产	12 000 000	10 000 000	负债合计	13 000 000	13 000 000
无形资产	3 000 000	4 000 000	所有者权益：		
			股本	10 000 000	10 000 000
			资本公积	4 000 000	2 000 000
			盈余公积	2 500 000	2 500 000
			未分配利润	1 500 000	1 500 000
			股权权益合计	18 000 000	16 000 000
资产合计	31 000 000	29 000 000	负债和股东权益总计	31 000 000	29 000 000

分析：

(1) 确认长期股权投资的初始投资成本。

由于A公司和B公司均为P公司的子公司，即为同一控制下的控股合并。在该合并业务中A公司应按B公司所有者权益在P公司合并财务报表中的账面价值的份额作为长期股权投资的初始投资成本，即确认长期股权投资16 200 000元（＝18 000 000元×90%）。

(2) 确认所有者权益项目。

A公司以发行权益性证券的方式控股合并B公司，应按其发行的权益性证券的面值贷记“股本”，即确认股本 2 000 000 元。

(3) 比较长期股权投资初始投资成本与其发行的权益性证券的面值之间的差额。

A 公司确认的长期股权投资的初始成本为 16 200 000 元，其发行的权益性证券面值为 2 000 000 元，故应确认资本公积 14 200 000 元。

则 A 公司合并 B 公司时应编制会计分录如下：

(1) A 公司发行股票取得 B 公司股权时：

	借方	贷方
借：长期股权投资	16 200 000	
贷：股本		2 000 000
资本公积		14 200 000

(2) A 公司支付与合并相关的直接费用时：

	借方	贷方
借：管理费用	400 000	
贷：银行存款		400 000

(二) 非同一控制下控股合并的会计处理

根据我国《企业会计准则第 20 号——企业合并》的规定，对非同一控制下的企业合并采用购买法进行会计处理。在运用购买法对非同一控制下的控股合并进行核算时，应遵循以下原则：

(1) 在非同一控制下的控股合并中，购买方应按其在合并日的支付对价（现金、非现金资产及发行的权益性证券等）的公允价值确认为长期股权投资的初始投资成本。

(2) 在非同一控制下的控股合并中，购买方的支付对价中所涉及的资产、负债应按其公允价值进行计量，与其账面价值存在差额的，应作为资产负债的处置损益处理；若以发行权益性证券方式进行合并的，其发行的权益性证券的面值与公允价值的差额应调整资本公积。

(3) 在合并过程中发生的各项直接相关费用，如进行合并业务而支付的审计费用、评估费用、法律服务费用等，应当在发生时计入合并企业的当期损益；如果以发行权益性证券作为合并对价的，与发行权益性证券有关的佣金、手续费等，应当抵减权益性证券的溢价收入，不足冲减的，应当冲减留存收益；如果以发行债券进行企业合并的，与发行债券相关的佣金、手续费等，应计入发行债券的初始计量金额，即构成债券入账价值的组成部分。

【例 10－5】 A 公司和 B 公司不受相同一方或多方的控制，经双方协商，2017 年 1 月 1 日，A 公司对 B 公司发行普通股 2 000 000 股以取得 B 公司的 90%表决权的股份。A 公司股票面值每股 1 元，经调整确定的公允市价为每股 8 元。同时，A 公司还支付与合并审计、评估、法律等相关费用 400 000 元。

分析：

(1) 确认长期股权投资的初始投资成本。

由于 A 公司和 B 公司不受相同一方或多方的控制，即为非同一控制下的控股合并。在该合并业务中 A 公司应按其在合并日发行的权益性证券的公允价值确认为长期股权投资的初始投资成本，即确认长期股权投资16 000 000元（=8 元/股×2 000 000股）。

(2) 确认所有者权益项目。

A公司发行权益性证券的方式控股合并B公司，应按其发行的权益性证券的面值贷记“股本”，其发行的权益性证券的面值与公允价值的差额应调整资本公积，即确认股本2 000 000元，资本公积14 000 000元（=16 000 000—2 000 000）。

则A公司合并B公司时应编制会计分录如下：

(1) A公司发行股票取得B公司股权时：

借：长期股权投资 16 000 000

　贷：股本 2 000 000

　　资本公积 14 000 000

(2) A公司支付与合并相关的直接费用时：

借：管理费用 400 000

　贷：银行存款 400 000

【例10-6】 若A公司以其一批固定资产投资B公司，取得B公司90%表决权的股份。该批固定资产账面原值20 000 000元，已计提折旧4 200 000元，其公允价值16 000 000元。其余资料不变，如同上例题中。

分析：

(1) 确认长期股权投资的初始投资成本。

由于A公司和B公司不受相同一方或多方的控制，即为非同一控制下的控股合并。在该合并业务中A公司应按其支付对价的公允价值确认为长期股权投资的初始投资成本，即按该批固定资产的公允价值16 000 000元来确认长期股权投资16 000 000元。

(2) 支付对价公允价值与账面价值之间的差额处理。

在非同一控制下的控股合并中，A公司支付对价中固定资产的公允价值与账面价值的差额作为该固定资产的处置处理。则先将该批固定资产转入固定资产清理账户，确认固定资产清理15 800 000元，而该固定资产公允价值16 000 000元，故应确认资产处置损益200 000元。

则A公司合并B公司时应在其个别报表中的处理如下：

(1) A公司发行股票取得B公司股权时：

借：固定资产清理 15 800 000

　累计折旧 4 200 000

　贷：固定资产 20 000 000

借：长期股权投资 16 000 000

　贷：固定资产清理 15 800 000

　　资产处置损益 200 000

(2) A公司支付与合并相关的直接费用时：

借：管理费用　　　　400 000

　贷：银行存款　　　　400 000

课后练习

一、单项选择题

1. 同一控制下的企业合并中，合并方取得被合并方的资产、负债，应按(　　)进行计量。

A. 公允价值　　B. 市场价值　　C. 现值　　D. 账面价值

2. 非同一控制下的企业合并中，合并方取得被合并方的资产、负债，应按(　　)进行计量。

A. 公允价值　　B. 历史成本　　C. 期望价值　　D. 账面价值

3. 非同一控制下的企业合并中，关于发生的法律服务、评估咨询等中介费用的处理，正确的是(　　)。

A. 计入长期股权投资成本　　B. 计入资本公积科目

C. 计入投资收益科目　　D. 计入管理费用科目

4. 在年中进行企业合并的两家公司，如果它们一直是盈利的，在(　　)情况下年终合并利润表中反映的利润更多。

A. 非同一控制下的企业合并　　B. 同一控制下的企业合并

C. 都会反映更多的利润　　D. 以上都有可能

5. 同一控制下的吸收合并合并方在企业合并中取得的资产和负债，应该按照合并日在被合并方的账面价值计量，合并方取得的净资产账面价值与支付的合并对价账面价值的差额，按其借方差额，依次借记会计科目为(　　)。

A. 资产公积、盈余公积、利润分配——未分配利润

B. 利润分配——未分配利润、资产公积、盈余公积

C. 盈余公积、利润分配——未分配利润、资产公积

D. 利润分配——未分配利润、盈余公积、股本

6. 企业合并过程中发生的各项直接相关费用，其不正确的会计处理方法是(　　)。

A. 同一控制下企业合并进行过程中发生的各项直接相关费用，应于发生时借记“管理费用”，贷记“银行存款”等科目

B. 非同一控制下企业合并进行过程中发生的各项直接相关费用，应于发生时借记“管理费用”，贷记“银行存款”等科目

C. 以发行权益性证券作为合并对价的，与发行权益性证券有关的佣金、手续费等，应当抵减权益性证券的溢价收入，不足冲减的，应当冲减留存收益

D. 以发行债券进行企业合并的，与发行债券相关的佣金、手续费等，应计入当期损益

7. 甲公司和乙公司同为A集团的子公司，2017年8月1日，甲公司发行600万股普通股(每股面值1元)，作为对价取得乙公司60%的股权，该股的市价为15元，同日乙公司账面净资产总额为1 300万元，公允价值为1 500万元。2017年8月1日，甲公司取得的长期股权投资的入账价值为(　　)万元。

A. 900　　B. 750　　C. 780　　D. 600

8. A、N公司为P公司控制下的两家子公司。A公司于2017年4月10日自N公司处取得B公司80%的股权，合并后B公司仍维持独立法人资格继续经营。为进行此项企业合并，A公司按照面值发行了700万股本公司普通股(每股面值为1元)作为对价。合并当日B公司相对于P公司而言的所有者权益总额为3 000万元，A公司应确认的"资本公积——股本溢价"贷方金额为(　　)万元。

A. 700　　B. 2 300　　C. 2 100　　D. 1 700

9. 甲公司以定向增发股票的方式购买同一集团内另一企业持有的A公司70%的股权。为取得该股权，甲公司增发3 000万股普通股，每股面值为1元，每股公允价值为4元；支付承销商佣金80万元。取得该股权时，A公司净资产账面价值为10 000万元，公允价值为15 000万元。假定甲公司和A公司采用的会计政策相同，甲公司取得该股权时应确认的资本公积为(　　)万元。

A. 3 920　　B. 4 000　　C. 12 000　　D. 11 920

10. 甲公司2012年8月定向增发普通股100万股给丙公司，从其手中换得乙公司60%的股权，甲公司与乙公司、丙公司无关联方关系，该股票每股面值为1元，每股市价为13元，当天乙公司账面净资产为800万元，公允净资产为2 000万元。证券公司收取了45万元的发行费用。则甲公司取得投资当日"资本公积"额应为(　　)万元。

A. 1 135　　B. 1 050　　C. 1 100　　D. 1 155

二、多项选择题

1. 下列有关属于同一控制下的企业合并说法正确的有(　　)。

A. 同一控制下的企业合并，从最终控制方的角度看，其所能实施控制的净资产实质上并未发生变化，原则上应保持其账面价值不变

B. 同一控制下的企业合并，属于关联方之间发生的合并行为，其交易作价往往不公允，因此很难以双方议定的价格为基础

C. 其只要特征为参与合并的企业在合并前后均受同一方或相同的多方最终控制且该控制并非暂时的

D. 同属国有资产监督管理部门的国企之间的并购均属于同一控制下的企业合并

2. 非同一控制下的企业合并中，计入管理费用的直接相关费用不包括(　　)。

A. 发行债券手续费

B. 发行股票佣金

C. 为企业合并支付的审计费

D. 为企业合并支付的资产评估费

3. 关于企业合并正确的说法有( )。

A. 企业合并目的是为了获得控制权或净资产

B. 企业合并可以是一个企业对另一个企业,也可以是一个企业对多个企业

C. 企业合并可以是购买企业整体,也可以购买企业的某项资产或资产组合

D. 被合并企业可以保留法人资格,也可以不保留法人资格

4. 下列哪些属于同一控制下的企业合并( )。

A. 甲公司与乙公司属于上下游企业,但双方并无关联方关系,以现金收购了乙公司60%的股权

B. 甲公司将其全资子公司乙公司的净资产转移回本公司并将乙公司注销

C. 乙公司和丙公司同属于甲公司的子公司,乙公司和丙公司交换各自的全部股份

D. 甲公司为了多元化经营,本年度从乙公司的母公司丁公司那里收购其所拥有的乙公司全部的股票,甲公司与丁公司无关联方关系

5. 即使一个参与合并的主体未获得另一参与合并主体一半以上的表决权,它也仍有可能获得对另一主体的控制权,条件是( )。

A. 通过与其他投资者之间的协议,获得对另一主体一半以上表决权的权力

B. 通过法律或协议,获得取得另一主体的财务和经营政策的权力

C. 获得任命或解除另一主体董事会或类似治理机构大多数成员的权力

D. 获得在另一主体董事会会议或类似治理机构中投多数票的权力

三、判断题

1. 同一控制下企业发生吸收合并业务后,合并方和被合并方均保持其独立法人资格。 ( )

2. 非同一控制下企业发生吸收合并业务后,合并方和被合并方均保持其独立法人资格。 ( )

3. A公司直接拥有S公司70%的股份,A公司直接拥有B公司20%的股份,S公司直接拥有B公司31%的股份,则A公司不拥有B公司的控制权(B公司章程对表决权无特殊规定)。 ( )

4. 两方或两方以上形成的合营企业,属于企业合并。 ( )

5. 购买子公司的少数股权,不属于企业合并。 ( )

四、计算及账务处理题

1. 甲公司于2017年9月1日发行700万股普通股(每股面值1元)作为对价取得同一集团内乙公司70%的股权,属于控股合并,合并日乙公司账面净资产总额为1 000万元。

要求：做出甲公司在合并日的会计处理。

2. 甲公司于2017年6月30日支付1 000万元取得同一集团内丙公司60%的股权，属于控股合并，合并日丙公司资产的账面价值为2 400万元，负债账面价值为900万元，所有者权益账面价值为1 500万元。

要求：做出甲公司在合并日的会计处理。

3. 甲公司与A公司属于不同的企业集团，两者之间不存在关联关系。2017年9月30日，甲公司支付12 000万元取得A公司的全部股权。购买日，A公司有关资产、负债情况如表10－7所示(单位：万元)。

表10－7　A公司有关资产、负债情况

	账面价值	公允价值
库存商品	6 000	5 800
固定资产	8 000	9 000
短期借款	4 000	4 000
净资产	10 000	10 800

要求：

(1) 若甲公司与A公司进行吸收合并，请完成甲公司在购买日的会计处理。

(2) 若甲公司与A公司进行控股合并，请完成甲公司在购买日的会计处理。

参考文献

[1] 中华人民共和国财政部.企业会计准则[M].北京:经济科学出版社,2006.

[2] 财政部会计司编写组.企业会计准则讲解[M].北京:人民出版社,2016.

[3] 财政部会计资格评价中心.中级会计实务[M].北京:经济科学出版社,2016.

[4] 中国注册会计师协会.会计[M].北京:中国财政经济出版社,2018.

[5] 黄中生,路国平.高级财务会计[M].2 版.北京:高等教育出版社,2017.

[6] 高翠莲.企业财务会计[M].2 版.北京:高等教育出版社,2017.

[7] 耿建新,戴德明.高级会计学[M].7 版.北京:中国人民大学出版社,2016.

[8] 中华人民共和国财政部.企业会计准则第 42 号——持有待售的非流动资产、处置组和终止经营,2017.

[9] 中华人民共和国财政部.企业会计准则第 22 号——金融工具确认和计量(修订),2017.

[10] 中华人民共和国财政部.增值税会计处理规定(财会〔2016〕22 号),2016.

图书在版编目(CIP)数据

中级会计实务 / 袁晓峰,刘玲主编. -- 南京 : 南京大学出版社, 2018.7

高职高专"十三五"规划教材

ISBN 978-7-305-20437-1

Ⅰ. ①中… Ⅱ. ①袁… ②刘… Ⅲ. ①会计实务-高等职业教育-教材 Ⅳ. ①F233

中国版本图书馆 CIP 数据核字(2018)第 143570 号

出版发行 南京大学出版社
社　　址 南京市汉口路 22 号　　　邮编 210093
出 版 人 金鑫荣

书　　名 中级会计实务
主　　编 袁晓峰 刘 玲
责任编辑 丁晨晨 武 坦　　　编辑热线 025-83597482

照　　排 南京理工大学资产经营有限公司
印　　刷 南京理工大学资产经营有限公司
开　　本 787×1092 1/16 印张 13.75 字数 317 千
版　　次 2018 年 7 月第 1 版 2018 年 7 月第 1 次印刷
ISBN 978-7-305-20437-1
定　　价 35.00 元

网　　址:http://www.njupco.com
官方微博:http://weibo.com/njupco
微信服务号:njuyuexue
销售咨询热线:(025)83594756

因借款而发生的辅助费用，是指企业在借款过程中发生的诸如手续费、佣金等费用，由于这部分费用是因安排借款而发生的，也属于借款费用的范畴。

因外币借款而发生的汇兑差额，是指由于汇率变动导致市场汇率与账面汇率出现差异，从而对外币借款本金及其利息的记账本位币金额所产生的影响金额。

对于企业发生的权益性融资费用，不应包括在借款费用中。

【例9-1】 下列各项中，属于借款费用的有(　　)。

A. 银行借款的利息

B. 债券溢价的摊销

C. 债券折价的摊销

D. 发行股票的手续费

分析：借款费用是企业因借入资金所付出的代价，包括借款利息、折价或者溢价的摊销、辅助费用以及因外币借款而发生的汇兑差额等。选项D，发行股票的手续费，是权益性融资费用，不属于借款费用。所以正确答案为ABC。

任务二　借款费用的确认和计量任务

一、借款费用的确认

（一）确认原则

借款费用的确认主要解决的是将每期发生的借款费用资本化、计入相关资产的成本，还是将有关借款费用费用化、计入当期损益的问题。借款费用确认的基本原则是：企业发生的借款费用可直接归属于符合资本化条件的资产购建或者生产的，应当予以资本化，计入符合资本化条件的相关资产成本；其他借款费用，应当在发生时根据其发生额确认为财务费用，计入当期损益。

符合资本化条件的资产，是指需要经过相当长时间(≥1年)的购建或者生产活动才能达到预定可使用或者可销售状态的固定资产、投资性房地产和存货等资产。

【例9-2】 甲企业向银行借入资金分别用于生产A产品和B产品，其中，A产品的生产时间较短，为1个月；B产品属于大型发电设备，生产周期较长，为1年零3个月。

分析：本例中，为存货生产而借入的借款费用在符合资本化条件的情况下应当予以资本化。本例中，由于A产品的生产时间较短，不属于需要经过相当长时间的生产才能达到预定可销售状态的资产，因此，为A产品的生产而借入资金所发生的借款费用不应计入A产品的生产成本，而应当计入当期财务费用。而B产品的生产时间比较长，属于需要经过相当长时间的生产才能达到预定可销售状态的资产，因此，为B产品的生产而借入资金所发生的借款费用符合资本化的条件，应计入B产品的成本中。

项目九　借款费用的核算

知识目标

1. 借款费用的定义与范围
2. 借款费用的确认与计量

能力目标

1. 掌握借款费用的范围和确认原则
2. 掌握借款费用资本化期间和资本化金额的确定
3. 熟悉借款费用应予资本化的借款范围

任务一　借款费用的认知

一、借款费用的定义

借款费用,是指企业因借款而发生的利息及其他相关成本,也就是企业因借入资金所付出的代价。

二、借款费用的范围

借款费用包括借款利息、折价或者溢价的摊销、辅助费用以及因外币借款而发生的汇兑差额等。承租人确认的融资租赁发生的融资费用属于借款费用。

因借款而发生的利息包括企业向银行或者其他金融机构等借入资金发生的利息、发行公司债券或企业债券发生的利息,以及为购建或者生产符合资本化条件的资产而发生的带息债务所承担的利息等。

因借款而发生的溢价或者折价主要是指发行债券等发生的折价或者溢价,发行债券中的溢价或者折价,其实质是对债券票面利息的调整(即将债券票面利率调整为实际利率),属于借款费用的范畴。